# 中國學術思想 研究輯刊

## 三 編

林 慶 彰 主編

## 第 10 冊

### 魏晉玄論與士風新探
#### ——以「情」爲綰合及詮釋進路

吳 冠 宏 著

花木蘭文化出版社

國家圖書館出版品預行編目資料

魏晉玄論與士風新探——以「情」為綰合及詮釋進路／吳冠宏
著—初版—台北縣永和市：花木蘭文化出版社，2009〔民
98〕

序 2+ 目 2+176 面；19×26 公分
（中國學術思想研究輯刊 三編：第 10 冊）
ISBN：978-986-6528-80-4（精裝）
1. 魏晉南北朝哲學　2. 玄學　3. 知識分子
123　　　　　　　　　　　　　　　　　　98001667

ISBN - 978-986-6528-80-4

9 789866 528804

中國學術思想研究輯刊
三　編　第 十 冊　　　　　ISBN：978-986-6528-80-4

魏晉玄論與士風新探——以「情」爲綰合及詮釋進路

作　　者　吳冠宏
主　　編　林慶彰
總 編 輯　杜潔祥
出　　版　花木蘭文化出版社
發 行 所　花木蘭文化出版社
發 行 人　高小娟
聯絡地址　台北縣永和市中正路五九五號七樓之三
　　　　　電話：02-2923-1455／傳眞：02-2923-1452
網　　址　http://www.huamulan.tw 信箱 sut81518@ms59.hinet.net
印　　刷　普羅文化出版廣告事業
封面設計　劉開工作室
初　　版　2009 年 3 月
定　　價　三編 28 冊（精裝）新台幣 46,000 元

# 魏晉玄論與士風新探
## ——以「情」爲綰合及詮釋進路

吳冠宏　著

## 作者簡介

吳冠宏

民國五十四年（1965）出生於花蓮，性喜沈思冥想，雅好山海自然，情鍾於中國傳統文化，對人文教育深具使命感。台灣大學中國文學博士，曾擔任東華大學中文系主任（2001－2004），現為東華大學中文系教授兼通識中心暨藝術中心主任。著有《聖賢典型的儒道義蘊試詮—以舜、甯武子、顏淵與黃憲為釋例》（里仁書局 2000）、《魏晉玄義與聲論新探》（里仁書局 2006）及多篇學術論文著作，專長為魏晉學術與儒道思想。

## 提　　要

　　本篇論文是透過「情」來綰合魏晉之「玄論」與「士風」兩大課題。藉由個別特質的照明以尋索兩者合理的關係定位，繼而發揮相濟映襯之功，以契入魏晉「尚智」與「鍾情」的時代殊趣。

　　而「情」不僅為本文探討的「主題」對象，它更是一種「方法」的運用：如「玄論」則透過論「情」問題的串引，以深入何晏、王弼、嵇康、郭象的思想內涵，進而比較其異同，使之得以有一並觀互照的進路。士風之探則援用迴盪兩端──「玄」的形態來入手進行，藉由四組相對觀點：「鍾情與忘情」、「真情與矯情」、「約情與肆情」、「高情與俗情」的揭示，期能掌握魏晉士人輾轉交錯、游移周旋其間乃至和諧融會的生命風貌與心態。

　　經此分殊，何、王之「聖人有情無情之辯」遂得以重新置於「有」、「無」觀念來掌握，免於依其名目訴諸「有情感」與「無情感」的理解，而淺化了玄論之深旨。郭象「聖人無情說」則宜從其「冥」義轉進，進而使何、王、郭之間勾勒出「賤有以貴無」→「有無並觀而以有顯無」→「消無歸有而以有冥無」的發展脈絡。

　　此外，本文也將郭象玄學的情理關係、嵇康〈聲〉文的聲情關係涵融收攝成層次分明的理論結構，除了有助於有效地解讀之外，一則由前者尋索適性稱情之士風的理據，一則由後者揭示鍾情而忘情的生命向度乃至體物以契道境的忘情方式，而援引以解尚情士風更深的旨趣，使玄論與士風之探在各定其位外又能尋得會通互證之妙，而魏晉人之所以能融攝深情之美趣與契物之深智，亦可由此知曉。

在修業與撰寫論文期間承蒙
趙廷箴文教基金會
立青文教基金會贊助
謹此致謝！

# 序　言

　　逝者如斯，轉眼間，自取得台大中文博士後，竟已匆匆過了十一載，其間且歷經了「助理教授─副教授─教授」兩階段學術升等的考驗，至今仍不時緬懷那段沉潛淡水山居撰寫博論的歲月，當時每天沈浸於讀書有得的喜悅中，不覺間，博論便在充實得熠熠發光的眼眸中完成。正是那一段探索學問、日進千里的美好經驗，使我深信，只有源發於不能自已的內在動力，才能飽嚐學術的興味，也正是將學術研究定調在生命的學問上而不倚外趨勢，使我願意在寂寞的漫漫長路上，依舊樂此不疲、無怨無悔地走下去。

　　說起這一本博論誕生的來龍去脈，仍有無限的感念暖上心頭。博一修習林麗真教授的「魏晉玄學專題」，引領我認真爬梳玄學原典，進而探入魏晉文化的思想底蘊；博二修習柯慶明教授的「中國美學專題」，先是懵懵懂懂地以嵇康〈聲無哀樂論〉作為上課的導讀材料，繼而為了撰寫期末報告，置身於圖書館中反覆展讀〈聲論〉，乃在原典的脈絡中綜理出「三種聲情關係」的架構；博三聆聽林麗真教授宣讀〈魏晉人論情的幾個面向〉會議論文，不解的疑惑於心頭暗潮洶湧，遂在眾多因緣的聚合下，定調以「魏晉論情」作為博士論文的方向。在玄論部分，先有林麗真教授在原典的導引中奠下基礎功，後有張亨教授的鼓勵，支持我不依傍權威，因此每能有本諸原典而發的新見；士風部分則援用迴盪兩端──「玄」的形態入手進行，並架構出四層論述理序，然由於在「情」、「理」關係的思考下，便依處理對象的迴異而自覺地展現不同的表述方式，遂略帶文學抒情的筆調，不過也因此造成論文前後兩部分之風格殊異有別。

　　除了張亨教授及林麗真教授的認真指導之外，台大齊益壽教授與張蓓蓓

教授及成大江建俊教授在論文口試中的用心提點，亦助我良多，尤其是江教授對我的論文始終秉持提攜欣賞之情，令我十分感動。這一本博士論文，不僅鍛鍊出我獨立研究的能力與自信，十一年來，也偶從其間長而未成或引而未發的觸角邊處啓航出遊，仍不時有滿載而歸的驚喜。更重要的是我後續由此延伸發展的相關研究，皆是立基在此原典的紮實工夫上穩步上路，因此撰寫博論的整體活動，便彷若先前的培土紮根之功，在其間所學、所問、所思、所得，莫不化爲豐泥厚壤，讓我今日仍能徜徉於學術花園中，蒔花植草。

　　十分感謝花木蘭出版社的圓成，此次博論的正式出版，不僅貫連了我前後的研究，相信也可以嘉惠學術後進，期待慧心人亦能周旋於魏晉的情海，進而與我一同在學術天地及知識世界中自在遨遊。

2008.11.25，吳冠宏誌於花蓮東華大學文學院 B406 研究室

# 緒　論

　　魏晉人不論於玄理的創悟或情感的體現上皆展露出耀眼而動人的成績，始終是後人所津津樂道之事，因此「尚智」與「鍾情」可以說是魏晉士風的重要特質，然而「情」與「智」之間，可否能相濟爲美或是彼此互有衝突，則如同理性與感性的關係般，這樣的問題總是困擾著也吸引著人們的興趣。而在玄論中出現許多有關論「情」的命題，正是考察「情」與「智」之交涉的重要線索，林師麗眞便曾注意到這個問題而云：

　　　　「情」的問題，可說是魏晉名士普遍關注和討論的課題。……當時
　　　　的思想界在面對此一課題時，究竟作了怎樣的深思？又開引出那些
　　　　值得鑽研的問題和思考面向？它在中國人性論史上，有何地位與意
　　　　義？這種不諱言「情」、又不主張壓抑「情」的時代風潮，呈顯在文
　　　　學藝術或士人心態上的特徵又是如何？……〔註1〕

林師從魏晉人論「情」的面向入手，進而歸結出魏晉人論「情」的顯著特徵及其歷史意義，對後學甚有啓發，筆者擬由其提點豁醒處，對林師引而未發的部分做進一步的探索與研究。

　　「玄論」與「士風」可謂魏晉學術思想的兩大課題，兩者之間有何關聯與殊異？是觸引筆者想要重新探究的因緣，學界於此或以爲各有旨趣遂不必加以綰合，亦有過於強調而高估了兩者的關係，如何藉由個別特質的照明以尋索一合理的關係定位，即是本文的核心課題。如在重情之時尚下深愛音樂如嵇康者卻有〈聲無哀樂論〉的主張，而且蔚爲一時風潮，此玄論與士風之

───────────────

〔註1〕　見〈魏晉人論「情」的幾個面向〉，《語文‧情性‧義理——中國文學的多層
　　　　面探討國際學術會議論文集》，民國 85 年 4 月，頁 629。

間何以存在著矛盾與鴻溝，欲釋此疑不僅宜深入〈聲〉文之聲情關係來尋索，也當對尙情士風有一更爲深入的理解，如此方能得所會通。此外，何晏聖人無情說與王弼聖人有情說，乃至注《莊》之郭象所言之聖人無情說，其間有何差別？玄論中這種對「理想人格」──聖人之理境的揭示，與魏晉士人的生命向度有何關涉？在玄學體系下所謂的聖人之「情」與常人之「情」可有異同？凡此的確皆有待進一步地揭示與分殊，使兩者之關係得以有一適切的連繫與釐清。

首先，我們宜針對本文的核心母題──「情」來進行說明，本文所謂之「情」，當從意義與方法兩個面向來掌握。就意義面而言，傳統文獻對「情」的界說，偏於指稱所謂好惡喜怒哀樂的感覺情緒意，也有延展至存在體的情欲層面；〔註2〕近人在揭示六朝士人之生命特質時，並將其「情感觀」提昇至本體意識的位階。〔註3〕實則如同情感、情緒、情操、情境、情欲……等般，「情」每隨著相異的詞組與文脈而有不同的意義，可見「情」的確存在著意義上的複雜性與籠統性，其上可指涉至對精神生命境界的探求，下可涵攝情欲活動的任馳與制約，既爲內隱之心緒，亦兼及外顯之情態，皆可視爲廣義之「情」的範疇。就士風而言，本文則取廣義的「情」，意在不預設立場，遂得以察照收攝諸多生命層域與情境，以探其心態及風貌之本然；而玄論中所謂的「情」，每有其哲學的特殊意義與旨趣，自非常論之「情」所能涵盡，故宜從其整體的思脈去掌握。

除此之外，本文不僅是透過「情」來綰合「玄論」與「士風」兩大課題，更以「情」作爲重探二者的詮釋進路，也就是「情」於二者不僅是在「主題」上建立關係，成爲筆者探討的對象，它更是一種方法的運用。就玄論而言：

〔註2〕 如《荀子·正名篇》：「性之好惡喜怒哀樂謂之情」，《禮記·禮運篇》：「何謂人情？喜怒哀懼愛惡欲七者，弗學而能」，《莊子·德充符》：「吾所謂無情者，言人不以好惡內傷其身」……等乃是偏於感覺情緒意的界說。而《說文解字》：「情，人之陰氣有欲者。性，人之陽氣善者也」，「情」於「性」義的對顯下，則有涵攝至存在欲望的面向。近人陳昌明曾對先秦至六朝的「情性」觀念之演變加以研究，可參其《六朝「緣情」觀念研究》（臺大中文所，民國76年碩士論文）頁33～59。

〔註3〕 見張淑香〈抒情傳統的本體意識──從理論的「演出」解讀「蘭亭集序」〉，《抒情傳統的省思與探索》（臺北：大安出版社，1992年）；李澤厚則結合屈騷之悲情傳統與玄學課題，探尋魏晉士人之心靈的情理結構，而推至「本體感受」的層次，見《華夏美學》（臺北：三民書局，民國85年），頁61～119。

一則可藉由論「情」問題的串連，深入幾位玄學大師——何晏、王弼、嵇康、郭象的思想內涵，進而比較其異同。至於探討對象的選擇，則以論「情」問題上具有哲學高度的課題爲核心。實則，「情」本是偏於感受層次的名目，故於魏晉玄論中它不如「有」、「無」、「道」、「自然」、「性」、「理」、「自生」、「玄冥」……等觀念名目般居於核心地位的角色，但若與「有」、「無」、「道」、「理」、「性」並置而觀時，卻由之而形成觀念層次的意義，遂有「無情」、「有情」、「聲與情」（此「聲」具有「道」之體現的意義）、「理與情」、「性與情」等論題的產生。可見論「情」之問題，乃是環扣玄學中重要母題而來，透過「情」的串引，何、王、嵇、郭之玄學不僅能各顯其思理之義蘊，也得以有一並觀互照的進路。

就士風而言，「情」更是一種詮釋的策略，而此策略之來正是觸思於探討對象——玄論與玄智之「玄」——而來。「玄」有何殊異的形式特徵，可作爲我們詮釋方法上的轉引與援用呢？「玄」這個概念來自於《老子》一書，指謂「有」、「無」同出而異名，魏晉玄學尤善於並舉各種相對觀念，進而辯證會通兩端之關係，而玄智便在其間之往返周旋中展開。是以本文重探士風，亦將採此迴盪兩端——「玄」的形態來入手進行。使士風之探，藉由其「玄智」上兼攝辨析與渾成的特性，來細密深化我們的理解層次。筆者於原典與歷來的解讀分析中體悟參玩，加以損益斟酌之，進而統攝出四組的相對觀點：「鍾情與忘情」、「眞情與矯情」、「約情與肆情」、「高情與俗情」，作爲魏晉士風的探討基點，期能藉此兩端名目的揭示，以掌握士人游移周旋其間、或發露於一端，乃至反覆矛盾與玄同妙會兩端的士風及特質，使此深微幽隱的生命情識，經由層層剖視的察照得以逼顯而出。若再從人物性格的組構原理觀之，可知人物性格也往往是結合相反兩極而成的。〔註4〕是以援引此法來標舉兩端以探其「情」，不僅可回應玄學氛圍下的時代殊趣，使「玄智」與「尙情」之間有著冥合之妙，同時也有人格學或人性學上的共相基礎作爲此討論的合法性依據。

對於玄論與士風的討論，除了環扣魏晉這個核心時代外，亦採探源式的理解進路，溯此論「情」的思想母源——《莊子》，〔註5〕如此莊、玄論「情」之比對，遂成道、玄承轉流演之關係的中介。至於士風之形成與風格，亦與

---

〔註4〕　見劉再復〈論人物性格的二重組合原理〉，收在《生命精神與文學道路》，（風雲時代，民國78年）頁415。

〔註5〕　參見本文頁9～11。

《莊子》關涉密切,故《莊子》可謂本文玄論與士風溯源的重要線索,除了考察莊學的影響之外,本文也有意透過對比的方式,一則探道、玄思想特質之異的關鍵,一則探索莊境與玄境理想人物型態之間的異同,如此當可尋繹道、玄學術思想因革損益之跡,而且更能凸顯魏晉玄論與士風的殊趣。

所以謂之「新探」,其因在學界於「玄論」與「士風」之範疇研究甚多,成績亦斐然可觀,若不加說明提點,則易予人泛說通論的感覺,是以「新探」並非標榜,實是一種力求越出此熟泥舊壤的努力,而其中有更多對自我的期許。在玄論上,不採歸納資料、整理舊說的研究模式,而偏向問題式、解疑式的探入方式,不依傍舊說權威,期能契接魏晉玄論輾轉辯證、越出轉精以探新的精神。在士風上,意不在對資料本身作平面歸納性質的類分,而以四組「情」的架構重新建立詮釋體系,勾勒出較具理論性與辨析性的格局;至於選材亦不拘泥於擇取「情」的字眼爲限,尋索於無「情」字之處知會其「情」之所在,以回應此得意忘言的新時代氛圍,也儘量避免預設立場作批評式的價值衡定,來契會此審美品賞重於價值判斷的時風。在表述的技巧上,則隨著探討對象特質之異而展露不同的方式:處理「玄論」部分偏於辨析名理的方法,論析「士風」部分則每訴諸生命實感的體悟,然玄論之探,環扣「情」的課題,可使之不過於冷觀枯澀,士風之探,則援引「玄」的方法,而不至流於表象片斷,期能結合「情」、「智」之妙,發揮傳達效應以回應研究對象——魏晉人的生命情調與玄學特質。

在資料的援引上,本文以《世說新語》、魏晉史籍、玄學資料爲主,兼及部分魏晉詩文的資料,並參照近人的相關著作。唯對舊解採審慎擇取的態度,並重返文本予以考察,咀嚼原典深義,儘可能地重新加以檢視與體證,免於人云亦云之病,進而與舊解形成一種對話與溝通,以深化轉進我們的理解層次。然由於才學尚淺,諸多限制自是難免,玄論部分尚不免於舊解的泥沼中拔河,欠缺新的探討視野及研究方法之開拓;士風部分四組的理解架構實難脫自出心裁之嫌,而且由於採宏觀的視點來加以察照,筆者所致力的乃在整體觀念的陳述,對於史料本身則缺乏細部考證的工夫,凡此種種皆有待進一步的努力與超越。

本論文之結構章節,緒論之後擬分玄論與士風兩大範疇進行,而採先玄論後士風的方式,其因在玄論之探,有助於士風的深入理解。而玄論與士風雖採分論的進行方式,但兩者之間,實可支援轉進而互有滲透之關涉。玄論

部分，依何晏「聖人無情說」、王弼「聖人有情說」、郭象「聖人無情說」逐步延展之，此外尚言及郭象玄理的「情理關係」、嵇康〈聲無哀樂論〉之「聲情關係」；在時序上雖然嵇康在前而郭象在後，但就探討聖人有情無情的論題而言，何、王、郭連以觀之則有其方便之處；而嵇康置之在後，一則是其論題較為獨立，二則是其與士風之首「鍾情與忘情」的關係尤切，正可作為從玄論延伸到士風的橋樑。士風部分則依「鍾情與忘情」、「真情與矯情」、「約情與肆情」、「高情與俗情」的次序進行，四者間雖環環相扣，但仍各有其探討之核心與重點。後再統之以「綜論」，綜言兩者的關係及研究成果的驗證，期能有效地完成以「情」來重探玄論與士風並加以縝合的嘗試。

# 甲　編

## 玄論部分──以論「情」之問題爲核心

# 第一章　何晏「聖人無情說」舊解商榷及
## 　　　其義涵試探

## 第一節　從莊子之有情與無情到聖人有情無情之辯

關於聖人有情與無情的爭論，是玄學中十分重要的課題，而且居於初試啼聲的創發性地位。探此問題之源，莊子可謂開山鼻祖：

> 惠子謂莊子曰：「人故無情乎？」莊子曰：「然。」惠子曰：「人而無情，何以謂之人？」莊子曰：「道與之貌，天與之形，惡得不謂之人？」
> 惠子曰：「既謂之人，惡得無情？」莊子曰：「是非吾所謂情也。吾所謂無情者，言人之不以好惡內傷其身，常因自然而不益生也。」
> （《莊子·德充符》）

從這段莊惠對談，知莊子確有「無情」的主張，遂致惠子生疑而啟問。由莊子之答語可知，其所謂「無情」並不是就人與生俱來的自然情感而言，他認為人所當無之「情」，是「好惡內傷其身」的「情」，唯化解此「情」，方能使人回到「因自然而不益生」的境地。由此看來，莊子持「無情」說，乃為一種工夫的提點與境界的指稱，他以為人心當釋下紛馳與造作的糾葛，方能依循自然，回復自性的本然純粹，檢視其「心齋」、「坐忘」等修道法門，亦皆涉及這種治心工夫，﹝註1﹞可見莊子於此，有極為深刻與真切的體證，故每再

---

﹝註1﹞ 如〈大宗師〉的「坐忘」，提出「黜聰明」的「去知」工夫，使生命免於耳目心知的紛馳，回復清靜無為「同於大通」的渾然狀態；〈人間世〉的「心齋」，藉著「耳──心──氣」的修道工夫，釋下感官思慮的滋擾，以達「唯道集

三措意之,成爲進入他豐厚幽微之思想的重要指南。〔註2〕唯當主體修至「哀樂不能入」的境地,並非冷漠無情、冥頑不靈的,反而更能以活潑通暢、自然無爲的情意,領略宇宙萬物之美。故觀魚遊水能知享魚樂,而入渾然一體、物我兩忘的道境;於此,相對於知解辯難的惠子,訴諸靈覺直觀的莊子,又似爲有情之人。〔註3〕是以其所謂「無情」乃指人當無此「情」以達彼「情」,因此雖無直示以「有情」之名目,然而就莊子而言,「無情」與「有情」之間,卻有著思脈與工夫相承的續進關係。而此亦相應於老子「滌除玄覽」之義,唯能「虛心弱志」、「無知無欲」,滌除心志、情欲、知慮的滋擾,人方能使心清明靈妙如鏡,而照見物物之本然。〔註4〕可見「無情」說之主張,不僅關涉莊子工夫與境界的思想精義,實爲整個道家哲學的核心課題,是頗值得玩味致意的。

時至魏初,道家思想漸興之際,此論題又重新燃起,成爲一極爲熱門的談辯主題,而首先對此問題展開論難者,當推兩位玄學大師──何晏與王弼:

> 何晏以聖人無喜怒哀樂,其論甚精。鍾會等述之。弼與不同,以爲:
> 「聖人茂於人者神明也,同於人者五情也。神明茂,故能體沖和以通無;五情同,故不能無哀樂以應物。然則聖人之情,應物而無累於物者也。今以其無累,便謂不復應物,失之多矣!」(《三國志・魏志・鍾會傳》注引何劭《王弼傳》)

何、王率先牽動此蘊蓄道家思維的核心論題,正可顯現他們的洞識與慧見,但在遙承老莊血脈的痕跡中,亦不難察覺其殊異轉化之處:就莊子而言,其有情、無情之見,偏向於人生體證與深切之存在感受而發,故兩者之間,並無矛盾對峙、不容兩立的問題;然至魏初何、王之辯,則較傾向思辨之欣趣,

---

虛」的妙境,這類「治心」工夫的修道法門,皆與此「無情」工夫攸契相關。

〔註2〕 如〈知北遊〉「山林與!皋壤與!使我欣欣然而樂與!樂未畢也,哀又繼之!哀樂之來,吾不能御,其去弗能止。悲夫!世人直爲物逆旅耳」,乃至〈養生主〉、〈繕性〉等諸篇,皆洋溢著存在之悲情的眞切體悟,莊子也深體陷溺於乍生乍滅的哀樂世情之可悲,因此開展其層層續進的工夫歷程,以擺脫心靈的種種束縛造作,使之轉化、提昇,而達「哀樂不能入」之忘情體道的境界。

〔註3〕 此莊惠之辯,見於《莊子・秋水》。

〔註4〕 《老子》第十章提出「滌除玄覽」的觀念,十六章「致虛極,守靜篤,萬物並作,吾以觀復」、二章「虛其心,實其腹,弱其志,強其骨」,亦皆涉此治心工夫而來,而經此「滌除」、「致虛極」、「虛心弱志」的工夫,便能觀復玄覽萬物本然之妙。

重在理致的闡發，故標舉對立之，以作為清談論難的媒介與橋樑，並藉著人的理想典型——聖人境界的揭示，善思能辯者更能盡其馳才騁智之能事，以充分發揮玄理精微圓融的妙意。

近人對於何、王之見，論析頗多，尤側重在王弼「聖人有情說」的闡發，至於何晏「聖人無情說」，其內容因已不詳，現存可供參證的資料又十分有限，故僅能試圖揣度推測之，遂形成眾說紛紜的現象，綜觀近人所云，雖各有理據，大體上皆傾向從學術淵源與思想續承的角度予以定位。然觀何劭評之以「其論甚精」，何說猶當有精進於前說之處，若能進一步從其玄學內在的理路探入，對何說之義涵，乃至於王弼的「聖人有情說」，或許更有照明對顯的效用，亦較能回應玄學自身的發展脈絡，而且也有助於解決王弼之聖人觀可否有先無情後有情的轉變爭議。〔註5〕唯筆者所以採此進路，乃肇端於對舊解的質疑而來，故先從「聖人無情說」的舊解商榷入手，再進一步提出個人的淺見，以作為尋求溝通與指導的方式。

## 第二節　何晏「聖人無情說」舊解商榷

在諸多近人對「聖人無情說」的詮解當中，又以馮友蘭先生與湯用彤先生的說法最具代表性，其他學者大體上亦皆沿襲此兩家的路數而來。〔註6〕馮氏視何晏「聖人無情說」為先秦道家的舊說，主張其「大概是先秦道家所持『以理化情』或『以情從理』之說」，進而凸顯王弼「聖人有情說」是「對於先秦道家的一個修正」。〔註7〕此種推測將何、王之說定位為先秦道家的復活與修正，縱有學術承傳的眼光，但似未直就清談與玄論自身的格局而發。試想：「聖人有情無情之辯」在魏晉清談史上，不僅具有先導的典型意義與重要地位，而且自此而後仍持續爭議，餘波蕩漾，〔註8〕若僅是舊曲重唱，

〔註5〕對於王弼「聖人有情無情」問題，向來持兩種意見，有人贊同王弼對於聖人的看法有先無情後有情的轉變發展，有人則持反對的意見，對此問題的討論，詳見第五節王弼「聖人無情而有情」問題之爭論與平議。

〔註6〕對於何晏「聖人無情說」，學界雖未深究之，但涉此者甚尠，不過皆僅提及而略探其意而已。若要大體分判之，或有循湯用彤的說法而加以推擴發揮者，或有傾向馮友蘭的見解而稍加修正補充者，也有學者採互參並觀兩者的方式。

〔註7〕見馮友蘭《新原道》，頁133～134。

〔註8〕如《世說‧傷逝》第四條言及「聖人忘情」，當是從「聖人無情說」衍來；《世說‧文學》第五十七條亦記載東晉王苟子與僧意論辯「聖人有情無情」的問

何、王何以能並爲正始之音的典範而傳爲美談，〔註9〕而且此論既爲清談辯難的核心話題，自當皆有尋微發幽、拔新領異的表現，而兩強相對，貴在能較勁爭鋒、輾轉出奇，因此若解消何晏此論的獨立地位，無形中也喪失了對顯王說的重要媒介，尤不能眞正領略「聖人有情無情之辯」於魏晉玄論中的特殊地位。

相對於馮氏之見，湯氏則較能綜觀考察漢魏間的相關學說以推尋何說：

> 聖人無情之說，蓋出於聖德法天。此所謂天乃謂自然，而非有意志之天。夫天何言哉，聖人爲人倫之至，自則天之德，聖人得時在位，則與寒暑同其變化，而未嘗有心於寬猛，與四時同其推移，而未有心於喜怒。不言而民言，不怒而民威。聖人不在其位，固亦用之則行，舍之則止，與時消息，亦無哀怨。夫自漢初重黃老以來，學人中固頗有主張順乎自然者。而漢學之中心主義所謂天人感應，亦言聖人則天之德，不過漢人之天道，究不離有意志之天道，而未專以自然解釋。故漢代雖有順自然與法天道之說，而聖人無情一義，仍未見流行。及至漢魏之間，名家漸行，老莊漸興，名學以形名相檢爲宗，而歸於無形無名之天道。老、莊以虛無無爲爲本，行化則法乎自然，當時之顯學均重自然天道。而有意志之天道觀，則經桓譚、王充之斥破而漸失其勢，因此當時名士如何平叔、鍾士季等受當世學說之濡染而推究性情之理，自得聖人無情之結論也。〔註10〕

此段陳述甚長，湯氏曾簡述其要：「聖人象天本漢代之舊義，純以自然釋天則漢魏間益形著名之新義，合此二義，而推得聖人無情之說」。〔註11〕於此所以仍不煩贅引其論之原委，意在忠實呈顯湯氏之見的整體內涵。湯氏先一言以蔽之，主「聖人無情說」乃本「聖德法天」之觀念而來；隨即界定「法天」之「天」的義涵，指其非漢代天人感應觀下之有意志的「天」，此「天」當是「自然」之義；進而述及「自然天道觀」與「有意志的天道觀」於漢魏兩代

---

題，可見這個論題的爭議仍持續不斷。此外，《隋書‧經籍志》子部道家注有〈聖人無情論〉六卷，雖已亡佚，然從其卷數之多，亦可知此說法之風行。

〔註9〕 正始清談爲魏晉清談史上的高峰，每爲後世清談家仰慕推崇，尊曰「正始之音」，而屢見於文籍之中，堪稱魏晉清談之典範，而何、王尤爲箇中翹楚。可參看《世說‧賞譽》五十一條、《世說‧文學》二十二條的記載。

〔註10〕 見湯用彤〈王弼聖人有情義釋〉，《魏晉思想》（臺北：里仁書局，1984年），頁76。

〔註11〕 同前註，頁77。

思潮興替的現象，使「聖人無情說」的產生背景與相涉學說理出一清楚的發展脈絡，湯氏解來極為細密可觀，故廣為後人採用，幾成理解何說必經之路數。然綜觀湯氏所云，仍是將「聖人無情說」的了解視為理所當然，而不必深究其義，故較側重於外緣因素以證成其存在之合理性，對於我們了解何晏「聖人無情說」的殊趣，並無直接的助益。若再細檢其說：漢魏間以自然釋天對於有意志之天固為新義，然相較於漢初黃老盛行之際的自然觀，同謂「自然」，但未顯其異，從「漢人之天道，究不離有意志之天道，而未專以自然解釋」一語觀之，漢初便有以「自然」釋「天」的說法，王弼亦言「聖人有則天之德……則天化成，道同自然」。〔註12〕如此，視「聖人無情說」出自「聖德法天」，進而澄清此「天」乃「自然」，以免與漢說混淆，似未能有明確的分判而豁顯其殊趣之所在。由此看來，從「聖德法天」角度以理解何說，可能仍有商榷的餘地。

其實湯氏不僅注意到「聖德法天」的面向而已，亦曾標舉「聖人無情說」的三個理據以周全其說：

> 漢儒上承孟、荀之辨性，多主性善情惡，推至其極，則聖人純善而無惡，則可以言無情。此聖人無情說所據理之一。劉向首駁其義，而荀悅以為然。漢魏之間自然天道觀盛行，天理純任自然，貪欲出乎人為，推至其極則聖人道合自然，純乎天理，則可以言無情，此聖人無情說所據理之二，必何晏、鍾會之說所以興，乃道家之論也。此外按《晉書》九四郭文曰：「思由憶生，不憶故無情。」此專就心理言，則無情說所據理由之三也。〔註13〕

這三個理據，並非立足於同一層面來說的：若據理於一，則「聖人無情」乃承漢儒舊說以推至其極而來，此說有明確清楚的好處，學界往往沿用其義或進而補充發揮之，〔註14〕唯著眼於善惡角度的進路來討論性情，實與魏晉盛行之自

---

〔註12〕見王弼〈論語釋疑〉，《老子周易王弼注校釋》樓宇烈校釋（臺北：華正書局，1983 年）頁 626。

〔註13〕同〔註10〕，頁 85～86。

〔註14〕如王葆玹依此而進一步發揮，提出「何晏的性靜情動，性善情惡說」的主張，見氏著《正始玄學》（《中國傳統思想研究叢書》，1987 年），頁 372～375；余英時則承此而加以補充，以為「何晏尚承漢儒舊說，以陰陽善惡分別性情。其結論是性為陽、為善；情為陰、為惡。聖人既純善而無惡，故無情」，見氏著〈名教危機與魏晉士風的演變〉，《中國知識階層史論──古代篇》（臺北：聯經出版社，1980 年）頁 353。

然人性論頗有衝突，〔註15〕且此義既已爲劉向、荀悅駁斥之，就思想的發展而言，何氏何須再襲舊義。若據理於二，以自然爲「無爲」義，正是前引所謂聖人「未有心於寬猛」、「未有心於喜怒」，則「無情」乃本先秦道家作用義上的遮撥，並不涉及本質性的否定，適與由第一理據推演而來的「無情」相違。若據理於三，「無情」便淪爲心理層面不作用的現象而已，似難顯此論可能存在的精微旨趣。可見湯氏兼言三者，試圖理解何說形成的複雜因由，也許於此玄學草創、新舊思潮交替之際，何說存在著兼攝諸說的現象，不無可能，但以此進路來掌握何說，似不易理解其何能得「其論甚精」的評斷。

湯氏接著探討何、王同祖老子卻持論相違之因，遂提出體用關係的問題以分判其異：

> 何晏對於體用之關係未能如王弼所體會之親切，何氏似猶未脫漢代之宇宙論，末有本無分爲二截，故動靜亦遂對立。王弼主體用一如，故動非對靜，而動不可廢。蓋言靜而無動，則著無遺有，而本體遂空洞無用。夫體而無用，失其所謂體矣。輔嗣既深知體用之不二，故不能言靜而廢動，故聖人雖德合天地（自然），而不能不應物而動，而其論性情，以動靜爲基本觀念。聖人既應物而動，自不能無情。平叔言聖人無情，廢動言靜，大乖體用一如之理，輔嗣所論天道人事以及性情契合一貫，自較平叔精密。〔註16〕

此說以「體用一如」揭示王弼玄學的圓融精密，甚受肯定與重視，而廣爲學界所徵引。觀湯氏依動靜、體用、本末、有無等成對的玄學概念以分判何、王兩說之高下，可知其持論是本諸玄學格局而發，若果如是，對於何晏「聖人無情說」的內涵，是否也應該回到何晏自身的玄學來加以察照？畢竟，縱使「無情說」不免有摻雜沿襲舊見之處，亦不當全然孤立於何晏本身的玄理之外。而且唯有如此，方能使「詮釋」與「批評」皆立足於同一種審視的標

---

〔註15〕以「自然」論性，乃魏晉之通說，不僅王弼、郭象之玄著唾手可得，亦見於清談論題中，如《世說‧文學》四六條記載「殷中軍問：『自然無心於稟受，何以正善人少、惡人多？』諸人莫有言者。劉尹答曰：『譬如寫水著地，正自縱橫流漫，略無正方圓者。』一時絕歎，以爲名通。」此非人性善惡的討論，而是在「無心稟受」的自然人性觀下，對於人外顯之善惡表現的質問，劉尹則能善譬以答之，亦充分發揮自然人性論的旨趣。王葆玹以爲何晏人性論乃是性靜情動說與性善情惡說的結合，恐仍有商榷的餘地。見頁 372～375，同〔註14〕。

〔註16〕同〔註10〕，頁 86。

準。此外,湯氏所謂「無情」之「無」,實兼攝存有層面與作用層面而言,馮氏則僅就作用層面言之,眞不知何晏之意,當指何「無」?或者兼涵兩者,或者在舊解之外,尙有未探的路數值得開拓,如今既然迷思於兩「無」之間,我們何不嘗試來個探討進路的翻轉,直接從何晏玄學體系中對「無」的理解切入,也許更能貼近何說的本意。

再者,就論題與時代的關係而言,魏初聖人議題的討論極爲普遍,稍早於何晏的劉邵,〔註17〕其《人物志》中涉及聖人的論述,相較於其他參照點(如漢儒之見),或許是更爲直接與值得注意的外緣因素,因此在論析何晏之學前,筆者擬以《人物志》的聖人議題,作爲一轉進的先階與媒介。

## 第三節 何說的外緣考察基點——劉邵《人物志》的聖人格局

欲了解劉邵所論的聖人面向,可先從其論人的理路入手:

> 蓋人物之本,出乎情性,情性之理甚微而玄,非聖人之察,其孰能究之哉?凡有血氣者,莫不含元一以爲質,稟陰陽以立性,體五行而著形,苟有形質,猶可即而求之。(《人物志·九徵》)〔註18〕

劉邵以爲人皆稟氣(元一)以爲生命物質性的基礎,其中所受的氣因陰陽之不同,而形成個體獨特之性(或剛或柔或拘或抗等),同時人軀體之形成亦因五行(金筋、木骨、水血、火氣、土肌)而彰然。〔註19〕劉邵在此提出「情性」以爲人物之本,而情性之理,可由人的形質來明白知察,並以「質(元一)——性(陰陽)——形(五行)」爲其觀人的理論架構。這種理論,於人學脈絡觀之,尤具承先啓後的地位:所謂的「承先」,意指此乃順著告子、董仲舒、王充「順氣言性」之理論一脈下來而有的觀點;〔註20〕「啓後」則

---

〔註17〕劉邵之生卒年雖無明確之記載,但他身處太和、正始之際,也比何晏歲數還大,爲略早於何晏之人物則無庸置疑。

〔註18〕見劉邵《人物志》(臺北:中華書局,1988年),頁1。

〔註19〕「若量其材質,稽諸五物,五物之徵,亦各著於厥體矣。其在體也,木骨、金筋、火氣、土肌、水血,五物之象也」,出處同前註,頁2。

〔註20〕此「順氣言性」之說,乃採牟宗三《才性與玄理》第一章〈王充之性命論〉中的論點而來,牟先生指出言性有兩路:一順氣而言,二逆氣而言,並將告子、董仲舒、王充所論之性,收攝於「順氣而言性」的系統下,詳見其書頁1～35,(臺北:學生書局,1985年)。

指此實不同於先秦至王充以來著眼於人性善惡的層面，而是關涉一新面向的開展——人物品鑒，純就人由客觀稟氣而外顯之象（形容、聲色、情味）以識鑒之，〔註21〕遂提出「神、精、筋、骨、氣、色、儀、容、言」九徵作爲其識鑒之準則，〔註22〕順此稟氣徵象之異，而將人分爲五種層級，並視「聖人」爲其中的最高位階：〔註23〕

（一）兼德而至：中庸——聖人之目

（二）具體而微：德行——大雅之稱

（三）一至：偏材——小雅之質

（四）一徵：依似——亂德之類

（五）一至一違：間雜——無恆之人

劉邵視（四）、（五）層級爲「風人末流」，故略而不概，〔註24〕綜觀《人物志》一書可知，其論析的核心對象，當爲（二）、（三）層級者，尤以一至偏材之類，著力甚多，最爲精彩可觀，充分展現他精練名理的形名學特色。而「聖人」一格的特質，乃依此「順氣言性」與「名理系統」的進路不得不逼顯出來的超越格局，否則識鑒者如何超越自身的氣質之限，而在觀人時免於同體異體之失？〔註25〕故劉邵在進行識鑒偏至之眾材的活動前，必先預設有一得以統攝諸異的理型生命，來保障識鑒的有效性，以盡其整全與妙用。因此其聖人之內涵，遂超越了名理規範，特顯一形上理趣，成爲稍後綻放異采之玄學的先聲：

> 夫中庸之德，其質無名，故鹹而不鹼，淡而不䤄，質而不縵，文而不繢，能威能懷，能辨能訥，變化無方，以達爲節。（〈體別〉）

---

〔註21〕「故其剛柔明暢，貞固之徵，著乎形容，見乎聲色，發乎情味，各如其象」，出處同〔註18〕，頁3。

〔註22〕「性之所盡，九質之徵也。然則平陂之質在於神，明暗之實在於精，勇怯之勢在於筋，彊弱之植在於骨，躁靜之決在於氣，慘懌之情在於色，衰正之形在於儀，態度之動在於容，緩急之狀在於言」（〈九徵〉），出處同〔註18〕，頁3～4。

〔註23〕「中庸也者，聖人之目也，具體而微，謂之德行，德行也者，大雅之稱也。一至謂之偏材，偏材，小雅之質也，一徵謂之依似，依似，亂德之類也，一至一違謂之間雜，間雜，無恆之人也。」（〈九徵〉），出處同〔註18〕，頁2。

〔註24〕「無恆、依似，皆風人末流，末流之質，不可勝論，是以略而不概也」（〈九徵〉），出處同〔註18〕，頁4。

〔註25〕〈七繆〉言及「變類有同體之嫌」，以爲「偏材之人，交遊進趨之類，皆親愛同體而譽之，憎惡對反而毀之」，而不能盡識鑒之妙理。

是故中庸之質，異於此類，五常既備，包以澹味。（〈九徵〉）

凡人之質量，中和最貴矣，中和之質，必平淡無味，故能調成五材，變化應節。是故觀人察質，必先察其平淡，而後求其聰明。（〈九徵〉）

主德者，聰明平淡，總達眾材，而不以事自任。（〈流業〉）

若道不平淡，與一材同好，則一材處權，而眾材失任矣。（〈流業〉）

通材之人，既兼此八材，行之以道。（〈材理〉）〔註26〕

劉邵雖援用「中庸」一詞以指稱聖人，但其論「德」之有無高下，乃決之於人材質的良窳兼偏，故此「中庸」已無孔子指點仁心而以德潤身的道德義涵，僅表達聖人材質所呈現的一種均衡勻當的狀態，因此亦可以「中和」稱之。而這種狀態無以名之，故言「其質無名」，已涵言說難盡其妙之意，「鹹而不鹼，淡而不醴，質而不縵，文而不繢」正是指其至而非徵，「能威能懷，能辨能訥」則是指其兼而非偏，以表述「中庸之德」既兼且至的性質，而「鹹淡」、「質文」、「威懷」、「辨訥」本皆為兩兩對立的指稱，聖人卻得以解消矛盾而涵攝其妙，唯此兼至之材質，並非五味雜陳，反以「平淡無味」的樣態呈現，因為若不平淡，便有所偏傾，而未能總達眾材，兼顧眾有，而達行之以道——回覆變通的妙用。〔註27〕可見劉邵不僅將聖人置於「道」的位階，「以無為本」的玄學思維亦可謂呼之欲出，然而畢竟他立論之核心課題仍是以政治選材的實用價值為考量，故雖涉及形上旨趣，但往往僅隱而未發，便轉向政治的角度著力，〔註28〕此實受制於《人物志》的著書立場，直至稍後之何、王的攜手並進，方能真正開出玄學的新花燦蕊。

劉邵雖有此著書立場的局限，但我們不難發現，其論述之聖人，已有由

〔註26〕 出處同〔註18〕，（一）頁4、（二）頁3、（三）頁1～2、（四）頁7、（五）頁8、（六）頁11。

〔註27〕 同〔註18〕，頁14。

〔註28〕 李澤厚云：「《人物志》對後來玄學所討論的理想人格（"聖人"）、有無關係等問題產生了明顯的影響」頁89；又云：「這（劉邵所云之聖人）本來是一種政治學，何晏卻進一步把它同道家的哲學聯繫起來，提出了以"無"為"本"的理論，從而使在劉邵那裡還是政治理論的問題變為高度抽象的哲學問題。」見李澤厚・劉綱紀主編《中國美學史》第二卷（臺北：谷風出版社，1987年），頁131。任繼愈亦主張：「《人物志》在哲學史上的意義和價值不在于它的綜核名實，辨官論才的人才學思想本身，而在于它站在更高的理論層次探索了理想君主的問題，為玄學的產生作了重要的鋪墊。」，《中國哲學發展史・魏晉南北朝》，頁75，〈漢魏之際的思想演變〉。

「氣性」通至「道性」、從「名理」逼向「玄理」的趨勢，而且全然脫落漢人從善惡角度論性的進路，也非以漢人「神授」的觀念來界定聖人，已傾向從「道」的層次發顯聖人的妙用，並以「無名」指稱之，這種轉進本是立足於識鑒層面的理論需要，非剋就論「道」而言之，但由此開展的聖人格局，實有一轉折與躍進的時代意義，可視爲何、王聖人之論的先聲。

## 第四節　何晏「聖人無情說」之義涵試探

　　觀劉邵「兼至（平淡無味）——偏至——徵似」的論人方式，言人之材質從統合隱攝的理型至殊似偏顯的落實開展，乍見之下頗類老子「失道而後德——失德而後仁——失仁而後義」的理序，〔註29〕其全書末篇〈釋爭〉亦本老學「夫唯不爭，故天下莫能與之爭」的精神而來，甚且言及「以無爲德，與虛爲道」（〈八觀〉）作爲其處世之指南。然而劉邵論性畢竟仍本「元一——陰陽——五行」的架構，尚未脫離兩漢氣化宇宙論的基本格局，故雖已用「無味」、「無名」指稱道與聖人的屬性，但仍未眞正走向本體論的層次，而偏於雜揉兼綜的色彩。如〈材理〉篇平列「道」、「事」、「義」、「情」四理，卻缺乏最高層次的哲學範疇來加以統攝，即爲顯例。〔註30〕直至何、王進一步提出「以無爲本」的主張，才眞正釋下漢人素樸質實的思維模式，建構了本體論的基本格局，而展露出玄學簡約澹遠的特質，何晏以正始清談的領袖出現，尤具有先導的地位。〔註31〕觀其〈道論〉、〈無爲論〉云：

　　　　有之爲有，恃無以生；事而爲事，由無以成。夫道之而無語，名之而無名，視之而無形，聽之而無聲，則道之全焉。故能昭音響而出

────────────

〔註29〕　那薇主張：「劉邵是用老子的"失道而后德，失德而后仁，失仁而后義"來區別聖人與兼材的」，許杭生等著《魏晉玄學史》（陝西：師範大學出版社，1989年）頁32。實則，劉邵論人仍本「順氣言性」、「性成命定」的格局，與老子所言之道墜發展所呈顯的層次大有不同。

〔註30〕　「若夫天地氣化盈虛損益，道之理也；法制正事，事之理也；禮教宜適，義之理也；人情樞機，情之理也，四理不同……」（〈材理〉）頁8，出處同〔註18〕。任繼愈也指出：「劉邵所見的理不是囊括宇宙、統貫天人之理，而是平列爲四部的分立之理……雖然這四部也包括宇宙、法制、禮教、人情，但是由於缺乏一個最高層次的哲學範疇來統帥，無法組成一個有機聯系的系統性的結構。」出處同〔註28〕，頁81。

〔註31〕　雖然眞正完成玄學理論架構的是王弼而非何晏，但何晏具有首席清談家的先驅地位，是第一個指出「以無爲本」之基本命題的人。

氣物，包形神而章光影。玄以之黑，素以之白，矩以之方，規以之員。員方得形，而此無形，白黑得名，而此無名也。〔註32〕

天地萬物皆以無爲本。無也者，開物成務，無往不存者也。陰陽恃以化生，萬物恃以成形，賢者恃以成德，不肖恃以免身。故無之爲用，無爵而貴矣。〔註33〕

何晏將老子有無並觀之「無」，提昇至「道」的位階，進而將「無／有」形成一哲學命題，以闡析道（本體）與物（現象）之間的關係，強調「無」爲萬有之本根，是萬有賴以生成的形上根據，而此道體之「無」，是超越於形聲名象的，無方圓之定形，白黑之定名，故僅能以無形無名稱之，其另有〈無名論〉乃剋就這種特質而發：

爲民所譽，則有名者也；無譽，無名者也。若夫聖人，名無名，譽無譽，謂無名爲道，無譽爲大。則夫無名者，可以言有名矣；無譽者，可以言有譽矣。然與夫可譽可名者豈同用哉？此比於無所有，故皆有所有矣。而於有所有之中，當與無所有相從，而與夫有所有者不同。同類無遠而不相應，異類無近而不相違。譬如陰中之陽，陽中之陰，各以物類自相求從。夏日爲陽，而夕夜遠與冬日共爲陰；冬日爲陰，而朝晝遠與夏日同爲陽。皆異於近而同於遠也。詳此異同，而後無名之論可知矣。凡所以至於此者何哉？夫道者，惟無所有者也。自天地已來皆有所有矣；然猶謂之道者，以其能復用無所有也。故雖處有名之域，而沒其無名之象；由以在陽之遠體，而忘其自有陰之遠類也。夏侯玄曰：「天地以自然運，聖人以自然用」。自然者，道也。道本無名，故老氏曰：「彊爲之名。」仲尼稱堯「蕩蕩無能名焉」，下云：「巍巍成功。」則彊爲之名，取世所知而稱耳。豈有名而更當云無能名焉者邪？夫唯無名，故可得遍以天下之名名之；然豈其名也哉？唯此足喻而終莫悟，是觀泰山崇崛而謂元氣不浩芒者也。〔註34〕

此段「無名」的論述，當由老莊而來，老子說：「道可道，非常道；名可名，非常名」，而莊子云：「聖人無名」，何晏則融合此二者提出具有玄學辨析色彩

---

〔註32〕《列子・天瑞》張湛註引何晏〈道論〉。《列子集釋》（北京・中華書局，1991年）頁10～11。

〔註33〕《晉書・王衍傳》卷四十三引何晏〈無爲論〉。

〔註34〕《列子・仲尼》註引何晏〈無名論〉，同〔註32〕，頁121。

的「無名論」。依其「無／有」二層的論述體系，此文的開展方式，仍是以常人的「有名有譽」對舉聖人的「無名無譽」而來，然既以「無譽無名」稱之，便有「無名」之名，「無譽」之譽，而落於「有名」的層次，唯此由「無名無譽」而稱的「有所有」與「可名可譽」的「有所有」並不相同，因爲此「有」是全然相應於「無」的，何晏遂提出同類無遠皆相應、異類無近皆相違的自然之理，以證成「無名無譽」之「有」相異於「可名可譽」之「有」，而與「無所有」相應的說法，此處充分展現言「道」與「聖人」之際，使用語言之限制的自覺，「無譽無名」亦只是無以指稱的一種方便表述，既是「無以名之」，又是「皆可名之」的，但畢竟與「可譽可名」不同。可見此「無名」之「無」，非空無所有的「無」，而是可以總涵萬名卻又不限於何名的「無」，這是一種撥「有」顯「無」的言說方式，以顯現「道」的無限性與超越性。再者，何晏是以「無」爲道性，就「道」而言，是「惟無所有的」，但在「有」之中，仍然有類屬於「無」的，何以至此？他的關鍵則在能否「復用無所有」，如果能「復用無所有」，則是「以無爲本」、「以無爲用」，他的屬性便能類從於「無」，而「天地以自然運，聖人以自然用」，自然即是道，由此可知，「有所有」的「天地」與「聖人」，是可以全然「復用無所有」的，故雖爲「有」，卻能相從於「無」，乃與「道」同類，聖人能「以無爲用」，所以能「無名」、「無譽」，而與道同功，是以在此脈絡下，聖人之境亦能如「道」般，處於超越萬有名象之本體層次的位階。何晏正是以〈無名論〉，闡析聖人與道在其「無／有」論述體系中的微妙關係。

何晏論「道」，有偏從「無」的面向來闡述「道」的傾向，也許玄學草創之初，故力在撥「有」顯「無」，以凸顯道的超越性格，建構有別於現象層域的本體位階，故每以「無形」、「無名」、「無譽」、「無爵」稱之，而「以無爲用」的聖人，亦復如是。筆者以爲何晏便是由此進路而言「聖人無情」的，此「無情」正如「無名」、「無形」、「無譽」、「無爵」般，皆是凸顯聖人的超越性格，故此「無情」之「無」，並非如漢儒進路般涉及本質性的否定，亦不似先秦道家特重工夫的作用層面而言之，乃是在其玄學格局下必然形成的觀點，是一種對聖人超越凡情之道境的表詮。唯「無情」方能不落於任何一情，而沒有情之跡限，既然沒有任何一情的發露顯跡，自當稱爲「無情」，而成爲人情表現最高境界的指稱，可見此「無」正是何晏「貴無」主張下的一貫立場，而非孤立於玄學之外全然否定的「無」。因此，欲理解「聖人無情說」之

殊趣，也應回到何晏自身的玄學系統來加以察照，進而從玄學的發展脈絡以判其得失。

何晏主張「夫道者，唯無所有者也」，是以「無」為道性，強調道乃超越形名聲色的存在，而體道之聖人，其境界亦能如「道」般，超越凡賢而無跡可尋：

> 凡人任情，喜怒違理。顏回任道，怒不過分。遷者，移也。怒當其理，不移易也。不貳過者，有不善，未嘗復行。〔註35〕

此段文字雖剋就賢凡而言，然聖人之道境，亦可由此逼顯。凡人任情違理，自屬第一層次；賢者顏回則能「怒當其理」，也就是「賢者恃以成德」之意，但仍可見其任道成德的「當理之怒」跡；而「德以成形」、「道不可體」，〔註36〕體道之聖人，則如無法從視聽聞見來知察的「道」般，已至純然之化境，不顯其情而妙不見跡。可見此「凡──賢──聖」的生命位階，正相應於「有──無」的識道進路，「聖人無情」說，當是由此逼顯而來。再如：

> 仁者樂如山之安固，自然不動，而萬物生焉。〔註37〕

由此段所述可知，何晏以為仁者所以樂山，在其知體山之屹然安固，自然不動，而眾動之萬物由此而生，以「不動」為「眾動」之本，正如其「無／有」的論述體系般，視「不動」之「靜」為「無」，乃「眾動」之「有」的形上根據。若將其「聖人無情說」，相應於此可知，聖人體道，亦能達「至靜」而不顯「情動」的境界，也是由「遮動顯靜」道性揭示的路數而來。

綜上所論，何晏的「聖人無情說」乃是針對聖人之境界而言的，聖人以無為用，能全然「復用無所有」，故達「至靜」的境界而無人情形跡上的表現。曾述何晏「聖人無情說」的鍾會，其注《老子》十六章云：

> 除情慮，至虛極也。心常寂，守靜篤也。〔註38〕

可見鍾會以為聖人經「除情慮」的工夫，而到「至虛極」的境界，並且能夠以常寂之心，持守靜篤之境，此種說法雖本之於老子格局，亦可能是沿襲何晏「聖人無情說」而來。前云「凡人任情」與「顏回任道」是境界上由工夫義所顯的分別；相同的，聖人無情也應如是，乃是聖人即工夫即境界的化情

〔註35〕見〈雍也〉「有顏回者好學，不遷怒，不貳過」註，出自《論語集解義疏·雍也》上，何晏集解、皇侃疏（臺北：廣文書局，1977年），頁177～178。
〔註36〕〈述而〉「志於道」註，出處同前註，頁219。
〔註37〕〈雍也〉「仁者樂山」註，同〔註35〕，頁203。
〔註38〕見《道藏》所存李霖《道德經取善集》卷三。

無跡，由此而絕異於賢凡的有情，成爲一種超越、無限的無情境界。再者，王弼曾批評何說「今以其無累，便謂不復應物」，〔註39〕經此批評，我們也可測知，此「不復應物」之「不復」即涵有「至此（境）便不再（應物）」之意，並無直接指涉從自然本質解消聖人之爲人的「應物」問題；而且此「無情」，雖涵攝工夫義涵，卻非如先秦道家般著力於層層開展的工夫深義，而偏向境界的揭示與指稱。由此看來，何晏之聖人並非不可理解，只是因爲能「相從於道」而至超邁常人的無情境界。然而就王弼看來，至此境便「不復應物」，如是縱能極盡無累無繫、了然無跡的神妙化境，但卻好像成了游於方外、不涉名教的聖人，〔註40〕其實何晏之聖人或許不至於如此，但是在遮有顯無的貴無傾向下，力持「聖人無情說」，終必使聖人之於「名教」—「有」的面向無法開展，而導向與玄學儒道會通之理想形成衝突的困境，也難怪何晏敵不過王弼的詰難，而終必折服於王弼的「聖人有情說」。

何晏之「聖人無情說」所以不敵王弼的「聖人有情說」，除了上述的可能原因之外，我們理應尋索一理論層次的根源性癥結以支援這種說法。筆者認爲可以從何、王對「無／有」關係的論析表現分判之。何晏雖提出「以無爲本」的主張，但爲了凸顯「無」的道性位階，勢必強調無與萬有的絕然分判，以建構「無」的絕對優勢，使之超拔於萬有之上，擺落萬有層面的經驗性質，因此其論述有較爲「貴無賤有」的傾向，〔註41〕就玄學的發展觀之，創始之初，當力撥兩漢過於質實的經驗性格，以挺立「無」的道性位階，何晏循此路數，其來有自。但相形之下，王弼不僅更精進於此「撝有顯無」、「撥有立無」的路數，而且能夠從道體（無）的建構中回到道用（有）的層面來發揮，其〈老子指略〉對於有（現象）與無（本體）之間的關係便作了相當深入的探討：

〔註39〕見前引何劭〈王弼傳〉「今以其無累，便謂不復應物」一句。

〔註40〕莊耀郎以爲「何晏則以聖人之道在無，是落在道家義理中理解孔子，而將孔子視爲方外，而不知聖人之遊於方內者也。何晏的說法聖人固無累矣，然而遊乎方外，所以王弼視之爲「不應物」。「應物」和「不應物」之分判標準則在於合於名教否！何晏之說純自道體上看聖人，聖人固無累，然而名教亦不存焉！故何晏之論脫離名教而未能肯定名教」，〈王弼之聖人論〉，《中國學術年刊》第十三期，頁136。

〔註41〕任繼愈認爲：「雖然（何晏）這種解釋確立了"以無爲本"的觀點，表述了不同於神學目的論的新的世界統一性的原理，但是流露出貴無賤有的傾向，不能辯證地解決有與無的關係，把本體高於現象的觀點強調得過了頭。」見〈王弼的貴無論〉頁113，出處同〔註28〕。

夫物之所以生，功之所以成，必生乎無形，由乎無名。無形無名者，萬物之宗也。不溫不涼，不宮不商。聽之不可得而聞，視之不可得而彰，體之不可得而知，味之不可得而嘗。故其爲物也混成，爲象也則無形，爲音也則希聲，爲味也者無呈。故能爲品物之宗主，苞通天地，靡使不經也。若溫也則不能涼矣，宮也則不能商矣。形必有所分，聲必有所屬。故象而形者，非大象也；音而聲者，非大音也。然則，四象不形，則大象無以暢；五音不聲，則大音無以至。〔註42〕

如同何晏，王弼亦十分強調道體無形無名的超驗特質，既不受形與名的限制，也非「視、聽、體、味」訴諸感官知覺的路數可以知察掌握，以凸顯「無」的超越意義，使之成爲萬有「所以生」、「所以成」的本源和根據。但王弼所論又不限於此，而且進一步指出，本體亦非孤懸於萬有之外的存在，若無具體的五音四象，則大音大象的作用也無從顯現，此即是「無不可以以無明，必因於有」之意。〔註43〕可見王弼雖以「寂然至無」爲本，〔註44〕也好談「崇本」、「體無」之道，但他貴無而不賤有，並進而「以有顯無」、「即用顯體」，使有無之間形成一種「有──無」、「無──有」雙迴向的作用，充分發揮其崇本以舉末、貴無以全有的玄學思維，這正是王弼所以能超邁精進於倡導者的何晏，而成爲眞正建構玄學完整體系者的原因。

　　有此認識，我們再回到何、王之聖人無情有情之說，其間之異便不難理解。何晏的「聖人無情說」，是從「道體」的角度來揭示聖人之境的，〔註45〕但若僅據於此，聖人則有體而無用，而大失體用一如之旨，甚至體亦不成其爲體矣，〔註46〕其因在何說有較爲強烈的貴無傾向使然。王弼的「聖人有情說」，主張聖人有同於凡人之五情，故不能無哀樂以應物，不再如何晏般將聖人孤置於「無」境，成爲「不復應物」，無涉世情的方外之人。而使之回到「有」，從有情以應物中回應名教，唯此「有」能以「茂於人者之神明」來「體沖和

---

〔註42〕同〔註12〕，頁195。
〔註43〕見韓康伯〈繫辭〉註引王弼〈大衍義〉，出處同〔註12〕，頁548。
〔註44〕《周易》復卦〈象傳〉註云「寂然至無是其本矣」，出處同〔註12〕，頁337。
〔註45〕莊耀郎也主張「何晏之說純自道體上看聖人」，同〔註40〕。
〔註46〕牟宗三則進一步指出「通無即體，應物即用，焉得謂聖人爲無情，無情，則其體懸而離掛，不成其爲體矣」，《才性與玄理》（臺北：學生書局，1985年）頁79。

以通無」，故亦能在名教中反映自然，而至「應物而無累於物」的境地。是以「有情」而能「體無」的聖人，正是王弼有無並觀、體用一如之本體論貫徹至其人生論的具體展現。〔註47〕

何晏在其「無／有」的思維體系中，將聖人之境置於「無」的位階，又偏於從道體的角度闡發其「無」之玄妙，而有賤有以貴無的傾向，在此脈絡下，「聖人無情說」的提出，將聖人體道之聖境發揮得更爲淋漓盡致，故得何邵「其論甚精」的稱許，並廣受當時名士所推賞引述，而蔚爲一時風潮，雖在王弼「聖人有情說」的質難下，於玄理的表現略居下風，然此「無情之聖境」，了卻人世感情之糾纏，玄遠無繫的理想化境，不僅是身處亂世困局遂憂禍懷懼之何晏，其企慕解脫之心態的投影，〔註48〕亦爲鍾情寄寓於世的名士，內心永恆憧憬嚮往的世界，故「聖人無情說」得以迴盪於人心深處之中，繼續在魏晉思潮中洶湧迭起。

## 第五節　王弼「聖人無情而有情」之爭論與平議

對於王弼「聖人有情說」的討論，有一個連帶存在的問題，依然停留在各持己見的局面，也就是王弼對於聖人的看法，可否有先無情後有情的轉變發展。贊同者，似從王弼由道（註《老》）而儒（註《易》）以會通儒道的發展脈絡切入，並援引註《老》與註《易》的實例以證成其說；〔註49〕反對者以爲王弼年壽甚短，玄悟甚高，雖出入道儒，然對此攸關思想體系的核心論題，當不至於有如此對立性的轉變，〔註50〕兩者之間似仍有待殊顯其分歧的關鍵，以平議此問題之爭論。在此，筆者有意以前述何晏聖人無情說的新解，

〔註47〕 對於王弼玄理及其聖人有情論的義涵，學界多所發揮，也日趨精密細緻，限於篇幅，於此僅提點要涵以映襯何説，至於筆者對王弼聖人有情說的理解，則將於第二章處理。

〔註48〕 那薇曾以何晏的時代背景、性格及其詩歌來闡析其「聖人無情說」的社會基礎，也涉及何説的心理因素，雖有部分詮釋與用辭有失中肯客觀，但試圖掌握何説的歷史情境來尋求進一步的理解，在切入的角度上是值得注意的。可參見頁76～77，出處同〔註29〕。

〔註49〕 如王葆玹《正始玄學》（頁 379）與曾春海〈王弼聖人有情無情論初探〉（《哲學與文化》，第十六卷第九期，頁 609）即持此見。

〔註50〕 林師麗眞〈王弼「性其情」說析論〉（《王叔岷先生八十壽慶論文集》，頁 600）及盧桂珍《王弼與郭象之聖人論》（台灣大學中文研究所碩士論文，民國 81年，頁 32）便曾依此角度對前説加以質疑。

來作爲解決王弼之聖人觀可否有先無情後有情之轉變爭議的嘗試，進而使何晏「聖人無情說」之新解的詮釋效應得所證成。

若剋就王弼之聖人可否有先無情後有情的問題而言，我們發現在以往兩說各暢其義的論述中，反對者雖然也有跳脫主觀認定的格局，試圖力尋理論性的建立以駁贊同之見的努力，〔註 51〕但畢竟前者挾大量例證以支援其說，王弼之註《老》與註《易》，也的確存有不同的關注角度。因此若能剋就贊同之見的立場，尋求其問題癥結之所在，或許較能正視兩者之間的盲點，使王弼之「聖人有情無情」的問題，得到合理與適切的解決。首先，我們先探尋前說形成的重要導因：

> 弼注《易》，穎川人荀融難弼〈大衍論〉，弼答其意，白書以戲之曰：
> 「夫明足以尋極幽微，而不能去自然之性。顏子之量，孔父之所預
> 在，然遇之不能無樂，喪之不能無哀。又常狹斯人，以爲未能以情
> 從理者也，而今乃知自然之不可革。是足下之量，雖已定乎胸臆之
> 內，然而隔逾旬朔，何其相思之多乎？故知尼父之於顏子，可以無
> 大過矣。」〔註 52〕

此段文字當是持王弼先無情後有情者的重要論據，因爲持此見者，往往認爲王弼註《老》時主「聖人無情說」，註《易》時則轉爲「聖人有情說」，正好與此文對孔子先後不同的理解轉折及「弼注《易》」的背景提示吻合，故使學者覽此而啓疑，立說以釋惑，也是其來有自的，〔註 53〕而此段致疑的關鍵焦點，當在「以情從理」一語，湯用彤先生也注意到這個問題，因此嘗試疏解其旨以會通文意：

> 「以情從理」可有二解，一可解爲情不違理，蓋謂聖人本性其情，
> 應以情從理，唯此解與上下語文氣不合。二解爲以理化情，即是無
> 情，蓋謂王弼原亦主無情（馮芝生先生說）。此解於上下文極可通。
> 但以情從理似仍有情，而以情從理似不得比之用理化去情欲也。按

---

〔註 51〕林師麗眞曾以分疏王弼「性情」與「動靜」的關係、尋索其「性其情」義以
　　　　解決「有情」與「無情」的糾葛，頁 599～609，同〔註 50〕；盧桂珍也嘗試
　　　　從王弼對「情」之意涵的掌握，提出其有勝義與劣義之分，以說明「有情」
　　　　與「無情」並見於王弼著作的原因，進而反駁王葆玹的說法。頁 32～46，同
　　　　〔註 50〕。
〔註 52〕《三國志‧魏志‧鍾會傳》注引何劭〈王弼傳〉。
〔註 53〕王葆玹即本此線索而推知王弼先註《老》而主無情，後註《易》而主有情的
　　　　說法。《正始玄學》，頁 382～383，同〔註 14〕。

> 王弼之文佚失頗多，茲難懸揣，而其與荀書，本爲戲文，亦不必過
> 於重視也。〔註54〕

湯氏釋「以情從理」可有「情不違理」與「以理化情」二解。他認爲依文氣
而言，用「以理化情」解來似較貼切；然若直接就「以情從理」語義觀之，「似
仍有情」而不當爲「無情」。在兩解皆未能兼及文氣與語義的狀況下，湯氏只
得以戲文未足深究來解消探義於此的必要性，此問題便在「不必過於重視」
的提點下自動淘汰。但值得注意的是，他點出馮芝生先生便是據「以情從理」
乃「以理化情」之意，遂有王弼原亦主無情的說法。如此看來，雖然〈致荀
融書〉言及孔顏乃純爲譬喻的說法，但未必無涉王弼對聖人的意見，尤以對
孔子之於顏回「遇之不能無樂，喪之不能無哀」，何以有前後不同的見解，是
反對此說者不能不面對的問題。

　　筆者以爲，書信縱非玄學著作，也許無關思想學理之宏旨，但卻往往不
自覺地流露出作者的想法與態度，因此〈致荀融書〉無形中亦可能反映出王
弼對於聖人無情而有情的心態轉折。然而從「聖人無情」到「聖人有情」的
轉變，其間之別是否必然以註《老》與註《易》爲其分界，則是有待商榷的。
王弼註《老》、《易》二書，雖尚無確證以定其先後，但學界大體上比較傾向
先《老》後《易》的說法，唯從王弼老學著作的整體義涵觀之，其玄學體系
已建構完成，誠如反對者的質疑，「聖人有情說」乃王弼思想體系的核心論題，
自不可能因爲面對儒道性質不同的著作，便動搖此攸關其玄學架構的基本立
場。如此看來，兩說皆有其不容逃避、有待澄清的問題。筆者以爲既不能規
避王弼對聖人生命型態確有從「無情」到「有情」的轉換，也不當漠視「聖
人有情說」乃契合於王弼整體玄學的一貫立場，因此勢必跳出兩說各持己見
的僵局，另闢詮釋新途以抒解其間的困境與鴻溝。

　　前云「以情從理」乃致疑的關鍵焦點，若不採湯氏二解，筆者以爲可直
就「以情從理」解之。並觀「情不違理」、「以理化情」、「以情從理」，恰爲三
個層次：情與理不相違，就好像賢者當理；用理化去情欲，則涵攝較爲明顯
的工夫義蘊；而「以情從理」當指全然依道而行，不顯情跡，妙不可言，工
夫已至化境，因而唯顯理而不顯情，是一種生命境界的超然無繫，由於不顯
情，故亦可謂之「無情」。「以情從理」若採如此的詮釋，一則可以凸顯玄學
強調境界的尋幽闡微而淡化工夫的特質；此外也可綜合何晏的「聖人無情說」

─────────────────

〔註54〕同〔註10〕，頁82。

來加以說明，如同何晏在「遮有顯無」的進路下，以建構挺立「無」的絕對優勢與道性位階，進而將體「無」之聖人置於純任道體而無情跡之顯的境界，遂提出「聖人無情說」的主張。亦本「撥有以立無」之玄學進路的王弼，極有可能在此「遮有顯無」之思路發展的階段性過程中，視聖人爲不顯情跡的生命型態。唯王弼之玄學不僅停留於此，能夠「有──→無」進而再「無──→有」，以完成其崇本以舉末、貴無以全有的玄學體系，故對於聖人，也不再純就道體──「無」的角度著力，而能正視聖人之情──「有」，建構出體無用有、內聖外王的聖人型態，如此遂有「聖人有情說」的主張。體知自然之性（情）與尋極幽微之明（神明茂）兩不衝突，而釋懷於孔聖對於顏回的哀樂之情，並從自己對於荀融的反應中，實際體驗到這種感受。可見「聖人有情說」乃攸關王說整體的玄學體系，自不能視爲註《易》下的階段性產物。

綜而言之，筆者以爲王弼之思路確有從聖人無情轉向聖人有情的發展，這是無法迴避的事實。但此轉變並非註《老》──「道」而註《易》──「儒」所造成的，乃是玄學建構的過程中「遮有顯無」、「撥有立無」轉進「無在有中」、「以有顯無」所回映出來對聖人生命理型的不同認識，唯「聖人無情」僅是王弼玄理完成前階段性的見解，「聖人有情」方是王說的核心論題，不宜以此湊泊《老》《易》，〔註55〕如此才不至於因爲要牽就儒道傳統而支離王說整體一貫的玄理，也能避免使玄學淪爲先秦思想的附庸，而回應於玄學自身的發展脈絡，確立其獨發智悟的殊趣與成就。

## 第六節　小　結

何晏「聖人無情說」之內容俱已不存，故學界每從思想續承與學術淵源的角度以推尋其意，但爲了凸顯王弼「聖人有情說」的創發性地位，往往視何說爲先秦道家或漢代思維的舊曲重唱，無形中便解消了何說的獨立地位。然筆者以爲若解消或低估何晏「聖人無情說」的獨立義涵與價值，也許未必能凸顯王

〔註55〕贊同王弼聖人觀註《老》主「無情」而註《易》主「有情」的學者，往往摘取王弼著作中「有情（欲）」與「無情（欲）」的文字敍述以支援其說，採此路數對原點的詮釋易有見樹不見林的理解，縱然王弼註《老》與註《易》有偏向道體與道用的不同，但其思想的核心體系與基本精神卻是一脈相承的，不宜執於片斷的文字陳述，而無視其文意立場與整體脈絡，否則易有削足適履的偏頗。

弼的成就，反而有簡化或剝落此論題於玄學脈絡之存在意義的危險。是以嘗試重新建立對何晏「聖人無情說」的理解模式，以澄清何說的面目。

近人也有爲何說辯護的說法，如李澤厚於《中國美學史》云：

> 何晏主張"聖人無喜怒哀樂"云云，似應解釋爲"聖人"沒有那種"任情"而發的喜怒哀樂，他的喜怒哀樂是符合於自然之"道"的"至情"。王弼斷定何晏主張"聖人無喜怒哀樂"而加以反駁，不見得符合何晏的原意，有可能是他爲人"頗以所長笑人"，"淺而不識物情"（《魏志・鍾會傳》注）的表現。或許可以說，王弼比何晏更重情，但恐怕不能說何晏根本不要情。〔註56〕

此說雖能站在質疑的角度，免於依循此一面倒向王說的敘述立場，試圖爲何說申冤，然而以訴諸王弼爲人之缺失來解決此玄學論難中的核心要題，不僅流於主觀的揣測，也難涉兩說理趣的層次。〔註57〕也許對於何、王兩家之說，尤當有更爲持平的理解角度，並應力求理論性的陳述，以避免純粹的臆測。

因此筆者嘗試跳脫傳統的理解進路，不再純循外緣因素或採探源式的路數，而進一步從何晏玄學內在的理路探入。在何晏玄學內理路的闡析中，我們發現其所謂「聖人無情」，正如「無名」、「無譽」、「無爵」、「無形」般，皆是用來凸顯聖人的超越性格，乃是何晏「貴無」主張下的一貫立場，而非孤立於其玄學之外的見解，故此「無情」，並非如漢儒進路般涉及本質性的否定，亦不似先秦道家特重工夫的作用層面而言之，而是一種對聖人超越凡情之道境的表詮與指稱，爲何晏「遮有顯無」、「撥有立無」玄學路數下體道玄遠的聖境格局。但相較於王弼從有無並觀、體用一如之玄學體系立論的「聖人有情說」，終不免偏無而遺有，遂與玄學儒道會通以融合名教自然的理境相違，也難怪王弼此論一出，何晏便欣然而折服。

本文將何、王的聖人無情有情之說，重新置於玄學的發展脈絡以定位之，進而再依此以分判其得失，使傳統視「何晏：聖人無情說——王弼：聖人有情說」爲「舊——新」的分判，轉成「新——越出轉精」的關係，如此不僅較能貼近何說之意，對王弼「聖人有情說」的義涵與價值，也更有照明的效用，

---

〔註56〕同〔註28〕，頁149。

〔註57〕李澤厚所以採如此的詮釋，可能是在凸顯「情」的重要，而此正是著眼於美學立場使然。因此認爲「不能說何晏根本不要情」、「王弼比何晏更重情」，但過於牽就時風而忽略此玄論的核心對象——聖人，則有淺化玄論深旨的危險。

並且能並觀聖人無情有情二說於魏晉玄學思潮之地位與影響，何晏「聖人無情說」何以失勢於玄論，卻依然能迴盪士人心懷的現象，亦可由此而瞭然。而且「無情說」經此澄清，對於王弼之思路確有從聖人無情轉向聖人有情的改變，也能不必湊泊《老》、《易》，造成支離王說整體一貫思想的偏頗，直就其玄學建構的發展理序以得其因由，而有效地平議此各持己見的僵局與爭論。筆者意不在反駁前輩之意見，以建立一必然的理解模式，畢竟何晏之「聖人無情說」，是沒有具體資料的探討對象，因此所有的詮釋亦難斷於唯一。但筆者以為若能將何晏的「聖人無情說」，從「法天」或「先秦道家」的理解方式中走出，轉向何晏玄學之內在理路——賤有以貴無——來掌握，〔註58〕使之重新回到玄學的發展脈絡以定其得失，何王之「聖人有情無情之辯」才不至於淪為王弼的獨唱，而真正成為何、王競智騁才、輾轉精進的玄學論戰，如此方更能回應齊鳴爭輝的玄學情調，而映襯出精彩絕倫之「正始之音」的歷史圖像。

---

〔註58〕王葆玹也主張「何晏這理論的落腳點不再是"法天"，而是"貴無"」頁199，同〔註14〕，雖非就此問題而發，但值得注意。

# 第二章 王弼「聖人有情說」釋疑與探義

　　「聖人有情說」，不僅爲王弼玄理中的核心課題，就整個魏晉玄學而言，也是極爲重要的主張。自湯用彤先生加以闡釋以來，[註1] 學界對此問題已論析甚多，並日趨精緻周全，而且皆能扣回王弼的玄學以互爲照映、會通其妙，研究之成績自是十分可觀。[註2] 然檢視其間，筆者以爲尚有幾個問題，仍有待詮的空間與釋疑的必要。

　　學界對王弼玄理的討論，每能注意其會通孔老、兼攝儒道的精神，在此脈絡下，其所塑造的聖人特質，不僅本諸道聖之「自然」，亦能回應儒聖之「名教」，完成其內聖外王的理想典型。然而論及「聖人有情說」，則似較偏向聖人「無累」之主體境界的面向；若能從主體超越境界的發顯，延伸至主體（聖人）與客體（群庶）之間如何會通的問題，以盡涵攝名教深旨之「應物」的妙意，當可使「聖人有情說」的詮釋得以免於一偏，而與何晏「聖人無情說」有了更明確的分殊，以回應王弼玄理的整體精神。

　　再者，對於王弼所言之「神明」，其義涵雖無異見，然此「神明」可否指涉人人有之，或爲聖人所獨具，則尚有爭議。[註3] 兩說之間看似無涉宏旨，

〔註1〕 見湯用彤〈王弼聖人有情義釋〉一文，頁75～86。

〔註2〕 如曾春海：〈王弼聖人有情無情論初探〉（《哲學與文化》，第十六卷第九期）、莊耀郎：〈王弼之聖人論〉（《中國學術年刊》，第十三期）、盧桂珍：《王弼與郭象之聖人論》（台灣大學中文研究所碩士論文，民國81年）……等。

〔註3〕 學界大體上比較傾向主張「神明」乃指聖人具有超越常人的特殊能力，近人蔡振豐則認爲王說所謂「神明」，當指人人本具，詳見《王弼的言意理論與玄學方法》，頁72，（台灣大學中文研究所八十二學年度碩士論文）。

但由此延展的論述，卻形成「聖人之境可依其身的努力而達成」與「聖人不可學不可致」兩種截然對立的聖凡關係，〔註4〕此實攸關「聖人有情說」之學術角色的判定，自是不容輕忽的問題，猶待進一步地辨析澄清之。

　　除此探討玄理本身的路數之外，近人也漸注意到王弼「聖人有情說」與魏晉「尚情」風潮的密切關係：

> 聖人有情這一命題顯然是在肯定並提高情的價值，這正是當時個性解放的士大夫生活中的一個中心問題……王弼「聖人有情」說之所以不容易被普遍接受，主要困難還在《莊子》書中明白地主張聖人無情。〔註5〕

> 王弼的"聖人有情論"，是代表著玄學的主要傾向的，因爲玄學整個而言是重情的，不是禁欲或寡情的。這同魏晉時期整個社會風尚和心理有密切關係。〔註6〕

兩位前輩皆言及王說與魏晉士風的關係，但值得注意的是，王弼之「有情說」乃以聖人爲論述之對象，雖則聖人論代表著論述者的學說體系中人生論的總成，然聖人論與人生論之間隨著論述對象之異，所涉層次之別，其旨趣仍是大有不同的，因此時人存在著「聖人忘情」而「情之所鍾，正在我輩」分論聖我特質的現象，〔註7〕而王說新解雖得勢於玄論，卻未必能令人普遍接受而廣爲流行，可見尚情士風與聖人無情是可以並行不悖的，〔註8〕如此看來，王說與尚情士風之間也未必存在著互爲牽動的密切關係。王弼之「聖人有情說」如同何晏的「聖人無情說」般，皆宜透過玄學的核心觀念「有」、「無」及其關係來理解，反而不在「情」之有無的問題，是以「聖人有情說」的義蘊，也當從王弼玄理的整體精神來定位之，才不至於滑落了它的玄思微旨，進而

---

〔註4〕　湯一介由聖人「茂於人者神明」的緣故，進一步主張「從這裡我們可以看到一個問題，聖人既然是『智慧自備』，故不可學、不可致」，見《郭象與魏晉玄學》（臺北：谷風出版社，1987年）頁39。蔡振豐也由神明人人本具，而言「聖人之境仍可依其身的努力而達成」，同〔註3〕。

〔註5〕　見余英時：《中國知識階層史論》，頁353。

〔註6〕　見李澤厚：《中國美學史》第二卷，頁149。

〔註7〕　《世說·傷逝》4：「王戎喪兒萬子，山簡往省之，王悲不自勝。簡曰：『孩抱中物，何至於此？』王曰：『聖人忘情，最下不及情；情之所鍾，正在我輩。』」

〔註8〕　余英時云：「王戎在這裡仍用何晏的聖人無情說，可見王弼的新解此時尚未流行。「聖人忘情」中的「忘」字也許是「亡」字之訛，不過作「忘」亦可通……聖人無情正是忘情的結果。」同〔註5〕，頁354。

高估了兩者的關係。

面對聖人有情說的再探及此玄論與士風之關係的釐清，本文擬從四個面向來加以論析之。首先，爲了掌握王說「聖人有情」之「情」的殊趣，故由王弼通貫「無」——「有」的「自然」義論起；繼而從依「無累」而展的主體境界義，延伸至「應物」所攝之客觀化成義的闡釋，期能體現「有情說」融攝儒道以回應名教的用心；再依對「神明」的討論以定位王說的聖凡關係；最後筆者將從玄學自身的格局與發展脈絡切入，以樹立「聖人有情說」於玄學中的角色及其影響。

## 第一節 從通貫「無」——「有」的「自然」義論「聖人之情」

「聖人有情說」之「情」，由於王弼自言「同於人者五情」、「自然之性」、「自然之不可革」，順此而知其「情」乃指自然之本性，故可視爲人與生俱來的自然情感，對於這與生俱來的自然情感，王弼每以「自然」統稱之：

> 耳、目、口、心，皆順其性也。不以順性命，反以傷自然。故曰盲、聾、爽、狂也。（《老子》第 12 章註）

> 喜、懼、哀、樂，民之自然，應感而動，則發乎聲歌。（《論語釋疑》）

> 美者，人心之所進樂也；惡者，人心之所惡疾也。美惡猶喜怒也，善不善猶是非也。喜怒同根，是非同門，故不可得而偏舉也。此六者，皆陳自然，不可偏舉之名數也。（《老子》第 2 章註）

耳、目、口、心乃指人的四種官覺能力，都是人與生俱來的生命本能，而「心」當屬內感官的層次，人由之而產生種種喜懼哀樂等諸多情緒反應，乃至好惡等意欲活動，此皆爲稟受自然之人心的普遍存在現象；唯若不能因任順應之，卻加以扭曲或有所偏執，便會形成患累而有傷自然。可見王弼正是以此「自然」來說聖人「同於人者五情也」，在此脈絡下之「自然」，偏於「物性」面立說，如王弼有云：

> 不學而能者，自然也。（《老子》第 64 章註）

> 夫燕雀有匹，鳩鴿有仇；寒鄉之民，必知旃裘。自然已足，益之則憂。故續鳬之足，何異截鶴之脛。（《老子》第 20 章註）

> 自然之質，各定其分，短者不爲不足，長者不爲有餘，損益將而加

焉。(《易‧損卦》註)

以上所引諸例，便是以物性爲自然，[註9] 乃指本然存在之形能質分，如同人與生俱來的情感般，自是無須禁絕與否認的。然而王弼所云之「自然」，又不僅於此，王弼尚云：

> 道不違自然，乃得其性，法自然也。法自然者，在方而法方，在圓而法圓，於自然無所違也。自然者，無稱之言也，窮極之辭也。……道順法自然天故資焉。(《老子》第 25 章註)

王弼以自然言道，可見自然亦爲道性之指稱，當指道無爲無造之律則，暢通萬物的發用，超越名謂的無限存在，即是道沖虛妙用的玄德。[註10] 綜觀王弼兼攝「物性」與「道性」這兩個面向的「自然」義可知，其所謂聖人雖有同於凡人之五情，但卻能無累於情，正是聖人能以其體無之神明，於「物性」之情中顯其「道性」，故能有情而無累於情。是以聖人即是天之自然（道性）與人之自然（物性）的中介與統合，[註11] 故此聖人之「情」，宜觀照王弼自然義之「物性」與「道性」兩個面向來理解，而王弼玄理也正是以「自然」來通貫道——物、與無——有的。

由是，我們當如何界定「聖人有情」於王說中的角色，使之得一適切的定位呢？筆者以爲仍須回到玄學自身的格局來檢視之。正如莊子言及「天人不相勝」般，玄學則是依其「無／有」之核心論題而展開，王弼以爲若如何晏般主張「聖人無情說」，便落入偏無遺有的困局，因此勢必在「聖人體無」外，[註12] 力持「聖人有情說」，方能並觀有無而無所偏遺，以通貫其兼攝有無、體用一如的玄學體系，此種思維性格，在他註《老子》第一章時已見端倪：

---

〔註9〕 錢穆云：「其（王弼）說以道爲自然，以天地爲自然，以至理爲自然，以物性爲自然」頁516，見《錢賓四先生全集‧莊老通辨》，而正文所引諸例，即是以物性爲自然的顯例。

〔註10〕 牟宗三云：「道是一沖虛之玄德，一虛無明通之妙用」《才性與玄理》，頁154。

〔註11〕 林朝成云：「魏晉玄學的自然觀同時接受天之自然與人之自然的兩個側面，並立『聖人觀』以統合之」，見《魏晉玄學的自然觀與自然美學研究》，頁11，(台灣大學哲學研究所八十一學年度博士論文)

〔註12〕 《世說新語‧文學》載「（王）輔嗣弱冠詣裴徽，徽問曰：『夫無者，誠萬物之所資，聖人莫肯致言，而老子申之無已，何邪？』弼曰：『聖人體無，無又不可以訓，故言必及有。老莊未免於有，恆訓其所不足』，《魏志‧鍾會傳》註引何劭〈王弼傳〉亦有類似的記載。

> 萬物始於微而後成，始於無而後生。故常無欲空虛，可以觀其始物
> 之妙。

> 凡有之為利，必以無為用；欲之所本，適道而後濟。故常有欲，可
> 以觀其終物之徼。

此是王弼依老子道之無有二性所展開的陳述，其中言及「凡有之為利，必以無
為用」，正可顯王弼「以無為本」之形上思維的特質，而「欲之所本，適道而後
濟」即是言「有之為用」亦當依此「以無為本」之原則而來，並從有與無兩個
面向闡析道與物的關係，是以若欲識道體道，則應「無欲」以觀道體之深微，「有
欲」以觀道用之廣大，而體道之聖人自是能實現此理境的生命典型，故一則能
以「無欲」之心通道體之「無」，一則能本此「體無」之神明，以「有欲」之情
來成全道用之「有」，可見合此「有欲」、「無欲」兩個面向，方可盡「道」與「體
道的聖人」之妙。是以理解王弼之「聖人有情」，亦當順其「體沖和以通無」之
提引，並觀「聖人體無」義方能得其深旨微意，若全然擺落「體無」之旨，僅
順此「有情」所發顯之物性自然面立說，則易造成偏有遺無之失，因為王弼正
是以聖人自然之物性來體現通貫自然之道性的，否則只言人人皆有自然情感，
連聖人也不例外，則難臻玄論之理趣。可見王弼所以力主「聖人有情」，實有其
玄理自身必然形成的理論格局，未必是尚情時風的反映。

　　由此看來，常論往往十分強調王弼「有情說」之提出所具有的獨立意義，
認為此說當與整個魏晉尚情時風有著十分密切的關係，這種意見致力於會通
玄論與時尚之交涉，使玄論不至落於封閉之虛談，自有其不可忽略的價值。
然亦不可過於牽就時風，否則有淺化玄論深旨的危險，畢竟此玄論的核心對
象為聖人而非指涉常人而言，王弼所謂「聖人有情」雖涵攝「同於人者五情」
的層面，但是聖人之情的義蘊，卻涵有廣大而不可窮極的深意，自不能等同
視之，〔註13〕否則便過於「著有略無」，而高估了王弼此說與尚情時風的關係，
也極可能滑落了「聖人有情說」的玄思微旨；畢竟若「聖人有情說」具有牽
動「尚情」時風的影響地位，何以未能如何晏「聖人無情說」般成為流行之
顯說？〔註14〕可見兩者之間雖不無關涉，但由於論述對象之異，所涉層次之

─────────────

〔註13〕唐君毅云：「此謂聖人有情，同于人，其無累于人，不同于人，則其情亦自有
　　　　不同于人之處。此不同于人之處，在依其無累，而其情，其感應，乃廣大而
　　　　不可窮極」，見《中國哲學原論・原道篇貳》（臺北：學生書局，75年版）頁
　　　　353。

〔註14〕聖人無情說在魏晉之際為顯說，時至王戎猶云：「聖人忘情，最下不及情。情

別，其旨趣仍是大有不同的，未必存在著決定性的互動關係，因此也不宜過於附會之，〔註15〕此當是闡析此說者宜加以留意斟酌之處。是以「聖人有情」與「聖人體無」雖各有言說之理據與用意，而能自成一獨立的玄論課題，但兩說之間實是互有涵攝，皆是王弼渾化有無之玄思下依「有」或依「無」之面向，發露智悟的結晶。因此我們各闡其義時也應從並觀有無的角度理解，如此詮說方能免於一偏而得以深會其妙。

若進一步探討王弼提出「聖人有情說」的用意，當知此不僅是玄學體系上有——無與道——物之綰合而已，實亦攸關其通貫名教與自然以兼綜儒道的立場，故宜從「聖人有情說」之「無累」主體境界面延展至「應物」客觀化成義的探討，以明其內聖外王之道。

## 第二節　從依「無累」而展的主體境界義到「應物」所攝之客觀化成義的開顯

若依何劭所述何、王聖人有情無情之辯的資料來看，王說中有兩個核心的觀點頗值得注意，其一爲「應物」，其二爲「無累」。而兩者之間雖具有因果的存在關係，但恐怕不能以末——本、次——主的觀點來分判其位，因爲在此王說乃是質疑何晏「聖人無情說」而來，而兩說之間對立的焦點，若依王弼所言，則是「應物」與「不應物」的問題。可見如要適切掌握王說的義蘊，與其從「無累」處立說切入，倒不如著眼於王弼「應物」之深旨，至少也應並觀其義才是。

近人王葆玹先生曾將聖人的「應物」作用推至卦主與群爻的感應：

所謂"應物"，指聖人之情對群庶之情的應合，在易卦中則指卦主

---

之所鍾，正在我輩！」(《世說新語・傷逝》)，可見王弼新解尚未流行，一直到東晉，無情論依然存在。此恐難全以《莊子》曾主張「聖人無情」釋之，正如王戎所云，縱使聖人忘情，而常輩依是鍾情之流，對象不同，自可兩不相礙。可見「有情說」有其成全體用一如之玄論的必然，卻未必與尚情時風具有互爲牽動的密切關係。

〔註15〕陳順智云：「王弼聖人有情說、"暢萬物之情"的觀點則給作爲凡人的人士們提供了感情生活的廣闊內容。尤其當這種尚情之風與尊崇個性自由、提倡精神解放的思想相互撞擊并匯合時，更是形成一股巨大的洪流，浩漫縱橫地衝擊著人們的各個生活領域」，見《魏晉玄學與六朝文學》，頁 226，(武昌・武漢大學出版社，1993 年)。

與群爻的感應。王弼《周易・咸卦注》和〈周易略例・明爻通變〉
都説明陰爻與陽爻互相感應，並説這種感應是出自“情”的作
用。……都説明王弼易學中卦主的“應物”是無物不應。〔註16〕

王先生將此「應物」運用於卦爻感應的關係，並由聖人之於群庶對顯至卦主
之於群爻的關係，以凸顯卦主「無物不應」的特質，可謂善推；不過其立意
偏向解釋卦主及卦爻關係，至於聖人之情對於群庶之情如何應合的問題，反
而未加措意，殊爲可惜。筆者以爲若能於此著力，也許有助於延展王説「應
物」的理解面向。

　　此外，王弼玄理被認爲有兼綜儒道的用意，是以論及王弼聖人之內涵與面
相時，也皆能注意到其涵攝內聖與外王兩個層次，而居於核心角色的「聖人有
情説」，亦向來被視爲具有肯定名教、補充處理形而下世界的意義，〔註17〕若果
如是，便不宜忽略王弼所言之「應物」實有與名教相涉的義涵，並非僅是無累
於哀樂而已。然學界言及「聖人有情説」常據何邵〈王弼傳〉而言，其著眼於
聖人應物而有情之發顯，自較側重於主體境界的層面；但如果我們回到王弼整
體的玄學內涵觀之，他的「聖人有情説」也許不僅指涉聖人自身的心靈面向而
已。如常論述此每援引王弼《老》註：

聖人達自然之性，暢萬物之情，故因而不爲，順而不施。除其所以
迷，去其所以惑，故心不亂而物性自得之也。（29章註）

若順此註文之意脈，當指聖人在其通達自然之性下，如何因順物情以成全萬
物之功，是以在此「除其所以迷，去其所以惑」，應是針對聖人除去萬物迷惑
之情的妙用而言，非剋就聖人自身來説，但如果拘泥於主體境界的層次，則
往往將此註文全然消融於聖人自身的心靈面向，而無視「暢萬物之情」的客
觀意趣，〔註18〕如此不僅形成理解此段註文的盲點，亦無法深體王弼「聖人

---

〔註16〕　見王葆玹《正始玄學》，頁303。

〔註17〕　莊耀郎云：「王弼的説法較何晏有新義者則在於『應物而無累於物』，應物則
　　　　　與名教相涉，肯定名教」，（師範大學國文研究所八十學年度博士論文），頁
　　　　　181。林師麗真亦云：「王弼的人生原則，就在『聖人體無而言有』與『聖人
　　　　　有情而無累』兩大論旨中顯現。……在儒家的思想上賦予形而上的「無」的
　　　　　概念，以拉近於玄理的範圍中；其次再把儒家的「情」發揮，以補充道家形
　　　　　而下的處理」，見《王弼》（臺北：東大出版社，1988年），頁36。

〔註18〕　如李澤厚釋解此段云：「「聖人」雖有情，「不能無哀樂以應物」，但卻又能
　　　　　「暢萬物之情」，而不會爲物所迷惑、困擾」（頁151，同〔註6〕），將「除
　　　　　其所以迷，去其所以惑」之「其」指向聖人自身，便是顯例；實則此當是針

有情說」的豐富義涵。而「有情說」較之於「無情說」，所以更能回應名教的
精神，也不易彰顯出來。由此看來，王弼「聖人有情說」實不必全然局限於
主體境界以立說，似可由內聖的層次延伸至外王的面向以深究之，而此正是
本文有意進一步著力與開拓的詮釋面向。

若依王弼「無／有」、「道／物」的詮說系統，聖人雖處於「有」、「物」
之域，但由於能「體沖和以通無」，通曉道體之無，進而效法之，因此聖人特
質，亦有道體「無」之特質，王弼有云：

> 天地雖廣，以無爲心；聖人雖大，以虛爲主。（《老子》38 章註）

> 以空爲德，然後乃能動作從道。（21 章註）

> 有以無爲用，此其反也，動皆知其所無，則物通矣。（40 章註）

聖人能「以無爲用」、「以靜爲本」、「以空爲德」，故可行以從道，動皆反無而
能不傷其靜，至虛應物而道同天地。此外，如同「無」、「道」乃由「有」、「物」
對舉而顯，聖人之特質亦是由凡庶對顯而來：

> 眾人無不有懷有志，盈溢胸心。……我獨廓然無爲無欲，若遺失之
> 也。（20 章註）

常人或執己志，或溺私情，故每有躁求逐欲之失；而聖人卻能以其沖虛無爲
的靈明生命，不溺物跡，而永保無執無欲的心境，此正可殊異出聖人不同於
凡人之處，這種辨異的陳述一則對顯兩者之異，一則挺立聖人通無體道之特
質，是以其雖有五情之發顯，但卻能過處即化，無所留滯，至靜極虛而清明
無累。由此看來，聖人正是以至虛之「體」成全五情之「用」，而展現出體用
圓融無礙的理想生命型態。

唯王弼之聖人並非只是「盡我」之自了漢而已，因此對其聖人面向的理
解，亦不宜僅停留在至虛無累的主體境界層面，而當由內而外，推及於「統
物」的客觀義蘊，方能盡其「應物」之深旨，以充分體現由內聖之明擴展至
外王之功的聖人典型。王弼曾在《論語釋疑》中藉由「忠」、「恕」二字之釋
闡析此「盡我統物」之極理：

> 忠者，情之盡也；恕者，反情以同物者也。未有反諸其身而不得物
> 之情，未有能全其恕而不盡理之極也。能盡理極，則無物不統。極
> 不可二，故謂之一也。推身統物，窮類適盡，一言而可終身行者，

---

對聖人化民之功而言，「其」應指所化之民而非聖人自身，湯用彤即持此見，
可參看其《魏晉玄學論稿》，頁 104。

其唯恕也。〔註19〕

在此，王弼所釋已盡失儒家從日用倫常之道德實踐立說的本始精神，也不同於他註《老》每從本體（道、無）上順說的方式，而是依其本體論的基礎從現象之有的層面（情）來反溯其理的，順著王弼「以情近性」、「物無妄然，必由其理」的說法，〔註20〕此處所言之「情」，正可與「性」、「理」相通，而歸同總束於至高的「道」。是以若能盡己之情（性），使一己本然之情（性）得以充分朗現，便能全其「忠」；若能從一己之情（性）推求物情（性），以盡知其理極，如此則能全其「恕」，遂有悉理統物之功。而聖人即是能行此「盡我統物」之極理的生命典型，因此「盡我」與「統物」之間，雖各有殊旨，卻是互攝相即的，存在著續進通貫的關係，是聖人內聖而外王的生命展現。在此，王弼於「情」處立說，進而貫通人我物己，以達理極，正可與「達聖人之性，暢萬物之情」的道理相參，來彰顯「聖人有情說」由內而外、由主而客的「應物」面向。

此處王弼從現象之有的「情」處立說，由「情」以通「性」、「理」來統貫彼我物己，可謂由下而上反推的縱說模式。此外他亦由「彼情」與「我情」的關係以橫說其「感應」：

> 天地萬物之情，見於所感也。凡感之為道，不能感非類者也，故引取女以明同類之義也。同類而不相感應，以其各充所處也。故女雖應男之物，必下之而後取女乃吉也。（《易經‧咸卦》註）

天地萬物以情相感，以感顯情，而同類相感，則為感應之常理，因為在氣合情同的條件下，則更能聚類以生，〔註21〕但若高而不卑，即使同類，亦不能得其感應，在此可以得知，守卑處下是應物之感的重要理則，而正如情之發顯有正邪之分，〔註22〕萬物之感亦有所別：

> 凡物始感而不以之於正，則至於害，故必貞然後乃吉，吉然後乃得亡其悔也。始在於感，未盡感極，不能至於無思以得其黨，故有憧

---

〔註19〕 見樓宇烈《周易老子王弼注校釋》，頁622。

〔註20〕 王弼《論語釋疑》云：「不性其情，焉能久行其正，此是情之正也。若心好流蕩失真，此是情之邪也。若以情近性，故云性其情」（頁631～632）〈周易略例〉云：「物無妄然，必由其理，統之有宗，會之有元。」（頁591），皆同〔註19〕。

〔註21〕 《易‧萃卦》註云：「方以類聚，物以群分；情同而後乃聚，氣合而後乃群」頁445，同〔註19〕。

〔註22〕 同〔註19〕。此「正邪」並非是道德性的判語，乃是依「情」的發顯能否合乎其當該的本分（性）而言之。

憧往來，然後朋從其思也。(《易經・咸卦》註)

可見，「感」也有正與不正之分，若能知幾愼始，盡其感極，以「無思」的方式，使心無私吝以通「無」，至虛以應物，則能無物不應，此又謂之「大感」。聖人以至虛、體無、守靜、處卑的主體特質，能不依己智、私情、獨志來應物，是以能不落於「有」，而使己如「道」般周旋於無有以成其包通萬物的玄德，在此脈絡下，聖人之於物，正如道之於物般，王弼有云：

不塞其原，則物自生，何功之有？不禁其性，則物自濟，何爲之恃？

物自長足，不吾宰成，有德無主，非玄而何？(《老子》第 10 章註)

聖人如道般，不施加自己的意志造作，讓物得以自生自濟，也就是一種虛己任物、應而不唱、因而不爲的「應物」方式：

順物之性，不別不析……不造不施，因物之性，不以刑制物也。(27 章註)

若能不距而納，順物之情，以通庶志，則得吉而無咎矣。(《易・升卦》註)

大盈充足，隨物而與，無所愛矜，故若沖也。(45 章註)

聖人明物、任物、因物、順物、隨物的應物方式，是立足於聖人知體萬物之情(性)而言之，如此方可「反情以同物」，守其眞樸而能有同體共感之妙，王弼云：

致虛，物之極篤；守靜，物之眞正也。(《老子》16 章註)

靜則全物之眞，躁則犯物之性。(45 章註)

雖有萬形，沖氣一焉。(42 章註)

物以和爲常，故知和則得常也。(55 章註)

所謂「體沖和以通無」，聖人通體虛靈清明，故能與宇宙沖和之氣通暢無礙，而物性之眞、物情之常亦爲一沖氣爲和的狀態，是以「虛靜」便是物之眞性與本然，若聖人能守靜致虛，則能體識物情、知和得常，在每個當下皆能有所「感」而與之「應」，這種應物，不是造作施化，而是「任自然之氣」，因隨物喜，順隨物悲，成全萬物自然之情性，使之自相治理，宇宙生化井然有序地進行，感通萬物、輔萬物之自然遂有全物統物之功；若躁以犯物，採施刑制物的作法，如此則「以有爲心，異類未獲具存矣」，〔註23〕因此王弼云「以

---

〔註23〕《易・復卦》註云：「若其以有爲心，則異類未獲具存矣」頁 337，同〔註19〕。

虛受人，物乃感應」，〔註24〕「感應」是人與人或人與物、物與物之間相互感通回應的交互作用，而聖人便是能盡此感物之正道，使大感之效自然而彰的理想人物。由此可知，聖庶之間，並非截然對立而無涉，形成各自封閉的領域，兩者之間實有一種相應的關係，而聖人尤扮演推誠導化的角色：

> 不私於物，物亦公焉。不疑於物，物亦誠焉。（《易‧大有》註）
>
> 不信於物，物亦疑焉。（《易‧豫》註）
>
> 立誠篤志，雖在暗昧，物亦應焉。（《易‧中孚》註）
>
> 以誠惠物，物亦應之。（《易‧益》註）
>
> 鳴鶴在陰，則其子和之，立誠於暗，暗亦應之。（《易‧晉》）
>
> 以明察物，物亦競以其明避之，以不信求物，物亦競以其不信應之。（《老子》第49章註）
>
> 上之所欲，民從之速也。我之所欲唯無欲，而民亦無欲而自樸也。（第57章註）
>
> 推誠訓俗，則民俗自化；求其情偽，則險心茲應。（《論語釋疑‧泰伯》）

可見聖人若「無私」、「無心」、「無欲」以推誠立公，則民亦能與其同應；若以明察物，則必使民心亦競明而失真。在此，聖人發揮感應之效，即使是晦暗幽隱之處，也能得所應合，是以修誠則物應，守謙則物歸，是聖人統物之方，其立言垂教，亦要在使民通其自性本然，而守真反樸，無欲無惑以回復其性命之常。〔註25〕是以聖人並非全然無為，而是本無為之心，行化民之功，使物物皆能順情通性，百姓遂可順隨其情，不亂守真，而得以任自然之氣，致至柔之和，以達物我渾化於天地之和氣的狀態。〔註26〕聖人至虛守靜以觀復知常，因此能透過天地萬物之感以見天地萬物之情，進而使萬物同歸於大和之道，這正是聖人以其自然之性，暢通萬物之情的的理境。

綜而言之，在王弼玄論中的聖人，一方面有無為至虛的應物方式，另一方面卻又具有在應物之同時所發的具體親切之情感流露，因此孔子遇到顏

---

〔註24〕《易‧咸卦》註云：「以虛受人，物乃感應」頁374，同〔註19〕。

〔註25〕《論語釋疑》云：「夫立言垂教，將以通性」頁633，《老子》，第32章註云：「抱樸無為，不以物累其真，不以欲害其神」頁81，皆同〔註19〕。

〔註26〕《老子》第10章註云：「言任自然之氣，致至柔之和，能若嬰兒之無所欲乎？則物全而性得矣」頁23，同〔註19〕。

淵，不能無樂，顏淵死，不能無悲，這種情感和常人一般是真實無妄的。但是聖人情之發顯的不同，在於他不會沈溺留滯在此一情中，卻能隨順大化，通明自然之理，是以其心仍是靈明至虛的，生命依然超然自在、清明無累。此外，聖人不僅只是成全自我生命之理境而已，他更能進一步推誠訓俗，盡我統物，以其情應合群庶之情，感通萬物進而使萬物順暢其情以自得其性，達致應天順民而則天成化的理想。可見聖人虛己應物，以竭盡我之理，隨順物情，以成統物之功，王弼「聖人有情說」，正須兼物我主客內外方得以盡其應物之深旨，若云「聖人無情」，縱使能極盡無累清明的生命理境，但聖庶之間，形成各自封閉的領域，「自然」與「名教」便截分為二了，也大失玄學體用一如的理想。因此「聖人有情說」的建立，讓「道」、「無」與「物」、「有」之間得所會通，使聖人充分發揮其中介的角色，是以對於王弼「聖人有情說」的理解，亦當從依「無累」而展的主體境界義，推向「應物」所攝之客觀義的開顯，如此，才更能分殊「無情」與「有情」兩說之異，知體「聖人有情說」所以殊勝之處，而真正掌握王弼崇本以舉末、貴無以全有的玄理精神，及其融攝儒道以回應名教的用心。

## 第三節　依「神明」所推演的兩種聖凡關係之商榷

依據何邵〈王弼傳〉的資料可知，「聖人茂於人者神明也」、「神明茂故能體沖和以通無」，因此「神明」亦為王弼「聖人有情說」的核心觀念之一，是我們了解聖人生命特質的重要媒介，對於「神明」的內涵，大體上也有頗為一致的理解，皆指一種知常體無的玄悟能力與覺照智慧，此自是無庸再贅述的，但若依「神明」延展王說的學術義涵，則仍有爭議。湯一介先生有云：

> 聖人既然「有情」，為什麼還能「應物而無累於物」，「有情」而「動不違理」呢？照王弼看這是由於聖人「茂於人者神明」的緣故，「聖人茂於人者神明」的意思，是說聖人「神明自備」、「自然已足」……
> 聖人既然是「智慧自備」，故不可學、不可致。〔註27〕

湯先生的說法可以視為學界對此問題的常論，他以「神明」來解釋聖人有情而無累的原因，視「神明」為聖人獨具的稟賦，進而將王說納入「聖人不可學、不可致」的學術傳統；莊耀郎先生更進一步指出，王弼對聖人的理解，

─────────────

〔註27〕同〔註4〕。

較偏向漢人以降的才性聖人觀，並援引王弼之語「聖智，才之善也」、「聖智，才之傑也」以證成其說，〔註28〕用以加強聖人不可學不可致的意見。仔細玩索他們的詮解，除了以「神明」輔說「有情」，使之能有合理的內在結構外，似乎有意將「神明」的問題延展至聖凡關係的討論，並回應於傳統人性學的歷史脈絡。如此，「有情」以顯其同，「神明」以彰其異，聖人之生命便映襯而出，聖凡亦得其分判，此解有其明確清楚的好處，幾成學界之共識；然近人蔡振豐先生則提出殊見，頗值得玩味：

> 「神明茂」這一觀點的提出，點出了所以稱聖的原因在於「神明」，而言「神明」「茂」與「不茂」則表明「神明」為人人所具，但有「茂」與「不茂」程度上的不同，聖人茂而常人不茂，如此聖庶之別不是先天差異的問題，即使是才性有別，而聖人之境仍可依其身的努力而達成。王弼的這一論說重點頗值得深深致意。〔註29〕

蔡先生從「有情說」之提出，使聖庶之別不再是先天差異的問題，強調王說具有突破「聖人天成」與「聖人生知」的用意，〔註30〕如是「聖人有情說」遂具有鬆動戡破聖人神授觀念的深旨，聖境乃為人人可以追求的生命理境，凡聖之際不再形成無以跨越的鴻溝，企圖為王說建立學術與思想史的轉折性地位，其立意之格局不可謂不大。兩說雖各有其論述之立場與理據，但同依「神明」而推演，對王說的判定卻形成如此截然對立的意見，不得不令人興起探疑之想。然而不論詮釋者如何妙會旨意，也當回應文本而得所證成，是以筆者試圖先從文本自身的文意脈絡以審其得失，觀此段陳述的核心部分：

> 聖人茂於人者神明也，同於人者五情也。神明茂，故能體沖和以通無；五情同，故不能無哀樂以應物。

「神明茂」與「五情同」在此雖為平行句，一言其異，一言其同，但若順其前後扣「情」而言的陳述，及聖人有情說的名目來看，全段重點要在強調「五情同」的問題，「神明茂」只是立足於輔說的角色，因此若針對此段的主要課

〔註28〕莊耀郎以為王弼對於聖人之理解，似乎較偏於漢人以降的才性聖人觀，並以《老子》註「聖智，才之善也」、〈老子指略〉「夫聖智，才之傑也」及《人物志》序「聖人之美，莫美乎聰明」證之，同〔註17〕，頁182、186。

〔註29〕同〔註3〕。

〔註30〕蔡振豐云：「考察當時人物的言論，似有二個現象反映了魏初學者有意鬆動『聖人生知』此一觀點……論述王弼之聖人論，以說明王弼突破聖人天成這一議題的用心」頁66，同〔註3〕。

題來看，當是指出聖人亦有同於常人之五情，至於「神明」的問題，在此反而是間接的補述，是以由此「神明」強調王說涵攝及蘊蓄之旨，縱然是無可厚非，但也宜注意其間分寸的掌握，尤不可反客為主，而遮掩了本旨或滋生不必要的附會。正如「五情同」要在強調聖凡之不異般，「神明茂」的提出，理應重在說明聖人殊異之處，由是能否涵攝「神明」乃人人皆有之意，而推及凡經努力則聖境可至的說法，其間即使尚有待證的空間，仍不免有推論過快的危險。〔註 31〕而且值得注意的是，相對於「同於人者五情」的陳述，不是「異於人者神明」，而是「茂於人者神明」，正因是「茂」，要在形容聖人之「神明」，並沒有明確地以「神明」分殊聖凡，因此直接指稱「神明」乃聖人所獨具，也不無商榷的餘地；以王弼所云之「聖智」援說「神明」，也值得斟酌考量，畢竟王弼亦言「聖智可棄」，〔註 32〕是以全然由漢人「才性觀」的角度切入，恐難盡王弼以「道性」理解聖人之全。〔註 33〕

綜觀兩解分歧之因，當在「聖人有情說」始終環扣聖人而言之，常人的問題在此並非其論析對象，而兩解皆有強加湊泊之嫌。筆者以為王說之「情」雖使聖庶之間得所會通，但此會通之道是建立於聖人導俗化庶的角度，至於由凡而聖的路數，並非其關注的面向，當然也沒有觸及聖人可致不可致的問題，而相較於郭象註《莊》深得其高揚個體精神的特質，此亦為立足於「聖王」之《易》、《老》的王弼所必然形成的格局。可見，對於「聖人有情說」的討論，依「神明」而展的詮解面向，雖皆有延伸其說以尋索更為深層的學

---

〔註31〕蔡振豐認為王弼對聖凡之別從情之有無（先天）轉向神明之茂與不茂的問題，也就是「動之應理與否」而言之，遂主張王說有突破聖人生知的深意，實則神明的茂與不茂也攸關人先天之稟賦，故很難由「有情說」來判定王弼有人人皆有神明的指涉，更遑論人人皆可經努力以達聖境；此外他尚從當時言論中存在一些自比於聖的現象，以加強證成其說，但於魏晉資料中亦可尋索反例以見時人對於聖人的看法，如庾亮深賞孫放之答語「仲尼生而知之，非希企所及；至於莊周，是其次者，故慕耳」（《世說‧言語》劉註），孔融更因與禰衡狂稱「仲尼不死」而枉罪致禍（《後漢書‧孔融傳》），加以王弼〈與荀融書〉自比孔聖，戲謔意味極重，亦恐與時人每以孔顏為品鑒典範有關，是以欲由此延伸至王說有突破聖人天成生知，乃至人人可依努力以達聖境的深意，恐有過於推論之嫌。

〔註32〕〈老子指略〉云：「故素樸可抱，而聖智可棄」頁 198，同〔註 19〕。

〔註33〕魏晉觀人大體上雖不離「順氣言性」的路數，但就聖人而言，從劉劭《人物志》中便可察覺其論述之聖人，已有由「氣性」通至「道性」的趨勢，因此純由才性氣性的觀點理解王弼之聖人，恐難盡其聖人之全。

術視野，但都不免有附會他旨或詮釋過火之失。當然兩解之爭議也非無端而起，若回歸文本以檢視其因，「茂」字可謂此文本的關鍵縫隙，遂使兩解得以各資其義而分道揚鑣，也是其來有自的。至於如何適切的掌握此「茂」之意，以會通「神明」與「有情」的問題呢？湯用彤先生有云：

> 茂於神明乃謂聖人智慧自備。自備者謂不爲不造，順任自然，而常人之知，則殊類分析，有爲而僞。夫學者有爲，故聖人神明，亦可謂非學而得，出乎自然（此自然意即本有）。顧聖人豈僅神明於自然耶，其五情蓋亦然（五情者喜怒哀樂怨）。〔註34〕

湯先生以「自然」統攝聖人之五情與神明，並以王弼「自然」之二義：「無爲」與「本有」來理解聖人「神明」之義涵，「茂」之於此，遂有依順自然、任其生成的用意，「五情」與「神明」亦皆於「自然」義的發顯中而得所會通，如此則能環扣聖人生命以立說，免於依「神明茂」一詞滋生「由凡而聖」的問題。是以若欲延展王說之旨趣，似宜從其對「聖人生命」理解的改變轉化處著力，畢竟言「聖人有情」於漢晉思想史上的確是一大躍進，使聖人從神祕性格中解放出來，也不再無跡可尋，而與人同具五情，分外顯得親切可解，而拉近了聖凡之間的距離，也許王弼此說所涉之聖凡關係當如此定位。若不由「有情」入手，致力於「神明」的角度以立說：一則推演出其不脫漢人以來聖人天成神授、聖人不可學不可致的傳統，則使王說停留在過於僵滯的漢儒視域，未能顧及「有情說」實有突破「聖人高高在上」的解放效應；二則由此認爲王說打通一條由凡入聖的路數，人人皆可透過努力以達聖境，則與整個學術思想之變遷與發展不符，〔註35〕也和長於境界思辨之智悟而弱於工夫實踐之開建的玄學時尚相違。是以學界中依「神明」所推演的聖凡關係之二解，皆仍有重新商榷斟酌的必要。

---

〔註34〕同〔註1〕，頁80。

〔註35〕湯用彤云：「夫『人皆可以爲堯舜』乃先秦已有之理解。……但就中國思想之變遷前後比較言之，則宋學精神在謂聖人可至，而且可學；魏晉玄學蓋多謂聖人不可至不能學，隋唐則頗流行聖人可至而不能學（頓悟乃成聖）之說」，見〈謝靈運辨宗論書後〉，頁117。就中國思想之變遷來看，雖於先秦即有「人皆可以爲堯舜」的理想，但此後聖學或僵化失真，或零落不起，唐代之韓愈、李翱雖曾加以提倡，並未眞能起衰，當至宋代方回復聖人可學可至的理路與實踐。故若云魏初之王弼便致意於此，實與整個學術發展的脈絡不符，當然這種傳統的理解也非不可動搖的定見，但若此說成立，則甚具牽動調整舊解的影響，自宜更加愼重考量之。

## 第四節　「聖人有情說」於玄學之定位及其影響

　　論及「聖人有情說」之定位與影響，我們有必要先行檢討學界對王說的界定。儒、道兩家於中國學術思想中向來居於核心的地位，影響也最爲深遠，因此尋索後代學術思想之變遷發展亦往往探源於此，並以之爲圭臬判準。若依此路數，學界一則主張王說爲道家之修正，一則以爲近於儒家，也有以兼綜儒道的角度定位之。視爲道家之修正者，可以馮友蘭先生的說法爲代表：

> 何晏謂『聖人無喜怒哀樂論。』論今不傳，其大意大概是先秦道家
> 所持以理化情，或『以情從理』之說。……先秦道家以有情爲累，
> 以無情爲無累。王弼以有情而爲情所累爲累。以有情而不爲情所累
> 爲無累。這是王弼對於先秦道家底一個修正。這個修正是將有情與
> 無情的對立，統一起來。這個對立，與高明與中庸的對立，是一類
> 底。〔註36〕

馮氏視何說爲先秦道家之說，進而以先秦道家之修正——統一有情與無情之對立——來定位王說，實有其一貫之「極高明而道中庸」的詮說立場，〔註37〕但如此分判對先秦道家（尤其是莊子）是不公平的，畢竟在先秦道家中「有情」與「無情」並無對立的問題，莊子所謂「無情」也並非實然的指涉，而在工夫的提點。筆者以爲王弼的「聖人有情說」並非先秦道家的修正，但可視爲何晏「聖人無情說」的修正，所謂「極高明而道中庸」，並非「有情」與「無情」對立之統一，而當是「有」與「無」的玄會，使玄學從「賤有以貴無」走向「貴無以全有」的理想，由是而有「中庸」（有）與「高明」（無）的統一，如此也許較能兼及道、玄殊異之性格與玄學自身的發展。

　　視爲近於儒家者，則傾向從「有情」之提出的意義著力，此說可以錢穆先生之見爲代表：

> 何晏主聖人無情，近道家。王弼主聖人有情，近儒家。德性正從情
> 見……王弼謂聖人有情而無累，累由欲生，不由情起。應物非有爲。
> 此等處發揮儒理極精闢。〔註38〕

---

〔註36〕見《新原道》，頁134。
〔註37〕田文軍於馮氏之新理學體系的內容和結構中，點出其「極高明而道中庸」的理解建構，見《馮友蘭與新理學》，（台北・遠流出版社，1990年）頁209～230。
〔註38〕見《中國思想史》（臺北：學生書局，民國74年版），頁123～124。

錢先生向來以十分宏觀的學術視野來定位王弼，認爲他「想把宇宙觀回歸到老莊，而把人生觀則回歸到孔孟」，〔註39〕強調王說並非「獨祖老莊，背離儒統」，似有轉化純以「道家」來界定王弼之學的用意。然而若從比較的角度，自可籠統地說何偏道而王偏儒，但王弼聖人有情可否有先秦儒家「德性正從情見」（尤其是孟子）的精神，則是有待分辨澄清的。孟子於人惻隱、羞惡、辭讓、是非之心（情）中言人之仁體善端，即是在情中表現義理之當然，故其顯情之際，自能見其德性天理之所在，而王弼雖亦言情，卻是以體無而無累爲其勝場，已大失儒門論「情」之精神，〔註40〕以此詮說孔子對於顏淵的哀樂之情，恐有不妥，畢竟「不識物情」的王弼，〔註41〕何能深體孔子此樂是文化生生、道繼有人的欣慰，此哀則盈溢著道統無繼、文化難承的悲痛與惋歎，箇中深意，豈是「無累」所能道盡，王弼解來輕妙靈慧卻滑落了多少聖人深厚眞摯的情願。因此主張其近於儒家，對於理解王說並無直接的助益。我們自不必本諸儒理來責難王說的失當，詮釋者及其思想的開發向度，容易受到其自身特質與歷史條件的潛在制約，亦是無可厚非的，但也無須以不違儒理來肯定王說的價值。

　　近來學界比較傾向會通孔老、融攝儒道的角度來定位王弼之學，〔註42〕立足於此，頗能凸顯王弼以「聖人有情說」來調和「崇儒」與「好道」的立場，使王說納入學術思想的發展脈絡來觀其因革損益之跡，是以自較僅從儒或道之位階來爲王說量身適切。然而王弼「聖人有情說」雖有兼攝儒家「有情以應物」與道家「體無而無累」兩個面向的用意，卻未必能體現儒道精神的深旨。何以言之呢？儒家之「有情以應物」，不僅是人生情欲之肯定，要在使人知情以達禮，發而皆中節，並藉由「情」之發顯中修己達人，進而通天

---

〔註39〕同前註，頁122。
〔註40〕牟宗三對此有善評：「然聖人之情固不只是『應物』，亦不只是因其體無而無累……聖人自是不陷於情，不溺於情，亦自是應物而不累於物，自能常躍起而不滯。然他有中之骨幹以爲其本，故其喜怒皆爲中節之和。喜怒之和即是天理之中。他全幅是仁體流行，滿腔子是惻隱之心，故不只是五情同以應物，且是在情中表現義理之當然。惻隱、羞惡、辭讓、是非之心皆情，而即在此情中表現仁義禮智之理。故亦不只是體沖和而無累，且亦是本仁體而實現理。」同〔註10〕，頁125。
〔註41〕《魏志・鍾會傳》註引何劭〈王弼傳〉云：「弼爲人，淺而不識物情。」
〔註42〕湯用彤云：「（陳壽）稱弼『好論儒道』，『注《易》及《老子》』孔老並列，未言偏重，則亦是微窺輔嗣思想學問之趨向。」見〈王弼之周易論語新義〉，頁87。

地之和。道家之「體無以無累」，乃隨其深貫之工夫遂有相應之境界，莊子「無情」之提出，正是此修道復性的工夫提點之展現。因此若言王說融合儒道，也僅是理論上的整合或表相的湊泊，此正是智解玄會儒道的王弼乃至整個玄學的限制。是以筆者擬進一步從玄學自身的體系與發展切入，一則闡發王弼「聖人有情說」迥異於儒家與道家的特質，一則用以凸顯王說於玄學發展中承轉啓迪的角色與地位。

王弼「聖人有情說」的提出，是針對何晏「聖人無情說」而來，玄學取《老子》之「無」、「有」成爲其玄理辯證的核心觀念，「無情說」正是玄學發展中「遮有以顯無」、「賤有以貴無」所形成的聖境格局，對聖人生命如此的理解實攸關玄學「道體」之建構，也難怪王弼亦曾持「聖人無情」的看法，但王弼之玄理能進一步從「遮有顯無」轉進「以有顯無」，以圓融玄會「有」、「無」之關係，建立完成了玄學的基本架構與體系，「有情說」正是其有無並觀之本體論貫徹至人生論的具體展現，而且王弼「應物而無累於物」的提出，使聖人得以回應名教而不失自然，置身於「有」域而不離「無」境，對爾後之郭象所謂「聖人雖在廟堂之上，然其心無異於山林之中」、「聖人常遊外以宏內，無心以順有，故雖終日揮形而神氣無變，俯仰萬機而淡然自若」的主張，未始不具有啓示性的影響。〔註43〕

此外，「聖人有情說」雖是環扣聖人生命而立論，但聖人從神祕色彩與無跡可尋的「無情說」轉出，無形中便拉近了聖凡之間的距離，使聖境不再高深莫測而遙不可及，的確打破了漢儒以來神化僵滯的聖人觀念，然而王弼將聖境無累之因，全然收攝於聖人之「神明」，並未開展出成聖的工夫路數，因此形成遙契深慕「應物而無累」之聖境，在缺乏孔孟老莊深邃通透的工夫實踐下，遂轉成揮灑其天稟獨受的材質性情，是以魏晉時人或馳騁「無累」境界之光景，亦有玄會而乍現生命理境的姿態，此當與「聖人有情說」的提出不無關係。〔註44〕但畢竟聖境難至，「無」境仍是高於「有」域，爲「有」之指南與歸趨，聖人可體沖和以通無，而常人又當如何得所安頓呢？王說玄會有無之理境仍是爲聖人而量身的。是以待郭象消「無」歸「有」，以「有」冥

〔註43〕文引郭象諸語，見〈逍遙遊〉注、〈大宗師〉注，錢穆亦持此見，認爲郭象所云即是王弼聖人應物而無累之說。見同〔註38〕，頁141～142。

〔註44〕余敦康云：「王弼以后，竹林七賢、元康名士以及東晉名士，幾乎都是以"應物而無累于物"作爲自己所追求的最高的人格理想。」《王弼何晏玄學初探》，頁104。

「無」，而言「萬物萬情，趣舍不同」、「各行其所能之情」，〔註45〕如是人人都爲性分自足之存在，皆可適性而得其逍遙，直契自在無累之境，名士任情自得之風便找到一理論的根據，且在其推波助瀾下，時人則更能各展其自具的才情與風姿，可見王說於此亦當有轉折促發的角色。

　　本文採問題式的探入方式，間接觸及王說「自然」、「情」、「無累」、「應物」、「神明」等諸多重要觀念，並直接從玄學發展的軌跡以樹立王說承轉的位階，或能有助於進一步理解王弼「聖人有情說」的義涵及其在玄學發展脈絡中的角色。至於玄論與士風的關係，於郭象之學則更爲明顯，故筆者將進一步從郭象玄理探入。

---

〔註45〕文引郭象諸語，見〈齊物論〉注、〈秋水〉注。

# 第三章　郭象玄學之「情理關係」及其「聖人無情說」探義

對於向秀、郭象之於《莊子》注的異同與關係，近人論之甚夥，是以於此不再贅述之，大體上筆者仍採郭《注》當是從向氏《隱解》的基礎上「述而廣之」的立場，〔註1〕因此以郭象統稱之。近來學界於郭象思想之研究頗為熱絡，幾個核心觀念如「自生」、「獨化」、「玄冥」、「適性」、「逍遙」、「理」等皆有人加以探索論析之，成績亦十分可觀；〔註2〕然於近人的研究成果中，對於郭象論「情」的問題似未深入觸及，因此不免游移於郭象的「有情」與「無情」之間，進而有視之為矛盾的理解，如余英時先生與陳昌明先生在論及魏晉尚情思潮與士風時有言：

> 郭注「稱情而直往」即是當時人所常說的「任情不羈」，可見他也是「情之所鍾」的我輩中人。不過從「忘哀樂」、「無情之情」等注語看，他的基本觀點仍是「聖人無情」。〔註3〕

〔註1〕　如王師叔岷〈莊子向郭注異同考〉，《莊學管窺》（台北：藝文印書館，1987年），頁114。許杭生等《魏晉玄學史》也有加以考辨（西安・陝西師範大學出版社，1989年），頁313。本文依《晉書・向秀傳》的說法，認為郭《注》是在向氏《隱解》的基礎上「述而廣之」，而非剽竊抄襲。

〔註2〕　如戴璉璋〈郭象的自生說與玄冥論〉，《中國文哲研究集刊》第七期，1995年9月，頁39～78等。楊儒賓〈向郭莊子注的適性說與向郭支道林對於逍遙遊的爭辯〉，《史學評論》第九期，民國74年1月，頁93～127。錢穆〈王弼郭象注易老莊用理字條錄〉，收於《錢賓四先生全集7・莊老通辨》（臺北：學生書局，民國84年），頁457～499。黃小林〈郭象"獨化論"哲學的唯物主義性質〉，《學術論壇》，1988年第三期等。

〔註3〕　引自余英時〈名教危機與魏晉士風的演變〉，《中國知識階層史論・古代篇》，

向郭注莊既要符合莊子「無情」之說，其「適性說」又在肯定個人
之情性，故造成相互矛盾……向郭對「情」的矛盾，正反映了時人
「聖人有情無情」觀念上的衝突，這種「稱情而直往」的觀念，亦
是六朝名士任誕之風的理論基礎。〔註4〕

兩者皆注意到郭象論「情」存在著不甚統一的現象，並探其因以為當是郭注
順著莊子說「無情」又力主「適性稱情說」所致，遂造成矛盾，後者更進一
步主張此矛盾正反映了「聖人有情無情」觀念的衝突，並指出郭象「稱情」
說與六朝任誕士風的密切關係。

對於余、陳二說所言，筆者仍心存幾個疑點：郭象注《莊》自成理趣，
因此雖順莊子而言「聖人無情」，卻未必能等同視之。再者，郭注「稱情而直
往」亦是論聖之語，〔註5〕並非如「適性說」般乃偏向常人而立說，如此看來，
郭注與士風的關係亦有待進一步釐清與辨析。此外，郭象注《莊》，限於注書
體式之限制，故不免有看似分歧矛盾的陳述，但實有一通貫的理路脈絡可尋，
是以這種游移於「有情」與「無情」的注說，理應可從郭象之思想內涵探入，
以化解其表相上的矛盾。至於將此矛盾歸諸何晏與王弼所揭的「聖人有情無
情」之衝突，筆者以為何、王二說各有其立論的理據，郭象注《莊》於魏晉
玄學中雖具有綜合集結的色彩，〔註6〕卻並非籠統湊泊之，亦自有其立說之因
由，不僅是何、王二論的重唱與反映而已。可見「情」於郭象思想中，雖不
若前引諸多觀念般居於傳統理解郭象玄理的樞紐角色，卻仍有其不容輕忽及
有待澄清的探討價值，並且與六朝士風攸契相關，是探討玄論與士風之關係
的重要橋樑，實有細論深究之的必要。

本文之論述，擬從莊子與郭象「無情」問題之討論與比較入手，莊、郭
異同問題，由於其攸關道、玄之殊趣與承轉，是以向來普受重視，而首篇〈逍
遙遊〉尤為討論的焦點，可以說已形成比較兩者的必經模式與進路，若能從

---

（臺北：聯經出版社，民國69年版），頁355。

〔註4〕引自陳昌明《六朝「緣情」觀念研究》，臺大，民國76年碩士論文，頁19。

〔註5〕若順莊文脈絡及郭注「夫知禮義者，必遊外以經內，守母以存子，稱情而獨
往也」以觀，此「稱情而獨往」乃剋就體道之聖人與真人立說，並非指常人
而言，故與時人所謂「任情不羈」的說法並不屬於同層次，不宜混而言之。

〔註6〕余英時據郭象〈莊子注序〉而言「子玄（郭象）實欲將王、何以來所有關於
宇宙、自然、人事之抽象理論為一總集結，而成一首尾完具之思想體系。無
論就時代或思想內容而論，老莊玄學發展至郭子玄，確已達到此種大綜合之
階段。」同〔註3〕，頁316。

此「無情說」探入，或可跳脫傳統的理解模式以另闢新徑；錢穆先生以為「象之自以『理』字說莊，此即郭象注莊之所以爲一家言也」，[註7]可見郭象論「理」爲其思想之一大特色，至於「情」雖非其核心論述，但每與論「理」問題密切相涉，是以筆者將綰合兩者以論之，透過「情理關係」的建構來重探郭象玄學中論「情」之理路與思脈，以避免傳統理解上的支離與片斷；並進一步對其「聖人無情說」進行整體的剖析，以彰顯其殊趣與理據。最後再加以統合綜論之，繼而與傳統的說解形成對話與互證的交流。

# 第一節 莊子與郭象「無情」問題之討論與比較

莊惠論及人之有情無情的問題，向來多所徵引，也頗受後人注意，相形之下，郭象於此所注則甚少有人提及，可以說是《莊子注》中較受忽略的部分。在此則並列莊子原文與郭象注文來進行探析比較之：

莊　惠子曰：「人而無情，何以謂之人？」

　　莊子曰：「道與之貌，天與之形，惡得不謂之人？」

　　惠子曰：「既謂之人，惡得無情？」

　　莊子曰：「是非吾所謂情也。吾所謂無情者，言人之不以好惡內傷其身，常因自然而不益生也。」

　　惠子曰：「不益生，何以有其身？」

　　莊子曰：「道與之貌，天與之形，無以好惡內傷其身。今子外乎子之神，勞乎子之精，倚樹而吟，據槁梧而瞑。天選子之形，子以堅白鳴！」

郭　人之生也，非情之所生也；生之所知，豈情之所知哉？故有情於爲離曠而弗能也，然離曠以無情而聰明矣；有情於爲賢聖而弗能也，然賢聖以無情而賢聖矣。豈直賢聖絕遠而離曠難慕哉？雖下愚聾瞽及雞鳴狗吠，豈有情於爲之，亦終不能也。不問遠之與近，雖去己一分，顏孔之際，終莫之得也。是以關之萬物，反取諸身，耳目不能以易任成功，手足不能以代司致業。故嬰兒之始生也，不以目求乳，不以耳向明，不以足操物，不以手求行。豈百骸無定司，形貌無素主，而專由情以制之哉？

未解形貌之非情也。以是非爲情，則無是無非無好無惡者，雖有形貌，直是人耳，情將安寄！任當而直前者，非情也。止於當也。
未明生之自生，理之自足。生理已自足於形貌之中，但任之則身存。夫好惡之情，非所以益生，祗足以傷身，以其生之有分也。夫神不休於性分之內，則外矣；精不止於自生之極，則勞矣。故行則倚樹而吟，坐則據梧而睡，言有情者之自困也。言凡子所爲，外神勞精，倚樹據梧，且吟且睡，此世之所謂情也。而云天選，明夫情者非情之所生，而況他哉！故雖萬物萬形，云爲趣舍，皆在無情中來，又何用情於其間哉！〔註8〕

莊子面對惠施「人而無情，何以謂之人」的質問，便答以人乃「道與之貌，天與之形」而來，形貌具有，故何得不謂之人？以回應惠施之難。若從〈德充符〉的篇旨觀之，「天」、「道」之提出，意在對治人心之妄執，使人得以葆其天光以去人道之患，「無情」便是指點人心虛己以應天的工夫法門，故云「吾所謂無情者，言人之不以好惡內傷其身，常因自然而不益生也」，要在提醒人當因循自然，切勿外神勞精奔馳好惡而內傷其身，引以爲惠子之戒，可見此處論涉「道」、「天」與人之形貌的關係問題並非莊子的主要用意所在。

但在以「道／物」、「無／有」爲核心論述的玄學觀照下，「道與之貌，天與之形」的陳述，勢必涉及本體論及宇宙論的層次，而暢言「上知造物無物，下知有物之自造」的郭象，〔註9〕承其「自生獨化」的立場，自當力撥「道」、「天」之於「人」的作用義，是以在此他則巧妙地以「無情」化解其間的關係，故云「人之生也，非情之所生也」、「萬物萬形，云爲趣舍，皆在無情中來，又何用情於其間哉」，強調「生之自生」，並以「無情」的觀念來否定一切外在作用因的存在，將人與萬物皆視爲一種自生自化的生命，而此自生自化的生命也無以欲求探知，是不容知爲干涉、不可造作妄爲的。可見郭象不僅解消任何形上意志的決定力量，並進一步排除人心外馳的欲向與主觀意志的作用，是以主張「離曠」、「聖賢」乃至「下愚聾瞽」、「雞鳴狗吠」皆是生來如此、自然而然的生命現象，有其任當自足的內在性分，此非後天或外力所能改變，即如賢之於聖，顏孔分毫之差也難臻達，甚至反取諸身，人之「耳」、

〔註8〕 本文所引用之莊子注文資料，皆本郭慶藩《莊子集釋》（臺北：木鐸出版社，民國72年版）。
〔註9〕 見郭象〈莊子注序〉，同前註。

「目」、「足」、「手」亦是各有定司、自任其分的，因此任何存在皆為一不得不然的獨體，各有其純素自足的定分，自不容「情」之作用於其間。

由此可知，郭象一則以「無情」解消物之生化背後的支配者與主宰者，一反王弼以來「以無為本」、「以無統有」的說法，使萬有皆成一無待於外、自足圓滿的存在，所謂「外不資於道，內不由於己，掘然自得而獨化也」；〔註10〕一則以「無情」來陳述「物」與「物」之間的關係，如郭象有云：

> 夫體天地冥變化者，雖手足異任，五藏殊官，未嘗相與而百節同和，斯相與於無相與也；未嘗相為而表裡俱濟，斯相為於無相為也。若乃役其心志以卹手足，運其股肱以營五藏，則相營愈篤而外內愈困矣。故以天下為一體者，無愛為於其間也。（〈大宗師注〉，頁265）

> 無親者，非薄德之謂也。夫人之一體，非有親也，而首自在上，足自處下，府藏居內，皮毛在外，外內上下，尊卑貴賤，於其體中各任其極，而未有親愛於其間也。（〈天運注〉，頁498）

小近從人體之器，遠至天下之大，器物之間，各有理分，皆是「相為於無相為」「相與於無相與」，即在「無相與」與「無相為」的自然無為中成全其「相與」與「相為」之功，可見物物皆是各任其極，無為而自為的，如此方能成就其相濟之美，所謂「彼之自為，濟我之功弘矣，斯相反而不可以相無者也」。〔註11〕郭象並沒有否認客觀世界之具體存在物不能無所依憑的事實，但此依憑關係他不稱之為「待」，而往往以「因」字表示之，〔註12〕畢竟相對於「因」，「待」字較易牽涉到人「心志狀態」的作用層次，而此正是郭象極力撇清剝落的，故云「無愛為於其間」、「未有親愛於其間」，他認為此「無親」並非薄德之謂，而是任其自為不容人心造作或外力施營的，如此不難發現，郭象所謂之「無情」，也關涉到物與物之間相因而無待的關係。

綜而觀之，郭象藉著莊子「無情」一詞，推及「道」與「物」乃至「物」與「物」之間的關係，進而要人安於性分之內，止於自生之極，充分發揮其自生獨化的玄理，「無情」一詞遂成其自鑄偉辭以證成己意的門徑，於此反倒是成玄英之疏，比較吻合注家的本色。〔註13〕不過郭象所註雖不免有推演己

---

〔註10〕〈大宗師注〉，同〔註8〕，頁251。

〔註11〕〈秋水注〉，同〔註8〕，頁579。

〔註12〕戴璉璋云：「客觀的依賴關係郭氏不稱之為『待』，他用『因』字來表示」，同〔註2〕，頁60。

〔註13〕如成疏云：「虛通之道，為之相貌；自然之理，遺其形質。形貌具有，何得不

說之嫌，但其對莊子「無情」之主張，也非全然無應的，沿承莊子以「不以好惡內傷其身」來說解「無情」之意，郭象亦以「是非爲情」，〔註14〕可見兩者所謂的「無情」皆非就人與生俱來的情感而言，人若能「無是無非無好無惡」，則何情之有？所謂「哀樂生於失得者也……任其所受，而哀樂無所錯其間矣」，〔註15〕在此莊郭皆意在對治「哀樂」之傷，故將此益生之情視爲性分之外，實無解消人與生俱來的情感之意，而莊子與郭象對人這種益生之情的傷害，都有極深的體會：

> 山林與！皋壤與！使我欣欣然而樂與！樂未畢也，哀未繼之！哀樂之來，吾不能御，其去弗能止。悲夫！世人直爲物逆旅耳！（〈知北遊〉，頁765）

> 人在天地之中，最能以靈知喜怒擾亂群生而振蕩陰陽也。故得失之間，喜怒集乎百姓之懷，則寒暑之和敗，四時之節差，百度昏亡，萬事失落也。（〈在宥注〉，頁366）

人心淪爲物之逆旅，隨其去來無止而起無常之哀樂，何其可悲，字裡行間無不洋溢著莊子對世情深切的慨歎；郭象亦有感於靈知有覺之人，最易隨外之得失而生喜怒之懷，即使外在之人患楚戮未加，人亦常馳騖於憂樂之境，〔註16〕使喜懼戰於胸中，結冰炭於五藏，〔註17〕傷及生命，也破壞了自然的秩序與和諧。兩者對於「情」所帶來的弊端，皆有知察，因此勢必力主「無情」使人脫此困限而復返生命之本然，莊子思想中深透續進之工夫歷程的開展，也無不關涉於此。至於郭象如何對治「情」的問題，從其「任當而直前者，非情也」、「止於當也」、「生理已自足於形貌之中，但任之則身存」、「生之自生，理之自足」看

---

謂之人，且形之將貌，蓋亦不殊。道與自然，互其文耳。欲顯明斯義，故重言之也」，其不循郭注藉「無情」一詞暢論「自生獨化」之學，反而是直扣莊文來加以詮解。

〔註14〕 經王師叔岷校勘而案莊文「是非吾所謂情也」之「是」當爲「此」也，「情上蓋脫無字……郭氏不知情上脫一無字，乃以是、非二字平列爲說，迂曲甚矣」（《莊子校詮》，頁201）此見可通。唯郭象雖可能誤讀莊文，在此以「是非」湊泊莊子「好惡」之情，也非全然失當，此或可謂「要其會歸而遺其所寄……不害其弘旨」（郭注〈逍遙遊〉語）。

〔註15〕 〈大宗師注〉，同〔註8〕，頁129。

〔註16〕 〈養生主注〉云：「感物大深，不止於當，遁天者也，將馳騖於憂樂之境雖楚戮未加而性情已困，庸非刑哉」，同〔註8〕，頁128。

〔註17〕 〈人間世〉云：「人患雖去，然喜懼戰於胸中，固已結冰炭於五藏矣」，同〔註8〕，頁154。

來，正是由此益生之情對顯出的性分之理探入，若能「任當」「止當」，便可得理去情，反之則陷情失理。由此可知，郭象對於「無情」的討論，亦隨其玄理解析的特質，轉向推演「情」與「理」之關係與論題的層面，此與莊子直接就「情」如何解消來開展其工夫課題的路數，可謂大異其趣，兩者之間的確存在著思辨知解與修證實踐的差異，我們自不必強加軒輊，也無須痛斥郭象所註之失真，唯當先體察細品其殊異之處，方能深知其勝場而俱得其妙，是以將進一步推闡郭象對於「情」與「理」問題的討論，以彰揭其肇端於莊文卻能辯證輾轉、發明奇趣的玄思。

## 第二節　郭象玄論中「情」與「理」之關係探析

郭象論「理」的問題，自錢穆先生加以提點例舉以來，逐漸受到學界的重視，〔註18〕但對於其「情」與「理」之間的關係，似尚未有較為整體全面性的討論，如此看來，此面向何嘗不是郭象玄理待耘的領域。就「情」而言，前云郭象從以是非為情立說，此時所謂之「情」顯為劣意，乃指益生之情而言，是人當滌除的對象；但除此「益生之情」外，郭象所言之「情」也兼攝人與生俱來的自然情感與性分才情，可統稱為「性分之情」，對此則不僅無須貶抑否定，尤應順任之。是以此處論「情」，即是兼此兩面而言之。然而尤其值得注意的是，這兩種「情」也非可全然分判無疑，往往尚有游移於兩端的部分，使郭象所論之「情」，益顯複雜糾纏，但這看似矛盾衝突的現象，也皆有其得以證成的理論脈絡可尋，而此亦與其所論之「理」的定位攸契相關。就「理」觀之，郭象論「理」，實環扣「性分之理」而言之。然「性分之理」所指稱者，不僅是「所稟之分各有極」的層次，尚且涉及所遇皆理的「命理」問題，〔註19〕也就是「性分之理」實是涵攝自然與人事兩個面向的，所謂「苟當乎天命，雖寄之人事，而本在乎天也」，〔註20〕可見其論「性分之理」，也頗為曲折而尚待闡析其義。

從郭象「情」、「理」內涵的多義分歧現象，不難想像由此所形成的關係之複雜微妙，故嘗試透過三層情理關係的建構以探入郭象情理關係的妙旨與深趣。

〔註18〕同〔註2〕。
〔註19〕郭象注《莊》，每以「理」釋「命」，而特稱「命理」、「命之理」，相較於「性理」，「命理」比較偏向存在之際遇而言。
〔註20〕〈秋水注〉，同〔註8〕，頁591。

## （一）互爲依存的情理關係

　　郭象說「理」，旨多義廣，但從其所謂「夫物之性表，雖有理存焉，而非性分之內，則未嘗以感聖人也；故聖人未嘗論之」可知，〔註21〕實以「性分之理」爲核心，因此欲探討郭象的情理關係，勢必要從理解其「性分之理」的角度轉進：

　　　生之自生，理之自足。（〈德充符注〉，頁222）

　　　人之生也，理自生矣，直莫之爲而任其自生。（〈德充符注〉，頁202）

　　　凡物云云，皆自爾耳，非相爲使也，故任之而理自至矣。（〈齊物論注〉，頁56）

　　　理有至分，物有定極，各足稱事，其濟一也。（〈逍遙遊注〉，頁7）

　　　卒至於無待，而獨化之理明矣。（〈齊物論注〉，頁111）

郭象以爲物皆自生，隨其自生而各有定分，而此自生之性理是自足圓滿的，不假外求，即在人人的性分之內；亦是自得無爲的，非可損益改變之，也不容他物加以支使造作。人若任率其性分而行，所謂「小大雖差，各任其性，苟當其分，逍遙一也」，〔註22〕即能成全其獨化之理，達臻「無待逍遙」的生命理境。而「物物有理，事事有宜」、「萬理皆當」、「一無爲而群理都舉」、「任理而自殊」，〔註23〕是以理雖同於「當」與「無爲」，卻仍是「自殊」的「群理」與「萬理」。可見郭象論「性分之理」，一則從自足無爲的性理中明其同，一則在各有殊分的性理中知其異，而此異不僅不容加以軒輊，更是各有理分而被承認肯定的，由此可知「性分之理」的分殊性格即建立在郭象「自生獨化」的玄理中。

　　依此理路，郭象論「情」，在言及依性分之理所表現出來的性分之情中，當然將之視爲人與生俱來而無須加以貶抑否定，如同其「理」宜任而當之般，面對此「情」，亦應「稱情而直往」、「任其性命之情」，〔註24〕順而不矯，使之常逸而自得。〔註25〕並且郭象也能注意到這種隨其性理之殊所展現的相異之情：

〔註21〕〈齊物論注〉，同〔註8〕，頁85。
〔註22〕〈逍遙遊注〉慶藩案引《世說新語‧文學》劉孝標注，頁1。
〔註23〕以上引文依序見於〈齊物論注〉，頁84；〈駢拇注〉，頁323；〈天地注〉，頁406；〈秋水注〉，頁575。同〔註8〕。
〔註24〕〈大宗師注〉，頁267；〈天地注〉，頁407。同〔註8〕。
〔註25〕〈山木注〉云：「情不矯，故常逸」，頁687，同〔註8〕。

萬物萬情，趣舍不同，若有眞宰使之然也。（〈齊物論注〉，頁 56）

各自行其所能之情。（〈天道注〉，頁 472）

情各有所安。（〈秋水注〉，頁 596）

各隨其情。（〈至樂注〉，頁 623）

萬物隨其性分之殊，遂展現不同之趣舍，而此皆是渾化生成，自然發蕊，是以人的才情質分雖殊，然皆是各有所安、各行其能的，其間不容高下之比較，端在能否適任得宜以全其性分之理。可見在此層情理關係中，分殊之「情」即是其分殊之「理」的呈顯，兩者自是互爲表裡而無衝突可言，並且「情」自「理」來，「理」在「情」中，依存並顯而兩不相礙，順理便能稱情，任情即可得理，此「情──理」雖是個個分殊迥異，卻皆是完滿自足的，並無另一至理或元道得以統攝規範之，而萬物群品皆在此「自生獨化」的玄理揭示下，成全其自足殊異的性理與才情。

　　郭象這種對依性分之理而生的性分之情，在其「殊異性」與「自足性」上的肯定與認同，與魏晉從才性觀品鑒人物的風尚下所形成之任情自得、率性自爾的士風，正有其互爲輝映、交相推演之趣，所謂「櫨、梨、橘、柚，各有其美」，〔註26〕人人皆可揮灑其「自生獨化」之性分，各展其本然自具的才情，時人遂能如百花之繽放，任順其分而適性稱情，呈顯出豐富多樣的生命姿態，由此層情理關係的揭示，亦可進一步的得所證成。然而郭象論「情」，不僅言及此性分之情而已，尚注意到傷及性分之理的益生之情，在此脈絡下，情理之間便不是依存關係所能涵盡，而當有另一面向的轉進。

## （二）內外對立的情理關係

　　郭象云「理無是非」，〔註27〕又以「是非爲情」，可見涉「是非」之與否正是其分判「性分之理」與「益生之情」的基準，由是理情之間形成一種內外對立的關係：

任當而直前者，非情也。（〈德充符注〉，頁 222）

人之有所不得而憂娛在懷，皆物情耳，非理也。（〈大宗師注〉，頁 241）

---

〔註26〕《世說新語・品藻》87 條，余嘉錫箋疏本（臺北：華正書局，民國 78 年）頁 546。

〔註27〕〈齊物論注〉云：「理無是非，而惑者以爲有」，頁 62，同〔註8〕。

> 憂來而累生者，不明也；患去而性得者，達理也。（〈達生注〉，頁654）

> 達乎斯理者，必能遣過分之知，遺益生之情，而乘變應權，故不以外傷，不以物害己而常全也。（〈秋水注〉，頁588）

> 明斯理也，將使萬物各反所宗於體中，而不待乎外……若乃責此近因而忘其自爾，宗物於外，喪主於內，而愛尚生矣。（〈齊物論注〉，頁112）

> 內求不得，將求於外。舍內求外，非惑如何！（〈至樂注〉，頁621）

人若係於得失而心懷憂娛，便爲物情所累，此乃「情」而非「理」；如能知達理分，返內以遣外，而勿舍內以求外，則常全而無傷，性得而累去，此可謂得「理」而去「情」。由此看來，在此郭象當是以內外定理情之分，要在破人心之困限，所謂「情欲之所蕩，未嘗不賤少而貴多」，〔註28〕常人每不能自知其性分之足，故往往「舍己效人，徇彼傷我」、「自失其性而矯以從物」，〔註29〕遂生歧尙之情，未能盡其理分而流蕩失眞，因此當「棄彼任我，則聰明各全，人含其眞」；〔註30〕此外人亦常「是我而非彼，美己而惡人」，遂形成「明乎彼而不明乎此」的偏頗，〔註31〕如此仍不離是非之域而生矜夸之情，亦未能盡其理極。可見郭象言此「性分之理」，一方面要「棄彼任我」，一方面又要「彼我雙遣」，前者在破馳外逐物之弊，使人遣其歧尙之情；後者在破囿內執我之失，使人遣其矜夸之情，至此則「應理而動」〔註32〕、「任理之必然者，中庸之符全矣，斯接物之至者也」，〔註33〕循而直往，依中庸之至理接物，遂能自得無累以全其性命。是以郭象論此「性分之理」，或言「非我」，或言「皆我」，其理亦然：

> 我之生也，非我之所生也，則一生之內，百年之中，其坐起行止，動靜趣舍，情性知能，凡所有者，凡所無者，凡所爲者，凡所遇者，皆非我也，理自爾耳。而橫生休戚乎其中，斯又逆自然而失者也。（〈德

---

〔註28〕〈駢拇注〉，頁313，同〔註8〕。

〔註29〕〈大宗師注〉云：「自失其性而矯以從物……斯皆舍己效人，徇彼傷我者也」，頁233，同〔註8〕。

〔註30〕〈胠篋注〉，頁355，同〔註8〕。

〔註31〕〈德充符注〉，頁191，同〔註8〕。

〔註32〕〈秋水注〉，頁574，同〔註8〕。

〔註33〕〈人間世注〉，頁163，同〔註8〕。

充符注〉，頁 199～200）

死生變化，無往而非我矣。故生爲時，死爲我順，時爲我聚，順爲
我散。聚散雖異，而我皆我之，則生故我耳，未始有得，死亦我也，
未始有喪。（〈德充符注〉，頁 192）

夫形生老死，皆我也。故形爲我載，生爲我勞，老爲我佚，死爲我
息，四者雖變，未始非我，我奚惜哉。（〈大宗師注〉，頁 243）

前云「皆非我」而後兩例卻暢言「皆我」，此兩者看似矛盾，其實一則強調一
切皆本然天成，有無行遇，自有其理，無待爲生，知此自然之理以化溺我之
情，使人能任其所受，免於萬變之中落於我執而橫生休戚哀喜之情；一則以
不變之「我」遣惜生之情，使人能隨化俱往而不爲情累。故雖一言「非我」，
一言「皆我」，其實皆是要人「以理遣情」。由此可知，郭象論「理」，並非僅
就人自身稟賦質分而言，也涵蓋人身處之客觀情勢及各種存在的際遇，故云：

大物必自生於大處，大處亦必自生此大物，理固自然，不患其失，
又何厝心於其間哉。（〈逍遙遊注〉，頁 4）

知其不可奈何者命也而安之，則無哀無樂，何易施之有哉！故冥然
以所遇爲命，而不施心於其間，泯然與至當爲一，而無休戚於其中。
（〈人間世注〉，頁 156）

可見不僅是人內在之稟性所受，各有其不可改異之定分，連身處的外在條件
與環境，乃至與物接構之所遇，凡此亦皆爲人之性分自然，是以郭象論「理」，
實統「性」與「命」兩個面向而言之，〔註 34〕人若能任其所受之性，冥其所
遇之命，所謂「達生之情者不務生之所無以爲，達命之情者不務命之所無奈
何」，〔註 35〕識達性理與命理，如是則情無所生，累逐盡去，而人人皆能得其
適性，以至逍遙無待之境。

　　由以上之闡析可知，郭象並非直接從如何遣益生之情的工夫入手，而比
較偏向以達理與否來加以定奪之，如是「達理」遂成「遣情」的充要條件。
然而他雖然承認人人皆有其自足之性分，只當任之順之，其間亦無須比較軒
輊，但其論人，仍是從才性角度著力，所謂「性各有分，故知者守知以待終，

---

〔註 34〕郭象每以「理」統「性」與「命」，其因在兩者於郭象而言，皆有自然、必然
　　　　與限定的共同特質，可謂互有涵攝，若嚴格分之，「性」是人天生之稟賦，「命」
　　　　則指人後天的際遇，大體上有內因外因之別。
〔註 35〕〈養生主注〉，頁 125，同〔註 8〕。

而愚者抱愚以至死，豈有能中易其性者也」，〔註36〕知愚皆天生注定，無從改變，知愚之性分雖殊，各有其自得則同，郭象在此平鋪之才性的格局下，賦與群品成全其高超意境的可能。問題是並無具體的遣情返性之工夫可資進行，如此何能眞正實現「以理遣情」的理境，凡愚之人又當如何識達此理以遣其益生之情，「愚者抱愚以至死」，芸芸眾生們不正是跌蕩於此「情」之中而癡妄一生，難道成全此「以理遣情」之理境者，也僅是智悟過人、才性卓越的聖賢？然在郭象「自生獨化」的理路上，又必須認同各種存在的合理性與自足性，是以其「理」、「情」之間便難純粹以截然對立的角色關係來定位之，必得有所互攝資轉，以收納各種存在而不得不承認的生命實境，此自是郭象在其「以氣論性」與「自生獨化」並行的理論格局下必然逼顯出來的結果。在此脈絡下，益生之情若終不可免，豈不也成了人的性分之理？情理之間便非相反對立的關係所能涵盡，而當有另一關係面向的轉進。

## （三）從游移轉化到玄同冥合的情理關係

　　人人雖然皆可以得理而適性稱情，群品凡人卻未必能盡此理極而與至當俱往，如是之故，或「信道不篤而悅惡存懷」，〔註37〕或在「自任者對物」的限制下，〔註38〕芸芸眾生仍是難逃此人情是非之大域：

> 自是而非彼，彼我之常情也。（〈齊物論注〉，頁69）

> 由彼我之情偏，故有可不可。（〈寓言注〉，頁951）

> 夫天地之理，萬物之情，以得我爲是，失我爲非，適性爲治，失和爲亂。然物無定極，我無常適，殊性異便，是非無主。若以我爲是，則彼不得非，此知我而不見彼者耳。（〈秋水注〉，頁583）

> 夫是我而非彼，美己而惡人，自中知以下，至於昆蟲，莫不皆然。然此明乎我而不明乎彼者爾。（〈德充符注〉，頁191）

> 夫是非者，群品之所不能無。（〈齊物論注〉，頁62）

「自中知以下，以至昆蟲，莫不皆然」，對此「自是而非彼」的生命現象，郭象亦皆承認，甚至以爲此乃「群品所不能無」，雖是「彼我之情偏」，但亦是「彼我之常情」，是生命中不得不然的事實，然人若「知我而不見彼」，勢必

---

〔註36〕〈齊物論注〉，頁59，同〔註8〕。
〔註37〕〈人間世注〉，頁157，同〔註8〕。
〔註38〕〈逍遙遊注〉云：「自任者對物，而順物者與物無對」，頁24，同〔註8〕。

落入是非之域，好惡遂萌豈非益生之情又起，如此何能適性稱情而得其逍遙呢？面對此游離出理境的經驗事實，郭象以爲既不必加以否定，甚至也無須對治超越，並且進一步視此爲性理之必然，而使之一一得其定位：

> 群品云云，逆順相交，各信其偏見而恣其所行，莫能自反，此比眾人之所悲者，亦可悲矣，而眾人未嘗以此爲悲者，性然故也，物各性然，又何物足悲哉。（〈齊物論注〉，頁 60）

> 心形並馳，困而不反。比於凡人所哀，則此眞哀之大也。然凡人未嘗以此爲哀，則凡所哀者，不足哀也。（〈齊物論注〉，頁 61）

人「各信其偏見而恣其所行，莫能自反」、「心形並馳，困而不反」，若置於生命之理境以觀，此本皆眞哀可悲之事，但群品凡人卻未嘗以此爲哀，即是因爲這些現象皆是性理之本然，若識達此理，此本值得眞哀大悲之事皆爲性分使然而不足可悲，如是以大遣小，則何悲何哀之有？如此看來，郭象之「以理遣情」，顯然有一逐步轉進的理序：他先以物物各有其自足之理分，要人由外返內，自適其性以遣馳外之情；進而指出人雖能返內遣外以冥其性分使之自任其方，自適其性，而各安其情，但常人或「信道不篤」，或「自任而對物」，仍不免是我非彼而陷於一偏，此游移於情理之間的現象則不僅是人之常情，也合自然之性理，所謂「夫率性直往者，自然也；往而傷性，性傷而能改者，亦自然也」。〔註39〕可見人往往未能安於性分而無往不冥，遂易滋衍益生之情而自傷其性，擺盪於情理之間，凡此皆是「自然」，若以之爲憂，不僅於事無補亦徒勞而無功，當視此本是「益生之情」的生命現象，亦爲「性分之理」所有，在此脈絡下，情理遂從游移之際而得所轉化，由是進一步玄同了「性分之理」與「益生之情」，故云：

> 理與物皆不以存懷，而闇付自然，則無爲而自化矣。（〈在宥注〉，頁390）

> 莫若無心，既遣是非，又遣其遣，遣之又遣以至於無遣，然後無遣無不遣而是非自去矣。（〈齊物論注〉，頁 79）

不論「理」或「物」（情），皆不必分殊也不無須措意，一切付諸自然而任其自化，「理有至極，外內相冥」，〔註40〕如是，則無所謂益生之情與性分之理，亦無所謂以性分之理遣益生之情，成此無心之任便可遣其所遣，以至於無遣，

---

〔註39〕〈大宗師注〉，頁 281，同〔註 8〕。
〔註40〕〈大宗師注〉，頁 268，同〔註 8〕。

甚至玄化了遺與不遺，內外相冥，彼我爲一，是非亦得以自去而無所存懷。在此之際，「情」與「理」遂成爲玄同冥合的關係，此處最能體現郭象闡析莊子自然無心的勝義，〔註41〕及其在玄理上以「冥」會其極的玄智與創見。

綜而言之，郭象玄學中「情」與「理」的關係，實有「互爲依存」、「內外對立」、「玄同冥合」三種關係，此不必然是郭象玄學的內在結構，但在其基本思理的支援下，此「情」、「理」三層關係的揭示與建立，卻可統攝郭象注文體式下鬆散的思想資料，而擺落了中國文字分歧籠統的限制，形成井然分明的三層關係結構，以化解文字表象上所形成的矛盾與支離，而得以深會郭象的思旨與玄智，是以此三種關係的建構，何嘗不可成爲解讀郭象玄學的另一進路。

## 第三節　郭象之「聖人無情說」探義

郭象注說莊子之「無情」，除了前云以「無情」來推演其「自生獨化」之學外，也有「聖人無情」的說法，而魏初之何晏亦曾有「聖人無情」之主張，〔註42〕不知與郭象所言有何相異之處？兩者名目雖同，但在不同的玄學體系下，宜當自有其殊趣與理據，頗值得我們進一步地加以探索致意。

何晏之「聖人無情說」，是從其「本無」「貴無」的基本立場，依「遮有顯無」、「撥有立無」的進路所建構出來對聖人生命特質的理解；而在玄學發展上力主「自生說」推翻萬物以無爲本的郭象，〔註43〕對其「聖人無情說」的理解，自不宜如探討何說時由何晏玄理之核心觀念——「無」的角度入手，而當尋索郭象自身的關鍵論點作爲我們探入的基礎。王師叔岷曾說：

> 郭象之注《莊》，即常本此冥字以會其至旨。……老聃貴柔，於莊子未嘗不可謂莊子貴冥，唯莊子貴冥而不囿於冥。〔註44〕

郭《注》常以「冥」字會莊子之至旨，可見「冥」是郭象玄理中的重要觀念，

---

〔註41〕傅偉勳曾注意到郭注「無心」與「自然」二詞的多次出現，故主張其乃本道家自然無爲的原則，尤善闡發「自然」與「無心」兩個關鍵觀念，見〈老莊、郭象與禪宗——禪道哲理聯貫性的詮釋學試探〉，《哲學與文化》第十二卷第十二期，民國74年12月。

〔註42〕「何晏以爲聖人無喜怒哀樂，其論甚精」，見《魏志‧鍾會傳》注引。

〔註43〕〈齊物論注〉云：「無既無矣，則不能生有。有之未生，又不能爲生，然則生生者誰哉？塊然而自生耳」；〈在宥注〉云：「夫莊老之所以屢稱無者，何哉？明生物者無物，而物自生耳」；〈庚桑楚注〉云：「若無能爲有，何謂無乎？」。

〔註44〕見王師叔岷《莊子校詮》，頁4。

他對「冥」字雖未直接加以說明，但曾自注「玄冥」云：

> 玄冥者，所以名無而非無也。(〈大宗師注〉，頁 257)

從老子以來，便以「有」、「無」會其「玄」義，〔註45〕是以在此不論「玄」、「冥」乃同義複詞或是以「玄」形容其「冥」，此「冥」皆有指稱既無亦有、既有亦無、渾化無有的意味。從其所謂「名無而非無」，雖有「無」之名卻非真「無」看來，郭象之「聖人無情」，名謂之「無」，也非僅是常論之「無」而已。由此可知，想要了解郭象「聖人無情」之義涵，會其「冥」而入，亦不失爲一適切的理解進路，觀郭象有云：

> 至於各冥其分，吾所不能異也。(〈齊物論注〉，頁 67)

> 從而任之，各冥其所能。(〈齊物論注〉，頁 78)

> 遣彼忘我，冥此群異。(〈逍遙遊注〉，頁 11)

> 與物冥而循大變，爲能無待而常通。(《世說‧文學》，第 32 注)

> 遊外以冥內。(〈大宗師注〉，頁 268)

依上引郭《注》對「冥」的用法，「各冥其分」、「各冥其能」之「冥」，當是關涉反諸自體性分的狀態；而「冥此群異」、「與物冥」、「冥內」之「冥」，則偏向主客之間微妙關係的表述。如此看來，郭象正是以「冥」指涉那種不易言說及理解的境界與特質，涵攝自體及主客關係兩個面向而言之，是以解其「聖人無情說」，也當統攝聖人冥其性分及聖人與萬物間冥的關係兩個面向來掌握。

承其「自生獨化」之玄理及「以氣論性」的才性觀點，郭象認爲聖人乃「特稟自然之鍾氣者」，〔註46〕即謂聖人天生稟受自然之妙氣，純正清明，而能無是無非無好無惡，故以「無情」指稱聖人所獨稟的人格特質，此「無情」並非言其無人與生俱來的自然情感，而是指聖人具有一種特殊的稟賦與能力，遂有迥異於常人「各安其情」的表現：

> 聖人無我者也。(〈齊物論注〉，頁 78)

> 自同於好惡，聖人無好惡也。(〈山木注〉，頁 680)

> 常無心而順彼，故好與不好，所善所惡，與彼無二也。(〈大宗師注〉，頁 240)

---

〔註45〕見《老子》第一章。
〔註46〕見〈德充符注〉，頁 194，同〔註 8〕。

> 無情，故付之於物也……無情，故浩然無不任，無不任者，有情之
> 所未能也，故無情而獨成天也。（〈德充符注〉，頁 219～220）

> 聖人無心，有感斯應，……無心於物，故不奪物宜。（〈大宗師注〉，
> 頁 232）

> 死灰槁木，取其寂寞無情耳，夫任自然而忘是非者，其體中獨任天
> 眞而已，又何所有哉！（〈齊物論注〉，頁 44）

> 若有纖芥之慮，豈得寂然不動，應感無窮，以輔萬物之自然也。（〈則
> 陽注〉，頁 887）

> 情各有所安，聖人則無所不安。（〈秋水注〉，頁 596～597）

聖人有一種至虛無我的特質，自無好惡是非，亦無心懷意想，而獨任自體之
天眞，寂魄無感如槁木死灰，卻如鑒般任隨所感又能應而不藏、無心如水般
委順外物，似草木般不畏鳥獸，亦如中人之落瓦人莫能怨，〔註 47〕與彼無二
而無物不應，遂達致無所不安的境地。是以「無感」、「寂然不動」正顯其「無」，
「有應」、「應感無窮」則可證其「非無」，「無感而有應」即是聖人「冥」其
性分的表現。由此可知，聖人無意以因物，無心而順彼，是以由內而觀之，
自是無好惡無是非的無情之人；然若由外而觀之，其因物順彼，故仍有似喜、
慟哭之形貌以應世：

> 至人無喜，暢然和適，故似喜也。（〈大宗師注〉，頁 236）

> 無嗟也，與物嗟也。（〈大宗師注〉，頁 259）

> 人哭亦哭，人慟亦慟，蓋無情者與物化也。（〈論語體略〉）

> 至人無情，與眾號耳，故若斯可也。（〈養生主注〉，頁 128）

> 無逆，故人哭亦哭，無憂，故哭而不哀。（〈大宗師注〉，頁 277）

> 人哭亦哭，俗內之跡也。齊生死、忘哀樂，臨尸能歌，方外之至也。
> （〈大宗師注〉，頁 266）

> 與物冥者，物縈亦縈，而未始不寧也。（〈大宗師注〉，注 255）

聖人雖以哭號之情跡以應俗，但卻不會耽溺於物跡，迷困於憂樂之域，而能

---

〔註 47〕「鑒物而無情，來即應，去即止」（〈應帝王注〉頁 309）；「若草木之無心，故
　　　爲鳥獸所不畏」（〈山木〉，頁 684）；「飄落之瓦，雖復中人，人莫之怨者，由
　　　其無情」（〈達生注〉，頁 637）。

哭而不哀，無喜似喜，縈而能寧；若獨寧而不縈，違逆物情之跡，則是囿於「無情」，反失其冥而限於一偏，故有嗟縈之跡，亦能不損其無累之心境，方可顯郭象無情之聖人理想的主體特質。唯郭象之聖人，不僅在成全其自我無傷無累之生命而已，因此知契其內聖之境外，也應注意到「無情」的外王之功，如此方能真正掌握其「聖人無情說」的深意。

聖人無情的外王之功，若從其消極面而言之，即是在強調聖王當解消人為之意慾，勿違逆物性而順任之，滌除成心以「因眾之自為」，〔註48〕「我無為而天下自化」，〔註49〕是以無成心意慾之「無情」即是「無為」，意在避免一切有為之弊，唯此「無為」亦是「名無而非無」，即是一種特殊的「為」，亦有其積極的化成義，〔註50〕而此乃肇端於郭象深刻之物我上下君民關係的理解上：

> 上之所好，則下不能安其本分。(〈則陽注〉，頁902)
>
> 夫有欲於物者，物亦有欲之。(〈山木注〉，頁697)
>
> 無為也，則天下各以其無為應之。(〈天地注〉，頁405)
>
> 絕情欲之遠也，君欲絕，則民各反守其分。(〈山木注〉，頁675)
>
> 曠然清虛，正己而已，而物邪自消。(〈田子方注〉，頁703)
>
> 聖人統百姓之大情而因為之制，故百姓寄情於所統，而自忘其好惡，
> 故與一世而得淡漠焉。(〈天下注〉，頁1070)

即因上下君民之間存在一種必然的對應關係，是以上若顯其好欲，下必逐之而失分，如果上能絕欲無為之，則下亦能自消其惡，反守其分。由此看來，郭象之聖人無情，並非僅消極的聽任物往，其正己絕欲，亦有積極的化物之功，物物便在聖人無情的化成下，寄情於所統，而自忘其好惡，使百姓冒出來的好惡情知又回歸自體，再返冥極而重得淡漠，遂得以同化於玄冥之理境。是以「無為」、「絕欲」正顯其「無」，而「化成之為」則證其「非無」，「無為而有化」即是聖人與物「冥」的表現，而此正揭示了郭象之聖人無情在外王面向上主客之間的微妙關係。

綜而觀之，聖人在其內聖之境上能冥其性分，無感而有應，故能任真自

〔註48〕　〈在宥注〉，頁393，同〔註8〕。

〔註49〕　〈天地注〉，頁452，同〔註8〕。

〔註50〕　郭象認為只要是「任性自然」、「率性而動」即是「無為」，故聖人無心而任化，以任物之自為，遂能有無為而無不為、不治而治之功，是以其「為」是一種特殊的「為」，並非「拱默」而已，而當在「性」中為。

得而無累無傷；在其外王之業上能與物冥合，無爲而有化，以行化成之功。而兩者推至理極，即達「外內相冥」與「無往不冥」的化境：

> 夫理有至極，外內相冥，未有極遊外之致而不冥於內者也，未有能冥於內而不遊於外者也。故聖人常遊外以冥內，無心以順有，故雖終日見形而神氣無變，俯仰萬機而淡然自若。(〈大宗師注〉，頁 268)

> 無所藏而都任之，則與物無不冥，與化無不一。故無外無內，無死無生，體天地而合變化，索所遯而不得矣。此乃常存之大情，非一曲之小意。(〈大宗師注〉，頁 245)

聖人之無情非獨冥於山林而自守一家之偏尚，〔註 51〕他既可寂然不動，又能應感無窮，故揮形終日亦能神色無變，俯仰萬機仍可淡然自若，其因在外內相冥，既忘其跡，又忘其所以跡，〔註 52〕遂能入群以應務，無心以順有，而達遊外以冥內之跡冥圓融的理境。再者，聖人能無懷哀樂而與適推移，涉新舍故而無所驚愕，〔註 53〕故可死生內外皆化而冥然與「變化日新」，〔註 54〕是以時移世變，無情之聖人亦能「因物而無所係」、「不勞而有功」，〔註 55〕如是方知聖人之無情，乃在成全此常存之大情，其能與時俱往，與化同體，豈是有所囿限之偏情小意。由此看來，唯有並觀內聖之境與外王之業兩個面向，進而推及外內相冥而跡冥圓融的至理，變化日新而無往不冥的化境，方能眞正竭盡郭象「聖人無情說」的豐富義涵。

除此之外，郭象亦能從「尋述作之大意」的角度，來彰顯莊周行文上周旋於「有情」與「無情」的深意：

> 未明而慨，已達而止，斯所以誨有情者，將令推至理以遣累也。(〈至樂注〉，頁 615)

> 斯皆先云有情，然後尋至理以遣之。若云我本無情，故能無憂，則

---

〔註 51〕 〈逍遙遊注〉云：「若獨亢然立乎高山之頂，非夫人有情於自守，守一家之偏尚，何得專此！此故俗中之一物，而爲堯之外臣也」，頁 24，同〔註 8〕。

〔註 52〕 〈大宗師注〉云：「夫坐忘者，奚所不忘哉！既忘其跡，又忘其所以跡者，內不覺其身，外不識有天地，然後曠然與變化爲體而無不通也」，頁 285，同〔註 8〕。

〔註 53〕 「哀樂存懷，則不能與適推移矣」(〈大宗師注〉，頁 277～278)；「明終始之日新也，則知故之不可執而留矣，是以涉新而不愕，舍故而不驚」(〈秋水注〉，頁 571)，同〔註 8〕。

〔註 54〕 〈大宗師注〉云：「遊於變化之塗，放於日新之流，萬物萬化，亦與之萬化，化者無極，亦與之無極」，頁 246，同〔註 8〕。

〔註 55〕 〈天運注〉，頁 514，同〔註 8〕。

夫有情者，遂自絕於遠曠之域，而迷困於憂樂之境矣。(〈至樂注〉，頁 617)

郭象以爲聖人無情，所以聞死仍慨然驚歎，意在順常人欣生惡死、哀死樂生之俗情，進而再誨以至理遣其有情。若聖人獨異而未能從俗，則有情之群品必以爲無情乃高遠難臻之域，而繼續深陷於憂樂之累中。郭象從「順彼」來說「有情」，進而以「無情」的「至理」遣之，使任理而無情的聖人，以「有情」之跡應世，而達冥物化俗之功。此亦相應於郭象聖人無心而順彼的人格特質及其隨物以化俗的治道方式。由此可知，郭象承莊子之「無情」而主聖人無情說，其聖人無情以遊外，卻能以有情之跡冥內，以達跡冥圓融的內聖外王之道，實有其兼綜儒道、結合超逸絕塵之高情與應世成治之俗情的企圖，所謂「游外者依內，離人者合俗」〔註 56〕、「至遠之所順者更近，而至高之所會者反下」，〔註 57〕而此皆在他「寄言以出意」的詮釋策略上表露無遺，〔註 58〕是以經其揭示，我們便不必拘泥於所寄而質疑聖人無情之實，並能進一步要其會歸而深體莊文之弘旨，〔註 59〕唯此弘旨卻不見得是莊周的，但的確是郭象肇端於莊文卻能自成理趣的玄思。

## 第四節　小　結

　　本文以「情」爲考察之基點，環扣郭象玄理中有關「情」的問題來進行討論。首先從郭象註解莊惠有情無情之論的檢討切入，發現郭象藉莊子「無情」一詞，來闡析道與物及物與物之間的關係，解消一切外力他爲的作用因素，以證成其自生獨化的玄理，此實已轉化莊旨而自成其說。再者，莊郭之「無情」雖皆意在對治此是非好惡的「益生之情」，但從郭象整體的思維格局觀之，他並不似莊子般從如何開展化解「情」的工夫入手，〔註 60〕反而偏向

---

〔註 56〕〈大宗師注〉，頁 271，同〔註 8〕。
〔註 57〕〈逍遙遊注〉，頁 34，同〔註 8〕。
〔註 58〕〈山木注〉云：「每寄言以出意」，湯一介進一步指出：「『寄言出意』是郭象注《莊子》的方法……用以齊一儒道、調和『自然』和『名教』、建立其哲學體系的根本方法」，見《郭象與魏晉玄學》，(臺北：谷風出版社，民國 72 年版)，頁 213。
〔註 59〕〈逍遙遊注〉云：「達觀之士，宜要其會歸而遺其所寄，不足事事曲與生說，自不害其弘旨」，頁 3，同〔註 8〕。
〔註 60〕如〈大宗師〉的「坐忘」，〈人間世〉的「心齋」，諸多「治心」工夫的修道法

情與理的關係來推演其玄思，故本文進一步由情理關係的角度探入，以掌握郭象玄學妙會莊旨卻能發明奇趣的玄智。

限於注書體式的限制，郭象玄學的情理關係頗爲複雜難解，是以筆者試圖加以建構統攝之，發現可從「互爲依存」、「內外對立」、「玄同冥合」三種關係來理解：在「互爲依存」的關係中，此「情」是依性分之理而來的性分之情，兩者互爲表裡，而萬物群品都自有其殊異之「理──情」，且皆是自足圓滿的，不容比較軒輊，也無一至理可綜攝規範之；有此面向之揭示，當更能知體郭象湊泊莊子任獨精神之妙，也有助於理解何以其適性稱情說對魏晉率性任眞之士風具有推波助瀾之效。在「內外對立」的關係中，乃是「性分之理」與「益生之情」的對舉，郭象於此主張「以理遣情」，要人識達性理與命理，以遣歧尙矜夸之累，然在「以氣論性」的格局下，又無具體工夫可資進行，限於性分，充分實現「以理遣情」的理境，終究是凡人難至之域，但在「自生獨化」之理路的逼顯下，必得收納游移於情理間的存在事實，遂進一步轉成「玄同冥合」的情理關係。在此之際，一則冥化情理，一則玄同遣與無遣，而成全此無心任化之至，郭象盛闡掘發莊子自然無爲的妙處，在此亦表露無遺。

經此三種情理關係的揭示，當可體現郭象妙會之玄思與理致：他論人雖仍不離以氣論性的格局，但在莊學的浸潤下，遂能開展出獨體自得之境界層面，而免於落入純粹命定論的局限。此外以「冥」會其理極，可以說是郭象最具創闢之玄智的展現，他不僅以冥來渾化有無，對治並回應當時思想界的核心課題，以避免貴無賤有或崇有棄無之失，〔註61〕而且從他分殊情理又冥同情理以形成輾轉翻騰又交錯辨證的理趣表現，也著實有令人折服的玄慧與巧智。但相較於莊子直探生命根源及立足於親體實證的工夫開拓，以至超越並提撕主客之存在質限的豁醒，豈是訴諸思辨之智悟、知解之理路所能化盡。由此可知，「冥」無異是郭象對治問題的法門，又何嘗不是其解消問題的訣竅，是以看似融攝莊子工夫義的「冥」，其實是一種淡化與剝落，〔註62〕可謂玄思

門，皆與此「無情」工夫攸契相關。

〔註61〕 戴璉璋曾探討郭氏之「自生」與「玄冥」的義蘊，認爲他對當時玄學貴無、崇有的議論皆有積極的回應，但戴氏偏向從自生說的角度言此，而視「冥」爲核心的工夫論，筆者則以爲「冥」正是郭氏用以對治思想界貴無賤有及崇有棄無的法門，當然亦涵攝工夫義涵，但在其偏向從氣性角度論人的格局限制下，工夫論的意味並不顯著，也未有具體的開展。戴氏之見，引處同〔註2〕。

〔註62〕 戴璉璋以爲「郭氏《莊子注》中，『冥』與『玄冥』都是工夫論的重要觀念」，相對於裴「崇有論」的偏實遺虛，郭氏自較能回應道家無爲無心的層次，但

轉精，理致亦漸趨圓融，但莊子層層開展之工夫深意反而隱而不顯了。

　　最後，本文探討郭象承莊子之無情而推闡的聖人無情說，由於聖人論與玄學之本體論攸契相關，是以深入考察並加以比較之，當有助於其間之分殊與整體的掌握。何晏論「聖人無情」，乃是其「貴無」主張下對聖人超越凡情之道境的表詮；王弼論聖人，基本上是建立在其「以無為本」之本體論的基礎，故其以無論道本，主張聖人與道同體，以「體無」作為聖人人格境界的總述，進而揭示「聖人有情而無累」的特質，以貫徹其有無並觀、體用一如的玄理。而郭象力主萬有皆自生獨化，故其聖人無情說，從聖人自性獨稟自然之鍾氣立論，強調他具有無感而有應、無為而有化的特質，得以任物自生自化而齊至玄冥的理境。可見此說雖名目同於何晏之「聖人無情」，但成說之理據卻是迥然有異的。何晏之說是建立在其「賤有以貴無」的玄學思想上，故宜從他的核心觀念——「無」的理解入手；而郭象之「聖人無情說」，也應從會其「冥」義轉進。經筆者從「冥」的用法探入，並進一步勾勒聖人無情的內聖之境與外王之業兩個面向，遂知郭象之聖人無情說，涵攝冥己冥物乃至外內相冥與無往不冥的豐富義涵；莊子言「內外不相及」，〔註63〕而郭象卻力暢「內外相冥」，冥合「有情」與「無情」，也玄化了俗內與方外，而此正是郭象玄理中跡冥圓融的內聖外王之道的展現。

　　本文從莊郭論「無情」、情理關係、聖人無情說三個面向來探討郭象玄理及莊郭之異，正可與傳統的理解形成互證的交流。而將郭象所論之「情」分成「性分之情」與「益生之情」來理解，並配合「理」形成三種關係，對於「聖人無情」，也言及其「有情」以應俗之跡，如此分判，可使郭氏限於注書體式的格局，於行文陳述或文字表象上所易造成的紛雜與支離，得以有所釐清而各展其貌，免於游移在注文的「有情」與「無情」之間，進而視之為矛盾與衝突，而忽略其自成體系的內涵與思理。相對於王弼的廣大而簡約、嵇康的犀利而幽隱，郭象之學顯得老練而圓熟，舉凡有——無、情——理、內——外、高——俗、跡——冥、有情——無情……等皆能不滯一邊而加以圓融渾化之，是以不論其說可作何種引申或推想，就郭象整體的理論觀之，

---

筆者以為郭象偏向於境界之湊泊、玄思的契應，對於莊學深刻的工夫義，並未有適切的承接，而且每以「冥」解消渾化之，戴氏之見，引處同〔註2〕，頁42～43。

〔註63〕《莊子・大宗師》云：「外內不相及，而丘使汝往弔之，丘則陋矣。」

恐難執於一偏來質疑其失，〔註 64〕牟宗三先生推許爲圓教之一型也是其來有自的。〔註 65〕如同郭象之玄理可以用「冥」會其理極，筆者由「情」的相關問題切入，對於理解郭象玄理及莊郭之異，何嘗不是一種詮釋角度與觀照進路的開拓。

〔註 64〕大陸學者或從唯物角度推崇郭象全面建構崇有論的學說，或責以終究走向唯心主義之謬，學界也有質疑其爲統治者立說或批評他以世俗標準爲最終判準，諸例甚多，不再贅舉，但仔細檢視之，不免皆有取其一面或某點推說穿鑿之嫌，就郭氏一貫的思維而言，必是委蛇圓融而不陷於一端的。

〔註 65〕牟宗三主張圓教可從「自玄智之詭辭爲用」及「自超越心體含攝一切」兩面立說，而以前者爲老莊之玄智，並認爲向郭甚能掘發而盛闡此義。見《才性與玄理》，頁 222～230。

# 第四章 嵇康〈聲無哀樂論〉之聲、情關係試詮

## 第一節 引 言

　　我們都知道藝術向來被視爲情感的範疇，而音樂的構成材料元素——聲音，乃以無形無色無味的存在形態，直接作用於人的聽覺器官，因此相較於其他藝術存有可見形質的媒材而言，音樂與情感的關係尤爲直接與密切。〔註 1〕魏晉是一個崇尙情感的時代，在文學上有緣情理論的建立，〔註 2〕不論於創作或欣賞皆十分強調個人情性的展露，在此認識下，不禁要疑惑，何以鍾情於音樂的嵇康，卻有〈有聲無哀樂論〉這樣看似斷然分截聲與情之關係的主張？此若是嵇康之獨調，或許可以以異數視之，然〈聲〉文之論點雖殊異於傳統，卻是顯赫於當時、普遍受到肯定與支持的說法。〔註 3〕也許有人認爲可以從尙辯

〔註 1〕　黑格爾《美學》云：「音樂是心情的藝術」、「音樂以情感爲内容，也是以情感爲形式」、「音樂與其他藝術比較，情感的因素更爲重要」（第三册。台北：里仁書局，民國 70 年）頁 341～427。蘇珊・郎格於《情感與形式》亦云：「音樂的音調結構，與人類的情感形式……在邏輯上有著驚人的一致……音樂是情感生活的音調摹寫」（頁 36）、「我們對音樂的興趣，來自音樂與各種重要情感生活的密切關係」（頁 38）（臺北：商鼎文化出版社，民國 80 年）。

〔註 2〕　「陸機文賦提出『詩緣情而綺靡』，使『緣情』一詞標立出來……而『緣情』觀念所代表的精神，實與時代新思潮脈動相通。」（陳昌明〈六朝「緣情」觀念研究〉，國立台灣大學中國文學研究所，民國 76 年，碩士論文，頁 2）。

〔註 3〕　《世說新語・文學》21 條載：「舊云：王丞相過江左，止道聲無哀樂、養生、言盡意，三理而已，然宛轉關生，無所不入。」（余嘉錫箋疏本，台北：華正書局，民國 78 年），頁 211。《南齊書・王僧虔傳》引錄王之〈誡子書〉亦云：「才性四本，聲無哀樂，皆言家口實，如客至之有設也。」（台北：洪氏出版

之理致（眞）與藝術之欣趣（美）乃不同之範疇來加以解釋，但我相信即使嵇康本人也不願承認〈聲〉文純爲思辨之作，而無涉其對人生與藝術的態度。是以在相對於此蔚爲風潮的尚情時代，嵇康之〈聲〉文可有適切的回應與反思？其聲情關係，是否尚存有待詮之面向，而非簡單的聲情分立觀所能涵盡？此則有待進一步的察照。

在近人的研究成果中，對於〈聲〉文聲情關係的討論，觀點分歧頗多，也是〈聲〉文最引人爭議、質疑之處。〔註4〕如葉朗以爲嵇康主張「音樂不能使聽者產生哀樂的情感」、「音樂和哀樂的情感是無關的」；〔註5〕李澤厚亦認爲嵇康「力主音樂同人心中哀樂的情感的表現無關」，但又云「嵇康並不否認音樂能喚起人心中的情感」、「能引起人哀樂的情感」。〔註6〕由此不難察覺，這兩家對於嵇康聲、情關係的詮釋，似乎存在著某種不易釐清的曖昧。事實上，雖然嵇康標舉「聲無哀樂」，但我們細讀他的論點，可以發現〈聲〉文的聲情關係，並不單純，是無法以簡單的「有關係」或「無關係」來加以界定的。是以諸多詮釋者對〈聲〉文的批判與質疑，或多或少都與他們簡化此聲情關係，而不能整體視之有關，然而如此不僅削弱了〈聲〉文的豐富義涵，也易形成詮釋上的盲點，而造成對〈聲〉文的誤解。由此看來，聲情關係的重新釐清，實有其存在的必要與價值。

前述所云，似乎純粹站在〈聲〉文的立場而言，將一切盲點歸咎於詮釋者，然而從〈聲〉文發論的詮釋者，何以存在著理解的滑失，亦有可能誘發

---

社，民國63年），頁598。可見，此論一出，成爲清談的重要話題，甚受魏晉以來名士們的重視。

〔註4〕如葉朗《中國美學史大綱》云：「嵇康的聲無哀樂論的命題，否認音樂包含有哀樂的情感內容，否認音樂能夠引起人哀樂的情感，在理論上是錯誤的」上卷，（臺北：滄浪出版社，民國75年）頁196。；陳戰國亦言：「嵇康本來已經承認了欣賞者的情感隨著樂曲的變化而變化的，可是爲了"聲無哀樂"這個總論點的需要，他在後面又否認了這一點」，見許杭生等著：《魏晉玄學史》（陝西師範大學出版社，1989年）頁229；牟宗三《才性與玄理》云：「躁靜由聲，哀樂亦可由聲。無理由以限之也」、「哀樂與聲音全無關，乃非堅強之論」（台灣：學生書局，民國74年）頁352～355。李澤厚卻以爲「主張聲無哀樂的嵇康對情感與音樂的關係有著比歷史上任何樂論都更爲深刻的思考與認識。他所說的聲無哀樂，並非說音樂與情感不相關，而正好是要使音樂能喚起人們最廣泛的情感，並使各各不同的欣賞主體的情感要求都能從音樂的欣賞中得到滿足。」（《中國美學史》，台北：谷風出版社，民國76年），頁265。

〔註5〕見葉朗《中國美學史大綱》，同〔註4〕，頁194。

〔註6〕見李澤厚《中國美學史》，同〔註4〕，頁255～256。

於〈聲〉文自身的限制。檢視之，我們不難發現這種聲情關係的曖昧現象也若隱若顯於〈聲無哀樂論〉的文本之中。如東野主人一則主張「心之與聲，明爲二物」、「殊途異軌，不相經緯」、「聲音自當以善惡爲主，則無關於哀樂；哀樂自當以情感而後發，則無係於聲音」、「聲音有自然之和，而無係於人情」；一則又認爲聲音能「兼御眾理，總發眾情」、「發滯導情」、「情之應聲，亦止於躁靜」。其論聲時可「發情」、「導情」，時又「殊途」、「無係」，這豈不是自相矛盾嗎？而且在文本中「哀樂」、「靜躁」俱以「情」稱，使聲情關係更顯得糾纏難明；「情」、「心」二字又往往並見互用，如此在聲情果眞異軌無涉之下，爲何又主張「樂之爲體，以心爲主」？加以其「聲」、「音」、「樂」三字，亦不若〈樂記〉般明確界定，而每有混用的現象，使我們在解讀〈聲〉文時，產生更多的困擾。以上種種的現象，我們當然不相信這是長於辨析名理的嵇康自亂陣腳所致。推考這些現象的源由，除了是受制於中國文字籠統渾沌的特質及論辨體式的拘限之外，亦由此可顯現〈聲〉文聲情關係的複雜微妙。

　　首先就文字的使用而言，我們發現〈聲〉文中「心」、「情」二字及「聲」、「音」、「樂」三字往往可以依行文需要而互爲轉代。〔註 7〕就「心」、「情」兩字而言，同指感覺活動中人心收受發顯的範疇，兩者互有涵攝，每可代稱彼此。然若嚴格分之，所謂「心」較偏於靜態之收受面，「情」則偏於動態之發顯面，兩者可謂一體之兩面。且相較於「心」，「情」則較偏向殊貌的指涉，若主體處於和域之境，便往往以「心」稱之，故云「和心」、「樂之爲體，以心爲主」。唯不論是「心」與「情」，皆是收攝於主體的。此外「哀樂」乃人情之基調，它自應屬於情（心）的範疇，然而「心」之所受，「情」之所動，就〈聲〉文而言，又非僅止於哀樂情感，「情之應聲，亦止於躁靜」、「單複、高埤、舒疾」的音聲律動，亦爲「心」所感所知，發而爲各種情態（躁靜專散）。〔註 8〕故嵇康所言之情（心），實有廣義與狹義之別，此尤易生混淆，不可不先辨之於前，而本文

─────────────

〔註 7〕檢視〈聲〉文雖曾言及「聲比成音」，注意由聲而音的組合排比之發展關係，但其間之分判，顯然非嵇康所致力，故行文時「聲使我哀，音使我樂」、「懷歡者值哀音而發，內感者遇樂聲而感」，往往形同對舉之同類字而已。「心」、「情」兩字亦復如是，除「心動於和聲，情感於苦言」，其使用可能思及「聲」、「言」之別外，其他對舉行文如「甲賢而心愛，乙愚而情憎」、「心戚則形爲之動，情悲則聲爲之哀」……等則常常是可以互代的。

〔註 8〕〈聲〉文云：「（聲音）以單複、高埤、善惡爲體，而人情以躁靜、專散爲應」、「聲音之體，盡於舒疾；情之應聲，亦止於躁靜」頁 216，本文所舉之嵇康作品資料，皆本戴明揚《嵇康集校注》，河洛圖書出版社印行。

所論之聲情關係之情（心），則是兼兩面而言之。

至於「聲」、「音」、「樂」三字的使用，〈樂記〉已清楚辨析在前，嵇康並無視此進步之界義，而讓這些在論辨中扮演核心角色的關鍵字眼，呈現義界混淆籠統而可互代的狀態，以思理清雋著名的嵇康何以會「比前人倒退了一步」？〔註9〕欲究此疑相，我想當從文字現象中超拔而出，並直扣嵇康對音樂的特殊理解與立場來釋之。嵇康所謂「聲無哀樂」之「聲」，是以音樂組合的基本要素材料來涵蓋音樂的，因此「音」與「樂」自可分解成「聲」，而使〈聲〉文中聲音樂之關係成爲「樂──→音──→聲」探本尋源的回溯方式，與〈樂記〉「聲──→音──→樂」的演進發展型態適得其反。〔註10〕其間不僅存在著復返自然與重視人文教化的不同，嵇康之意，要在擺落外加於聲音的其他因素（詩、舞、禮），以顯現一種對音樂本身的自體性觀照。然而這種探本尋源的察照，也常爲後人所質疑：尤以嵇康在論辯過程中對聲音往往純以自然之物視之，〔註11〕似乎混淆了自然音與人爲音樂的本質區別，論者甚至以爲這是嵇論錯誤的根源？〔註12〕其實從「及宮商集比，聲音克諧」、「姣弄之音，挹眾聲之美，會五音之和」等敘述中不難看出，嵇康並沒有忽略人的音樂創作活動，也肯定人體現音聲之和美的成就。是以自然之聲猶有善惡（和與不和），而「克諧之音，成於金石；至和之聲，形於管絃」，善樂者卻能曲盡音聲之和美。但由於他反對聲音可「象其體，傳其心」，故以音樂創作非主體情感意識的投影，而是一種消解主體心理意識後，發顯自然之美的展現。可見嵇康於

〔註9〕 袁濟喜云：「先秦時期儒家樂論代表作〈樂記〉……將最基本的音樂單位聲與音及表現人思想情感的“樂”區別了開來，論述了它們之間的依次遞進關係。嵇康在這一點上恰恰是比前人倒退了一步」。見氏著〈關於「聲無哀樂論」評價問題──兼論嵇康的音樂美學思想〉，《學術月刊》1981年第十二期，頁46。

〔註10〕 《禮記‧樂記》云：「凡音之起，由人心之動，物使之然也。感於物而動，故形於聲，聲相應，故生變，變成方，謂之音。比音而樂之，及干戚羽旄，謂之樂」、「是故知聲而不知音者，禽獸是也。知音而不知樂者，眾庶是也。惟君子爲能知樂」《禮記集解》（台北，文史哲出版社，民國73年）頁894～900，可見儒家傳統的樂論，其「聲──音──樂」的區分，不僅是層層相依的人文發展關係，也相應於「禽獸──眾庶──君子」的價值判準。

〔註11〕 〈聲〉文云：「夫五色有好醜，五聲有善惡，此物之自然也」（頁204），並每以「器物」、「臭味」、「酒」、「肌液肉汁」喻聲，可見一斑。

〔註12〕 陳戰國以爲嵇康「所以犯這種錯誤，從理論上講，主要原因是混淆了自然音與音樂的本質區別」（同〔註4〕，頁229）；敏澤也主張嵇康「這一論證顯然也有明顯的失誤，即混淆了自然存在之聲與表現思想情感的音樂之聲」，（山東：齊魯出版社，1987年），頁687。

「聲、音、樂」乃是皆本自然之旨趣以兼涵之。依此進路，故解構了〈樂記〉「聲——音——樂」的發展關係，除了主要以「聲」字凸顯其立場外，「聲」、「音」、「樂」三字自可又回復其本然籠統之狀態而互有轉換。故絕不可認爲嵇康主張「聲無哀樂」，卻認爲「音有哀樂」、「樂有哀樂」，〔註13〕否則東野主人與秦客所論便無焦點可言，是以其所謂「聲」，乃統貫聲——音——樂而加以純粹之，這點實有澄清的必要。

就其體式而言，〈聲〉文採依問而答的進行方式，這種隨問發露、各顯妙會的論辯敍述，被嵇康經營得栩栩如生，使人覽之有如親臨一場逼眞精彩的清談演出般。嵇康不僅使代表其看法的東野主人施展驚人的辯才與見地，更塑造了極爲難纏的敵手—秦客作爲傳統習見的化身，在一正一反、輾轉交錯的難答過程間，深化了論旨的層次，也逼顯了自己的主張。如此的寫作形式，可謂充分發揮了行文的張力與論辯的興味。但不可否認的，若剋就聲情關係的論題以檢之，〈聲〉文現有格局，則顯得零散而待整，如何將其隨處乍閃的慧見，涵融收攝成層次分明的理論結構，便是十分值得開發的解讀向度。

近人常援用西方美學的理論或專門術語來解讀〈聲〉文，〔註14〕這種進路每有相映成趣之功，但若無整體的理解或眞切深厚的學養，在名詞與觀念的轉用之際，則易有旁生枝節的困擾，或造成削足適履的遺憾，與其附會他旨或割裂原意而徒增新疑，筆者以爲尤當先還其本然，回到〈聲〉文自身，以文本解文本的方式，建立〈聲〉文本存而待顯的潛在結構。是以本文有意從文本現有的詞語觀念中，提點勾勒出其結構之名目，不再依隨〈聲〉文八問八答之序逐一解證，而視東野主人之八答爲一整體來加以通貫之。筆者以爲，〈聲〉文的聲情關係幽隱耐尋，饒富辯證的趣味，可依三個面向來加以條理耙梳：

　　（一）聲情異軌，不相經緯 —— 和聲無象，哀心有主
　　（二）無主哀樂，總發眾情 —— 至和之聲，發滯導情

---

〔註13〕如李曙明〈嵇康的“和聲”觀念〉云：「嵇康說“聲無哀樂”並非等于說“樂無哀樂”，“至夫哀樂，自以事會，先遘于心，但遇和聲以自顯發”，可見“心有哀樂”，而“心”又是“樂”之“主”，那麼“樂”又怎能無哀樂呢？」（《民族民間音樂》，1988 年第一期，頁 6）；孫維權亦主張：「嵇康對音樂藝術本質特徵的看法是單純的樂音不表現感情而音樂能表現感情。」（轉引自嶓冉〈愈辨愈明眞理在 ——〈樂記〉、〈聲無哀樂論〉學術研討會紀略〉《中央音樂學院學報》，1985 年第三期，頁 5）

〔註14〕如「唯美主義」、「形式主義」、「內摹仿」、「自律論」等，此種援引西學觀念以理解「聲」文者於學界十分普遍，不勝枚舉。

（三）隨曲之情，盡於和域 —— 樂之爲體，以心爲主

此三層之名目皆直接從〈聲〉文而來，各以八字主標題與八字副標題組成，副題於此則有強調或補充說明的用意，而名目並非不可改易，劃分三層也只是爲了說明的方便，使我們能夠有效地完成課題，爲〈聲〉文的理解提供一個適切的架構而已。然此三層之間雖各有殊趣，仍有一環環相扣的內在環節，爲了兼顧這三層各自的基本特徵與其間交互影響的關係，本文在進行上擬採先分論其旨，再加以綜述並觀的方式。再者，由於側重在東野主人聲情關係的重構，爲了集中討論的焦點，因此除非在行文解說時有其必要，秦客的主張將不再做整體的陳述，以避免不必要的重覆。

此外，必須聲明於前的是，近人論及〈聲〉文的成就，每能注意到嵇康發顯音樂形構體式的貢獻，以爲他使審美探討的對象，回到美的物體自身，而不再爲感受者的主體情感意識所制約，提出此乃涉及「客觀性形態」的格局，〔註15〕以凸顯〈聲〉文歧出於中國主流思維的特殊地位。此論頗能掘發〈聲〉文於中國思想史與美學史的歷史意義，也使探研〈聲〉文者，側向於「聲」的討論，相對之下，於「情」之面向的闡發較少，甚而抑彼以揚此，來彰顯其殊趣之所在。實則，若僅強調「聲」的客觀性質，反而容易忽略〈聲〉文對人類主體之生命層域反思的深度，而自陷於局部的視野。是以本文於聲情關係的建構，不僅採取兼顧兩者的態度，也要試圖突破此詮釋的限制，讓〈聲〉文對聲與情的深刻體照及聲情之間複雜豐富的微妙關係得以開展朗現。

## 第二節　聲情異軌，不相經緯——和聲無象，哀心有主

一場論辯的演出，當然不能以隻鳳獨鳴或齊聲合唱的方式進行，尤賴正反兩方的持論而展開，其間雖無必然的對錯，但是觀點的相異對立則爲論辯發難的重要基礎與條件。綜觀前言所列的三種聲情關係中，此面向乃秦客與東野主人最爲針鋒相對之處，故理應論之在前。顯而易見的，東野主人是力破秦客之觀點而來。秦客站在傳統樂論的角度，十分強調聲音與情感之間交融符契的關係，秦客之見，可依兩個面向加以統合之：

1. 心動于中，而聲出於心。（頁200）

心感者，則形爲之動；情悲者，則聲爲之哀，此自然相應，不可得逃。

〔註15〕見牟宗三《才性與玄理》，頁346、356。

（頁 201）

夫聲者，氣之激者也，心應感而動，聲從變而發；心有盛衰，聲亦隆殺。（頁 205）

哀思之情，表于金石；安樂之象，形於管絃。（頁 196）

2. 心爲聲變（頁 215）

聲使我哀，音使我樂。（頁 201）

曲用每殊，則情隨之變。（頁 214）

就 1. 由情（心）至聲（音、樂）而言，秦客將聲音之源起皆收攝爲人心之動，而且兩者之間存在著「不可得逃」、「聲隨心變」的必然關係，聲音遂成人心之投影，可以表情象德，承載人類情感與意識的內容，乃至吉凶禍福、政道興衰皆可涵攝。〔註16〕就 2. 由聲（音、樂）至情（心）而言，秦客則以爲聲音不僅可以感發影響人心，人心更每隨聲音之嬗變而有相應的轉化。在此脈絡下，情（心）——聲（音、樂）之間形成一種內外相應、同類相感的密切關係。是以善聞樂者，小至個人的主觀情感，大至群體的時代經驗，皆可藉「樂」以知之；上位者亦能「致樂以治心」，故音樂向有移風易俗的功能，爲前賢所樂道不疑。此說實有淵源流長的歷史傳統，面對這種優越強勢、根深蒂固之習見，嵇康自須大刀闊斧以力破其病，因此勢必從聲情互動觀的傳統包袱中掙脫出來，截斷兩者的關係，以凸顯彼此對立之色彩，在此脈絡下，其聲情關係益形緊張，遂告分裂對立：

心之與聲，明爲二物。（頁 214）

聲之與心，殊途異軌，不相經緯。（頁 217）

和聲無象，而哀心有主。（頁 199）

聲音自當以善惡爲主，則無關于哀樂；哀樂自當以情感而後發，則無係于聲音。（頁 200）

音聲有自然之和，而無係於人情。（頁 208）

此聲情分立觀乃對治積弊難返之舊說而來，也反映出嵇康理解音樂有絕異於傳統的進路。至於嵇康如何顛覆傳統聲情交映的關係而分判聲情呢？他一則以聲同情異、情同聲異的無常現象，所謂「用均同之情，發萬殊之聲」、「或

---

〔註16〕〈聲〉文云：「夫治亂在政，而音聲應之」（頁 196）、「盛衰吉凶，莫不存乎聲音」（頁 209）。

聞哭而歡，或聽歌而感」、「理絃高堂，而歡感並用」，從聲情之間沒有必然確定的對應關係來鬆動「聲有哀樂」的說法；一則力別事物客觀性質與主觀情感判斷的不同，所謂「外內殊用，彼我異名」，揭示傳統聲情觀濫於名實的弊病，以擺落加附於聲音的哀樂虛名，使主客在各歸其位下，對顯殊立了聲「和聲無象」與情「哀心有主」的特質。

在這種聲歸聲、情歸情，主客分立的對峙關係下，何以仍然存在著聲發顯情的現象呢？嵇康在極力拉開兩者之關係外，也不得不進一步解釋其因，他認爲它們之間並無必然直接的關係存在，所以有此現象，乃肇生於他因：

> 夫內有悲痛之心，則激哀切之言，言比成詩，聲比成音，雜而詠之，聚而聽之，心動於和聲，情感於苦言，嗟歎未絕，而泣涕流漣矣。
>
> 夫哀心藏於內，遇和聲而後發；和聲無象，而哀心有主。夫以有主之哀心，因乎無象之和聲，其所覺悟，惟哀而已。（頁 198～199）
>
> 至夫哀樂自以事會。先遘於心，但因和聲以自發顯。（頁 204）

由首條可知，嵇康認爲語言有「哀切之言」與「苦言」，而聲音只是無象之和聲，人心之哀即是由「苦言」（歌詞）所喚起，非關乎「聲」。因此，雖然由言成詩、由聲成音，都有排比組合等構成方式的通性，但是一主達情、一顯無象，言與聲是判然有別的。究其原因乃在嵇康視「聲」爲一種自然屬性，而「言」則非「自然一定之物」，[註17] 啓端於人爲制約，所以能被賦與承載人的情感內容，是以人聞詩樂而泣涕流漣，其因在「詩」而不在「樂」。次條則以爲人遇和聲所以會發顯哀樂，是因爲有「先以事會」的條件，人情因「事會」而有主於內，和聲才可能是間接的觸媒，使人達情於外。如此看來，聲情關係是不確定的、是偶然的，自須跳脫傳統形膠影漆似的聲情關係模式，而還其自身的本然面目。

就聲（音、樂）而言，嵇康以「和」指稱之，正見其反對傳統「哀音」、「樂聲」這一種附麗人情的說法，以豁顯聲音無係人情的特質，而「無象」便在否定一切情感意識的指涉，使聲得以還其本然，重新定位，首先將聲音的產生推源至天地陰陽之氣的匯合交感，[註18] 進而直探音聲自體，注意到

---

〔註17〕〈聲〉文云：「夫言非自然一定之物，五方殊俗，同事異號，舉一名，以爲標識耳」（頁 211）。

〔註18〕〈聲〉文云：「夫天地合德，萬物資生，寒暑代往，五行以成，故章爲五色，發爲五音，音聲之作，其猶臭味在於天地之間。其善與不善，雖遭遇濁亂，其體自若，而不變也」（頁 197），可見在音聲的溯源上，嵇康從天地自然中去找尋音樂的根源，以爲聲音產生於天地陰陽五行的變化。

聲音「單、複、高、埤、舒、疾」具體的殊性形構與「聲音以平和爲體」抽象之理的通性原則，〔註 19〕完成其聲音以「氣」爲自然形質，以「和」爲本體基礎的建構。聲音便在他象的剝落下，朗現其自體的面貌，分殊聲情於此尤有撥雲見日之功，使聲音得以從人心、教化的籠罩制約中超拔出來，重獲其獨立的生命。是以「琵琶箏笛，間促而聲高，變眾而節數」、「琴瑟之體，間遼而音埤，變希而聲清」、「齊楚之曲多重」、「姣弄之音挹眾聲之美，會五音之和，其體贍而用博」，不同的樂器，相異的曲調，皆能發顯其體式上的殊趣。即使是向來被視爲淫樂的鄭聲，也能在聲情各歸其位「淫之與正，同乎心」、「所名之聲，無中於淫邪」的體認下，得以直觀其體式之至妙。〔註 20〕

就聲情異軌之情（心）而言，嵇康將此視爲「喜怒哀樂、愛憎慚懼」的情感活動，具有「接物傳情」的一般功能，也注意到情感於音樂欣賞過程中形成情感反應的主體能動作用，所謂「和聲無象，哀心有主」、「和之所感，莫不自發」，此自大不同於秦客所言之心——在聆聽音樂時純然處於被動待導的地位，但這種「哀心有主」、「莫不自發」的主張，早在《呂氏春秋》與《淮

---

〔註 19〕 牟宗三認爲「嵇康不分聲音之通性與殊性，故其論辨常多糾纏不清，亦不恰當」（同〔註 4〕，頁 350），實則嵇康釋聲正是以「和」爲其通性，以「單複高埤舒疾」爲其殊性。在此值得注意的是，論及體式，〈聲〉文亦言及「善惡」，而「善惡」似存有價值判斷，唯此「善惡」不涉道德旨趣之判斷，乃剋就音聲能否盡其自然體性即所謂「和」與「不和」而言，是以相對於「和」——音聲之本體的揭示，「單複高埤舒疾」與「善惡」皆爲音聲現象之指涉。而「單複高埤舒疾」則純就具體色澤之殊性言之。

〔註 20〕 〈聲〉文云：「若夫鄭聲，是音聲之至妙。妙音感人，猶美色惑志，耽槃荒酒，易以喪業。自非至人，孰能禦之？先王恐天下流而不反，故其八音，不瀆其聲，絕其大和，不窮其變……然所名之聲，無中於淫邪也。淫之與正同乎心，雅鄭之體，亦足以觀矣」（頁 224～225）。關於「鄭聲」的說解，蔡仲德主張「嵇康思想在於否定鄭聲，以別雅鄭之淫正」（〈越名教而任自然——試論嵇康及其「聲無哀樂」的音樂美學思想〉，收於《美學文獻》第一輯，頁 242～243）；林朝成亦認爲「嵇康是堅決主張別雅鄭之淫正的」（〈嵇康《聲無哀樂論》初探〉一文，收入《文學與美學》第三集，台北：文史哲出版社，民國 81 年，頁 210）；李澤厚則以爲「嵇康的《聲無哀樂論》從反對儒家以“樂”爲倫理道德的表現開始，到了最後仍不得不承認儒家以“樂”爲教化手段的合理性，並肯定儒家所說雅樂與鄭聲有不可混淆的“淫”與“正”的區別。這是嵇康無法超越的歷史局限性的表現」（同〔註 4〕，頁 269）。實則，他們所以如此判定，乃是將嵇康對儒家立場的陳述說明，理解爲嵇康本人的觀點所致。察其原意，不僅認同鄭聲音聲技巧的展現，而且將淫正歸之於心，風俗敗壞亦非鄭聲之過，可見並不足以據此表示嵇康否定鄭聲或贊成雅鄭之分。

南子》時便有類似的說法，〔註21〕說不上是其獨到或創發之處，因爲嵇康言此之用意，要在強調欣賞音樂時情感反應背後的潛在複雜因素，所謂「所以會之，皆自有由」、「自以事會，先遘於心」、「人心不同，各師其解」，指出不論是社會經驗或個體特徵，皆足以影響左右人聆聽音樂時的情感狀態，用以駁斥「聲使我哀，音使我樂」的謬誤，證成其聲情異軌的見解。而此「情」之發顯，雖爲嵇康所承認，但並非其殊趣勝義所在，因爲就嵇康而言，理想的音樂創作與欣賞，正是在剝落人情哀樂與人爲造作的狀態下進行的，因此欣賞主體如果只停留在「各師其解」的層次，反而落入第二義，而不能眞正進入審美的理境。是故如果據此主張嵇康「強調主體自身的情感狀態在審美和藝術欣賞中的重要作用」〔註22〕或「等於肯定了音樂鑒賞的個體性和獨特性」，〔註23〕乃至「已經論述到接受美學了」，〔註24〕則未免有反客爲主，以末爲本的嫌疑，而遮掩了其分判聲情的深義。

綜而言之，嵇康這種聲歸聲、情歸情的分判，有其立論的需要與價值，亦有其自身的限制，但不可僅依「聲情異軌」的主張，便判定他割裂阻斷了創作主體——音樂——欣賞主體之間的關係，因爲「情聲異軌」意在遮撥，如此方可跳脫傳統三者之間「情」（哀樂）之交感流轉的認識，而爲提昇至會通於更高層次的理解基礎。在此，欣賞與創作之主體既然是著重於人情哀樂狀態的消解，便不是「聲情異軌」之「情」所能指涉，其間之主客關係的發展，也非「聲情異軌」所能涵盡。由此看來，「聲情異軌」在〈聲〉文中扮演著「破壞」的角色，以廓清傳統舊說的迷障，其功厥偉，但此面向實未觸及嵇康對音樂審美活動的深會，可見「聲情異軌」只是〈聲〉文的起點，吳旻以爲「相異」正是嵇康思想格局的特色，〔註25〕此種認識是理解〈聲〉文很

〔註21〕《呂氏春秋·適音》云：「耳之情欲聲，心不樂，五音在前弗聽。目之情欲色，心弗樂，五色在前弗視。鼻之情欲芬香，心弗樂，芬香在前弗嗅。口之情欲滋味，心弗樂，五味在前弗食」（臺北：鼎文書局）頁216。《淮南子·齊俗訓》云：「夫載哀者聞歌聲而泣，載樂者見哭者而笑。哀可樂者，笑可哀者，載使然也」（臺北：世界書局，民國80年）頁173。皆指出哀樂係由人情中先入爲主的特定情緒使然。

〔註22〕見李澤厚《中國美學史》，頁259。

〔註23〕見曹利群〈試論嵇康與漢斯立克的音樂美學思想〉，（《音樂研究》，1986年，第二期），頁66。

〔註24〕見李欣復，〈聲無哀樂論與音樂的不確定性〉，轉引自〈愈辨愈明眞理在——〈樂記〉、〈聲無哀樂論〉學術研討會紀略〉，同〔註13〕，頁7。

〔註25〕吳旻云：「『相異』，正是嵇康思想格局之特色。『聲無哀樂論』爲嵇康之『相

好的進路，但若僅及於此，便不能領會其「發聲律妙理，迴旋開合，層折不窮，如游武夷三十六峰，愈轉愈妙，使人樂而忘倦」的興味了。〔註26〕在此層的建構中，名實之辨，主客分判，嵇康已充分發揮其辨析名理的才智，然而除了校練名理之外，他亦長於玄理的契悟，〔註27〕當不會自限於此相異的格局，而宜有另一面向的開拓。

## 第三節　無主哀樂，總發眾情——至和之聲，發滯導情

　　嵇康雖以聲情之無常性來否定聲情之間必然的對應關係，並將觸情之因，歸之於「自以事會」，而非聲音的直接效應，然而何以聲音能使內藏之情發顯於外，以均同之聲發萬殊之情呢？且「聲音和比，感人之最深者」、「宮商集比，聲音克諧，此人心至願，情欲之所鍾」、「聲音和比，人情所不能已者」，可見嵇康也一再強調，聲音秩序（比）中有和諧（和）之美，是人心所鍾情嚮往不已的。但若僅分殊聲情，這種對立性的思考自不易解釋其間存在著微妙的作用性現象。我們若以「和聲無象」映襯「哀心有主」，此「無象」的揭示，在「情」的對照下，正可顯其「無係人情」的特質，這是聲情異軌並列對顯的思考形態。實則，若跳脫此思維格局的限制，充分發揮「無象」的內在義涵，「無象」的妙用當不僅於此。東野主人有云：

> 聲音雖有猛靜，猛靜各有一和，和之所感，莫不自發。何以明之？
> 夫會賓盈堂，酒酣奏琴，或忻然而泣，非進哀於彼，導樂於此也。
> 其音無變於昔，而歡感並用，斯非吹萬不同耶？夫唯無主於喜怒，
> 亦應無主於哀樂，故歡感俱見；若資偏固之音，含一致之聲，其所
> 發明，各當其分，則焉能兼御群理，總發眾情耶？（頁217）
> 理絃高堂而歡感並用者，直至和之發滯導情，故令外物所感得自盡
> 耳。（頁218）

---

異』觀之代表作」，（見其〈言意之辨與魏晉名理（七）嵇康「聲心異軌」論及其音樂美學〉，《鵝湖》第十一卷第四期），頁48～49。

〔註26〕見〈漢魏名文乘〉，轉引自《嵇康集校注》，頁230。

〔註27〕戴璉璋云：「嵇氏的論辯文字有兩個層面值得注意，一屬於名理，一屬於玄理……他在名理思辨方面的認真態度與在玄理體悟方面的卓越造詣，使他在魏晉思想界取得獨特的地位，而對於後學也有重大的影響」，見其〈嵇康思想中的玄理與名理〉《文史哲研究集刊》，第四集（1994年4月）頁4。

嵇康在此從人情反應中歡感並用的現象探入，以爲聲若爲「偏固之音」、「一致之聲」便不能「總發眾情」，進而証成聲音「無主哀樂」的特質與「兼御眾理」的妙用。此種思維進路，與王弼對道體形上性格的闡述，頗爲類似，王弼有云：

> 有聲則有分，有分則不宮而商矣。分則不能統眾，故有聲音非大音也。
>
> 若溫也則不能涼矣，宮也則不能商矣。形必有所分，聲必有所屬。
>
> 故象而形者，非大象也；音而聲者，非大音也。
>
> 無狀無象，無聲無響，故能無所不通，無所不往。〔註28〕

觀王弼所云，其意不在音聲，乃是藉此以明「道」，解消分殊之聲，而以整全無屬之大音顯「道」，由於「分則不能統眾」，是以「道相」當爲「無狀無象，無聲無響」，方能成其玄德，達到「無所不通，無所不往」的妙境；「無象」之聲音，也正因其「無主哀樂」，無「偏固之音」，故得以「兼御眾理」、「總發眾情」。此「御」非有心之御爲，乃在無爲而無不爲，使人得以「自顯其理」；此「發」亦不在「進哀」、「導樂」，而是引導感發原本已藏於人們內心的哀樂之情，使其「自盡所感」，達到「發滯導情」的妙用。這種深會，也正相應於嵇康「進乎技而契於道」的琴藝體悟：

> 性絜靜以端理，含至德之和平，誠可以感盪心志，而發洩幽情矣。是故懷感者聞之，莫不憯懍慘悽，愀愴傷心，含哀懊咿，不能自禁；其康樂者聞之，則欯愉歡釋，抃舞踊溢，留連爛漫，嗢噱終日；若和平者聽之，則怡養悅愉，淑穆玄真，恬虛樂古，棄事遺身。是以伯夷以之廉，顏回以之仁，比干以之忠，尾生以之信，惠施以之辯給，萬石以之訥慎。其餘觸類而長，所致非一，同歸殊途，或文或質，摠中和以統物，咸日用而不失，其感人動物，蓋亦弘矣！〔註29〕

嵇康以爲「眾器之中，琴德最優」，而琴乃「性絜靜以端理，含至德之和平」，故可以琴音代表和聲之理境。在這段描述中，「懷感者聞之……康樂者聞之……和平者聽之……」正是和聲「總發眾情」、「發洩幽情」的作用。〔註30〕伯夷以

---

〔註28〕皆引自樓宇烈《周易老子王弼注校釋》（臺北：華正書局，民國72年）頁195、113、31。

〔註29〕引自《嵇康集校注》，頁106～108。

〔註30〕在此「和平者聽之，則怡養悅愉，淑穆玄真，恬虛樂古，棄事遺身」，「和平

之廉……顏回以之仁……」則是敘述和聲的「兼御眾理」、「感盪心志」，而此「廉」、「仁」、「忠」、「信」、「辯給」、「訥慎」正如「哀」、「樂」之情般，皆為聽聞者本具之情志，藉和聲之觸發，遂能自然而然地呈顯自己。有如莊子所謂「天籟」般，和聲之妙，便在「吹萬不同，而使其自己」中呈現。〔註31〕在此，嵇康將和聲「無象」之「無」類推於「道」體之「無」，而比之於「道」的層次，和聲之於人，正如道之於物般，王弼有云：

> 不塞其原，則物自主，何功之有？不禁其性，則物自濟，何為之恃？

> 物自長成，吾宰成，有德無主，非玄而何？〔註32〕

道之於物，是一種「不塞其原」、「不禁其性」、「不吾宰成」自然無為的作用，故使物得以「自生」、「自濟」、「自成」，以成就其玄德。和聲之於人，亦正如是。生命遂能在和聲的觸發引導下，解消阻塞與幽滯，而抒展其情志。

　　嵇康一則力辨聲情之別以各判其位，一則把和聲提昇到有如「道」的層次，聲情關係便在玄學思維的照映下，從對立並觀的同等位階，轉成類比於道──物、無──有、體──用的關係，此處最可顯現他對於玄理的契悟。而這種思維特質是玄學風潮的時代產物，它本之於老莊的精神內涵及王弼註《老》的體微深闡，嵇康於此，也有其內在理路的回應，成為開先的人物之一。無情遂能成就眾情，聲音的不確定性，卻成了它的優越性和無限性，〔註33〕在玄學「以無為本」的証成下，立足於前所未有的位階。此自與從普遍性與一致性的社會性效應來肯定音樂移風易俗之功能的〈樂記〉傳統，大相逕庭；畢竟，就此而言，嵇康是從音聲能間接對主體產生「宣和情志」的個人作用上來察照的。然而情志活動仍不離個體生命對世俗現實世界的回應，故聞樂雖間接使人得以宣志寄情，而為人心所欣慕嚮往，但就嵇康的理解而言，音樂大和之美的直接妙用，卻不在「宣和情志」的層次。因為音聲既可以「和」通「道」，分享道的特性，自能作為人與道之間的媒介，使人得以在和聲的提引下，從自盡其感──「情志之大域」中解放出來，而游心於和域之理境。在此脈絡下，又非上下位階的聲情關係所能涵蓋，其主客之間有何嶄新的進展，當從另一面向以探知其妙。

---

者」似與「懷感者」、「康樂者」在聆樂的層次上大有不同，但依本段文脈觀之，意在強調聆樂的反應往往隨聞聲者的心境而有所不同。

〔註31〕引自郭慶藩《莊子集釋》〈齊物論〉（臺北：木鐸出版社，民國72年）頁50。

〔註32〕同〔註28〕，頁24。

〔註33〕參見李澤厚《中國美學史》，頁260。

## 第四節　隨曲之情，盡於和域──樂之爲體，以心爲主

　　主體若懷哀樂之情，聲音往往能間接地產生「發滯導情」的作用，使欣賞者進入「平和哀樂正等」的狀況，而當心處「平和」之境，音聲之感便無關哀樂歡感之情，而是對應於音樂舒疾體式的靜躁反應：

　　若言平和哀樂正等，則無所先發，故終得躁靜；若有所發，則是有主於內，不爲平和也。（頁216～217）

　　（聲音）以單複、高埤、善惡爲體，而人情以躁靜、專散爲應。（頁216）

　　聲音之體盡於舒疾，情之應聲亦止於躁靜耳。（頁216）

　　躁靜者，聲之功也；哀樂者，情之主也。（頁217）

由此可見，「躁靜」與「哀樂」固然同以「人情」稱之，但兩者並不屬於同一層次，哀樂之顯在「有主於內」、「積藏於心」，是以哀樂之情只是藉和聲以自發顯，躁靜之應才是由聲音而起的直接效應，故云「躁靜者，聲之功也」。在此必須說明的是，「躁靜」正如以「哀樂」涵代各種情感狀態般，爲「躁靜專散……」等音聲效應的通稱。而此「躁靜」之應，實不宜視爲人聆聽樂曲時的情緒反應，亦非美感經驗的「低級階段」，〔註34〕如同嵇康視聲之本源爲「氣」的理解般，躁靜之應，其實正是一種氣感的活動，〔註35〕它既無關哀樂好惡之情的糾結，也非恣意於耳目官能之純粹生理層面的反應，〔註36〕可以說是一種通貫身心形神，使生命之氣隨曲調變化相應而生的氣感活動，這種氣感活動是音聲以其舒疾體式直接作用於人所形成的反應；而且「聲音雖有猛靜，猛靜各有一和」、「曲變雖眾，亦大同於和」，隨曲之情不僅只滿足於曲式自體

〔註34〕張少康以爲「音樂能使人的『情緒』起『躁』或『靜』的變化」（〈嵇康的《聲無哀樂論》及其在中國文藝思想上的意義〉，《中外文學》第二十卷·第一期（民國80年6月）頁31；袁濟喜云：「躁靜……是美感經驗的低級階段……有了這些直覺，才能達到美感經驗的較高階段（悲哀或快樂），同〔註13〕，頁47。

〔註35〕嵇康〈太師箴〉云「浩浩太素，陽曜陰凝，二儀陶化，人倫肇興」（頁309）；〈明膽論〉亦云「夫元氣陶鑠，眾生稟焉」（頁249，二者皆引自《嵇康集校注》，同〔註8〕），可見嵇康不僅視音聲爲天地陰陽之氣的會合交融，人與萬物之共同根源亦皆歸於元氣，是以和聲之於人的躁靜作用，也當從氣感氣應的角度來理解。

〔註36〕鄭毓瑜云：「躁靜之應不但不同於哀樂情感，同時也不是用絕對的生理快感所能衡量、賦類的」（《六朝藝術理論中之審美觀研究》，臺大中文所，民國78年博士論文，頁35。

的麗質殊構，亦當續隨此麗質殊構（猛、靜）之引領，而共參於和域之妙境。
是以欣賞主體也非被動地依賴和聲的提引與玄化，尚得有自體的修證，此可
用莊子的「心齋」來加以理解：

> 一若志，無聽之以耳而聽之以心，無聽之以心而聽之以氣。聽止於
> 耳，心止於符。氣也者，唯道集虛，虛者，心齋也。〔註37〕

莊子以爲「耳──心──氣」是生命體自身三種不同層次的存在，「聽之以
耳」──→「聽之以心」──→「聽之以氣」則爲主體修道功夫的續進歷程。而
唯至「聽之以氣」，擺落感官私情的紛擾與心知的思慮，方能心如靈府，氣聚
神凝，集虛待物而有神妙之用。「心齋」本爲莊子修道功夫的重要法門，深涵
主體實踐的續程指點，與嵇康所言主客共參的形態有別，但其「虛以待物」
的修證與「純氣之動」的妙用，卻是相通的。嵇康〈養生論〉有云：

> 修性以保神，安心以全身，愛憎不悽於情，憂喜不留於意，泊然無
> 感，而體氣和平。

> 善養生者則不然矣，清虛靜泰，少私寡欲……曠然無憂患，寂然無
> 思慮，又守之以一，養之以和，和理日濟，同乎大順。然後蒸以靈
> 芝，潤以醴泉，晞以朝陽，綏以五絃，無爲自得，體妙心玄。〔註38〕

養生之要，亦在以虛靜之功夫，寡欲去私，使人臻「愛憎不悽於情，憂喜不留
於意」、「曠然無憂患，寂然無思慮」的境地，繼而養和守道，以平和之體氣待
「靈芝」、「醴泉」、「朝陽」、「五絃」來濟成其功，而入「無爲自得，體妙心玄」
之化境。可見嵇康不僅從養生的觀點來看待音樂，〔註39〕若主體得以善養其心，
當更能盡享五絃之妙。〈琴賦〉也曾反推這種妙會琴音的自然境界：

> 非夫曠達者，不能與之嬉戲，非夫淵靜者，不能與之閒止，非夫放
> 達者，不能與之無，非夫至精者，不能與之析理也。〔註40〕

「曠達」、「閒靜」、「放達」、「至精」，便是指涉審美主體自由超拔的境界，唯
有在人擯棄塵心俗累，忘卻名利，回復生命的本然純粹，審美主體方能與樂
共游，而俯仰於藝術之和美。可見躁靜之氣感活動，雖是音聲的直接效應，

---

〔註37〕引自郭慶藩《莊子集釋》〈人間世〉頁147。
〔註38〕引自《嵇康集校注》，頁146、156。
〔註39〕「嵇康的美學思想集中表現在他的《聲無哀樂論》中，其直接的理論基礎是
　　　　嵇康的養生論。嵇康是從他對社會人生的看法，特別是從他的養生觀點來看
　　　　待音樂的」，見《中國美學史》，頁236，同〔註4〕。
〔註40〕同〔註8〕，頁104～105。

有其客觀的普遍性，卻往往隨欣賞主體而有深淺之別，所謂「不虛心靜聽，則不能盡清和之極」，也難怪嵇康在〈琴賦〉末仍不免發出「識音者希，孰能珍之，能盡雅琴，唯至人兮」的結語。〔註41〕

　　從以上的分析可知，嵇康對音聲所形成的躁靜之應，有兩種不同的理解進路：其一在辨異，反撥「聲使我哀，音使我樂」的習見，以凸顯躁靜乃音聲的直接效應；其二在藉躁靜建立主客的關係，使躁靜成爲主客共參和境的基礎，並賦予主體的修證爲進入聆樂體道之理境的媒介，由是主客遂成相輔而成、共濟爲美的關係。也就是聲音雖能有氣感之效用，若主體有「聽之以氣」的修證工夫，則更能使主客之間和暢流通，動止無礙，游心太玄，以同入和域之妙。而這種會通以「氣」、交融於「和」的聲情關係，不僅表現於音樂欣賞的理境，也同時是嵇康音樂創作的理境：

> 古之王者，承天理物，必崇簡易之教，御無爲之治，君靜於上，臣順於下，玄化潛通，天人交泰。枯槁之類，浸育靈液，六合之內，沐浴鴻流，蕩滌塵垢。群生安逸，自求多福，默然從道，懷忠抱義而不覺其所以然也。和心足於內，和氣見於外，故歌以敘志，舞以宣情；然後文之以采章，照之以風雅，播之以八音，感之以太和。導其神氣，養而就之；迎其情性，致而明之；使心與理相順，氣與聲相應。合乎會通以濟其美，故凱樂之情見於金石，含弘統光大顯於音聲也。若以往則萬國同風，芳榮濟茂，馥如秋蘭，不期而信，不謀而成，穆然相愛，猶舒錦布綵而粲炳可觀也。大道之隆，莫盛於茲，太平之業，莫顯於此。故曰「移風易俗，莫善於樂」，然樂之爲體，以心爲主。（頁221～223）

原來音樂之和美的完成，是在「心」、「理」、「氣」、「聲」會合相通時成就的，而以人足內之「和心」爲其導因，「和心」發而爲「和氣」，再利用八音、風雅以迎應、宣濟此至和心氣。在此之際，敘志宣情皆本「和心」而發，故安得哀樂於其間哉，又豈容歡感之情綴染。是以「樂之爲體，以心爲主」，正是因爲此時之「心」已超越私情之拘限，而爲體道之和心，故得以爲樂之根源。可見，就嵇康而言，音樂創作的理境，是立足於「和心」，在「心」、「理」、「氣」、「聲」相融交契中呈現，如同欣賞主體除卻俗情更能豁顯其聆樂體道的妙境般，創作主體也得「蕩滌塵垢」、「浸育靈液」，方能以「和心」體現

---

〔註41〕同〔註8〕，頁109。

「含弘光大」的和聲之美。因此不論是音樂創作或欣賞，在「氣聲相應」下，〔註42〕主體之「心」與客體之「聲」皆能以「氣」通「道」，而玄化於「至和」之理境。

在這一層聲情關係中，「情」之義涵的轉化最值得注意，「情」之所涉，已從哀樂之範疇推至外於哀樂之情的躁靜反應。然不論是哀樂或躁靜，皆用來表示主體對於外物收受發顯的應感狀態。若主體處於和域之境，便以「和心」稱之。是以嵇康的分判聲情，並非割裂截斷主客體之間的關係，乃是讓主客體相離於哀樂之「情」，卻於躁靜之「情」處相即，進而會通於「和域」。因此聲情異軌與聲情和會並非矛盾，乃是隨「情」之不同範疇而有相異的說法。檢視其結構之名目可知，「隨曲之情，盡於和域」，乃以和聲為主導，由物及我，側重於客體之功；「樂之為體，以心為主」則以和心為本源，由我及物，強調主體的妙用。是以在此層級中，聲情關係並非如並觀對立的第一層般，也不是第二層中有類於道之於物的上下位階，兩者之間反而存在著一種相互為用、共濟為美的互動關係。相較於第一層的名理思辨與第二層的玄理契悟，此層則兼有名理思辨（「聲音以單複、高埤、舒疾為體，而人情以躁靜、專散為應」；「躁靜者，聲之功也；哀樂者，情之主也」）與玄理契悟（隨曲之情，盡於和域）的表現，使聲、情（心）從主客分判走向互為主客的關係，並在會通於「道」的藝術進路中輾轉照映，遂創發出其獨特的審美思維。可見和聲之所以感人，而為人心所鍾愛不已，不惟在宣和情志而已，它使人忘「俗情」而入「聲情」，從「情志之大域」轉向「純美之和域」，嵇康透過音樂「發滯導情」而「盡於和域」的妙用，豁顯出人「俗情難遣」至「以藝忘情」的生命層域。此處最可顯嵇康對於音樂審美課題的深會。

## 第五節 小 結

本文從三個層次來討論〈聲〉文的聲、情（心）關係，以釐清存在於答辯體式中對此論題的零散與糾纏，而建構其內在的理序。檢視這三層聲情關係，不難發現：第一層以「破」，要在力矯俗見之弊，斬截聲情以各判其位；第二層以「立」，在玄學思維的照映下，建立「至和之聲」（道）得以「總發

---

〔註42〕此「氣聲相應」的觀念，可參見林朝成〈嵇康《聲無哀樂論》初探〉，同〔註20〕，頁205～211。

眾情」（物）的微妙關係；第三層以「合」，人心隨音聲舒疾體式而有「躁靜」之應，進而相濟同會於和域，完成音心交映的審美活動。此三層之間各自獨立卻相互制約，攸契相關又互有涵攝：如「無主哀樂，總發眾情」是建立在「聲情異軌」的基礎上的，因爲聲音若偏固哀樂或趨於一致，何能「總發眾情」；正因和聲能間接地「發滯導情」，使心滌「情」任「氣」，遂有「隨曲之情，盡於和域」之妙；而由躁靜以通和域之聆樂體道的進路，也是立足於殊別聲情而來，是以分判聲情，正是在成就其更高的統合，可見三層之間雖各有論據，卻昭示著一種深刻的統一性與連續性，由此三層結構名目──「和聲無象」「至和之聲」「盡於和域」，皆指涉於「和」，當可發現在這三層殊構的背後，正是以「和」爲其本體與內在脈絡的思維結構。由此看來，〈聲〉文的聲情關係，既分離又調和，既對立又等同，其同中有異，異中有同，有極爲強烈的辯証性格，是以致力於其聲情微妙與發展關係的闡析，或許較爭辯於「唯心主義的二元論」或「唯物主義的一元論」乃至「心物二元論」的理解方式更爲適切。〔註43〕

本文揭示嵇康所論之聲情關係的豐富義涵，也想藉此指出，若不能掌握此複雜面向，而「以偏概全」或「見樹不見林」，則易造成理解上的盲點：如過於強調聲情異軌的面向，便容易誤解嵇康割裂了客體音樂與審美主體的關係；或拘執於一己之所見，進而指責爲〈聲〉文自身的矛盾，也是肇因於未能注意到這三層結構各有論據且環環相扣的內在理序。〔註44〕可見本文聲情關係之三層結構的揭示，當有助於澄清部分舊解之失，爲〈聲〉文之詮釋打開另一扇方便之門。〈聲〉文自有其局限與不足，但筆者以爲唯有先立足於「同情」的理解，方能有較適切中肯的批評，否則徒增理解的迷思，也易流於人

---

〔註43〕如侯外廬視嵇康爲「唯心主義的二元論」《中國思想通史》（北京：人民出版社，1957 年）頁 167～172；敏澤與李澤厚則視爲「唯物主義的一元論」（同〔註12〕，頁 683～684 與〔註4〕，頁 264～265。曹利群則主張「心物二元論」（同〔註23〕，頁 67），對嵇康的論點不論肯定或否定，皆不免有立足於「唯物主義」觀的偏見。

〔註44〕如曹利群認爲嵇康「割裂了主觀與客觀，音樂與情感的聯繫」（同〔註23〕，頁 68）；葉朗以爲「聲無哀樂的命題，否認藝術美和欣賞者的美感之間的因果聯繫」「誇大了這種美感的差異性，以致否認欣賞者的美感是由藝術美所引起的」（同〔註4〕，頁 197）；敏澤亦主張「嵇康雖然承認聲是無哀樂的，但他的認識中有時又是自相矛盾，承認音樂是有感染人的作用」（同〔註12〕，頁691）。

云亦云的褒貶。

　　部分學者十分強調〈聲〉文揭示音聲自體形構之獨立地位的貢獻，並視此爲殊異於中國傳統主流思維的觀點，頗類西學客觀主義規模的格局。〔註45〕但筆者以爲〈聲〉文的核心課題，不在藝術審美形象的客觀掘發，而是審美主體之心靈活動與生命層域的關注。嵇康持論之終始，總不忘點出人心對和聲的鍾愛及和聲感人之深，由此心態的跡象可以看出，他視音樂絕非對治一客觀美物予以科學的分析，他的思維仍是中國式的，存在著立足於關懷主體生命的文化基調，因此筆者以爲〈聲〉文雖以論「聲」爲行文焦點，但其內在核心卻是環扣於「情」的。唯有對治人心私情之糾纏，方能還物我於自性之本然，嵇康不僅注意到人之於「情」，可以有由「鍾情」而至「忘情」的超越向度，也分殊了哀樂之人情表現與躁靜之氣感情應的不同，而將音樂定位於使人由鍾情而忘情、釋哀樂以顯躁靜進而趨會於「和域」的角色。可見〈聲〉文不僅反應了嵇康對藝術審美形象認識的深化，也在在顯露出他對主體人心（情）理解的深度與關懷的深刻。而這不正是魏晉時代以「情」爲人生之核心課題的具體展現！

　　此外，近人頗能發顯〈聲〉文的思辨理趣及其推理方法上的表現，並援引西方哲學之排中律、矛盾律、充足條件等規則，從〈聲〉文駁辯的實例中加以證成之。〔註46〕然而從這三層聲情關係可以看出，〈聲〉文強烈的辯證性格，不僅表現於論辯攻難過程中的技術層面，亦攸關〈聲〉文的理論格局，因此若能探入其饒富辯証興味的聲情關係，我們對嵇康能思善辯的理解，當可從其外顯的技巧表現，走向內在理序的層次。

　　展讀嵇康之〈聲〉文，想見其爲人，從「聲情異軌」進而至「樂心會通」，不僅體現嵇康鋒穎明犀至幽隱玄妙的思路進程，也相應於他曠邁不群而遺俗高遠的生命情調，更是嵇康對音樂層層思致與款款深情的發露。或許，音聲有知，亦當驚知己於千古矣！〔註47〕

---

〔註45〕同〔註15〕。
〔註46〕如戴璉璋注意到嵇文運用矛盾律、排中律、充足條件的思辨理則或推類辨物與辨名析理的推理方法，並援引嵇文論辯之實例以証之。同〔註27〕。
〔註47〕此語自袁山松「山水有知，亦當驚知己於千古矣！」轉來（引自酈道元《水經江水注》）。

# 乙 編

## 士風部分——以「情」爲詮釋進路

# 小　緒

　　對於魏晉士風的研究，由於它關涉到當時學術、思想、歷史、文學、美學等諸多課題，因此在學界一直引起廣泛的討論。除了從政治歷史背景之外緣因素來考察外，也有揭示當時人物典型——名士一格的特質，〔註1〕或尋索其內在心態之演變的研究路數。〔註2〕筆者有意在前輩研究的基礎上，嘗試以「情」來重新探析之。

　　其實，以「情」作為魏晉士風的特質，前輩已多有措意，本文則進一步將「情」從探討的主題對象延展至方法之運用的層次，藉由四組相對觀點：「鍾情與忘情」、「眞情與矯情」、「約情與肆情」、「高情與俗情」，標舉兩端以探之，期能掌握魏晉士人輾轉交錯、游移周旋其間的生命風貌與心態。

　　本文以此四組「情」目來重探士風，不論是四組之劃分或名目，皆非必然而不可改易的，僅是一種權宜之策而已，如同「鍾情」、「眞情」、「高情」名目雖異，但探其所涵指，則每有相通互攝之處，然經由「忘情」、「矯情」、「俗情」的對應，遂各顯其立論的面向及存在的殊趣。而四組之中，「鍾情與忘情」尤居於樞紐的角色，可謂理解魏晉「尚情」士風的鎖鑰，故置之於首以作為探討的基礎。至於「眞情與矯情」則是剋就魏晉「尚眞」之士風而言，並結合「情禮關係」作為考察思想背景與文化情境的基點。論及「約情與肆

---

〔註1〕　如牟宗三拈出「天地之逸氣」、「天地之棄才」以掌握名士內在生命之獨特，見《才性與玄理》，頁67～71；廖師蔚卿則從傳統論人的脈絡中標舉「狂與狷」，又結合「癡」以凸顯名士一身傲骨的反抗精神，見〈論魏晉名士的狂與癡〉，《現代文學》第三十三期，頁34～42。

〔註2〕　如余英時從「士之新自覺」的觀點來揭示漢晉士風的演變，見〈漢晉之際士之新自覺與新思潮〉，《中國知識階層史論》，頁205～275。

情」則從魏晉士人展現情感於收 —— 內斂與放 —— 顯揚之間的微妙現象出發，進而由養生與樂生兩個角度來體察其形成之因由與關係。而「高情與俗情」乃環扣魏晉士人在「以隱爲高」的傳統觀念及「以仕爲隱」之新思潮的激盪下，其周旋於出處進退的複雜心跡。可見權分四組，實各有其關注之面向與旨趣，而魏晉以情性生命爲主體的時代精神，更是通貫此四組相對觀念的核心特質。

在取用的材料與作法上，爲兼及「理論」與「現象」兩個層面，除了傳統之素材 ——《世說》及其他魏晉史料外，與本文主題相涉的著作 —— 如〈釋私論〉、〈大人先生傳〉、〈養生論〉、〈難養生論〉、《列子‧楊朱》、郭象《莊注》及散置於魏晉文籍中的若干相關資料，皆佐以並觀參證之；其中又以人倫之淵鑒 ——《世說》爲主要的素材，本文不僅視之爲傳寫名士風貌的重要線索，在行文上也藉之爲串引轉折之用，形成四組之間乃至「理論」與「現象」之間的橋樑，有時更將之作爲「觀念」具體演出的場域，也就是將個別人物片斷傳寫的素材，作爲一察照整體心靈特質的理解媒介。至於論述之進行雖不採傳統依具體之時代名目逐一展開的方式，但仍隱以時序爲軸，使之能有一歷程性的觀照。再者，本文雖以魏晉時代爲探討的核心對象，但影響魏晉士風極爲深遠的《莊子》則每作爲士風之溯源及思想背景的考察基點，如此在《莊子》的對顯映照下，士風之特質當更能爲之彰明。除此之外，嵇康、阮籍於魏晉名士中尤扮演著開先與典型的核心角色，是以不論就其思想或人格型態，皆具有承先啓後的典範意義，故本文亦每以二者之探爲發軔及另一參照的基點，可見嵇、阮雖屢屢出現，然而正如《莊子》般，隨每組不同之關注面向，仍各有其特殊的存在意義可循。

本文重探魏晉士風，雖試圖以四組「情」之名目爲基本架構來加以收攝統合之，但由於它牽涉之人物眾多，且時代漫長，問題也十分複雜，疏略之處自是難免；畢竟，對於魏晉士風的討論，本應深入此階段的歷史政治之背景、門閥士族的現象，乃至社會經濟等諸多層面的考察，方能有一更爲全面性的掌握。但一則是學界於此之研究成果已相當豐碩，而本文既採以「情」爲核心的理解路數，爲避免問題過於蕪雜，並凸顯立此「情」目的特色，及兼顧這種格局的需要，故於史料的選擇或詮釋的面向上，相對於探討的對象 —— 魏晉士風及傳統的研究而言，仍不免是限於一偏的，只期能增添一種理解的層面，完成以「情」爲核心課題及詮釋進路來重探士風的嘗試。

# 第一章　鍾情與忘情

　　魏晉名士不論於男女之情、骨肉手足之親情、相知之友情乃至對山川草木的眷戀及對美才之企羨與深惜，皆能渾然任情，窮歡盡哀，且自然流露於外，而見賞於時流，〔註1〕此亦為後人所津津樂道之美事。但值得探究的是，人非草木，孰能無情？喜怒哀樂既是人情之常，何以魏晉名士之深情，能在漫長的歷史文化中激蕩出亮麗的火花，並超越時空而深烙映照於古今人心之中？為了理解名士的深情之所以動人且意味悠遠，本文想進一步以「鍾情——忘情」為探討進路的基本架構，此架構非援之於外，乃是本諸名士之言而來：

> 王戎喪兒萬子，山簡往省之，王悲不自勝。簡曰：「孩抱中物，何至於此？」王曰：「聖人忘情，最下不及情，情之所鍾，正在我輩。」簡服其言，更為之慟。（〈傷逝〉4）

王戎（疑當作王衍）喪子，〔註2〕因山簡之問而有「情之所鍾，正在我輩」的答語，山簡深契其語遂與之同哀共泣，正是魏晉尚情士風最為具體生動的寫照。然而尤其值得注意的是，此「不及情——鍾情——忘情」的表述，無形中正傳達出魏晉人對情感表現區分為三種層次的態度。若由思想史的角度言之，從荀子以「情性」為惡始，漢人則進一步據陰陽之說來分判情性，故形成性善情惡的思想，〔註3〕是以對「情」向持否定的態度，漢魏之際漸興「情

---

〔註1〕　可查看《世說》中〈德性〉29、〈惑溺〉2、〈賢媛〉29、〈賞譽〉24、〈言語〉91、及〈企羨〉〈傷逝〉諸篇。

〔註2〕　此條據余嘉錫《世說新語箋疏》引吳士鑑之考訂，認為：「王戎喪子，年已十九，不得云孩抱中物。《世說》誤『衍』作『戎』，合為一事。」

〔註3〕　荀子云：「夫好利而欲得者，此人之情性也」、「從人之性，順人之情，必出於爭奪，合於犯分亂理而歸於暴」（〈性惡〉），並有「情性之不可順」、「化性起偽」的主張，可見其對於「情性」一詞偏於否定面立論。至漢人則結合「陰

不主惡」之見，〔註4〕時至晉人王戎（王衍）則更以「鍾情」自居，並以「情」將人界分三層，在表述上雖頗類漢人「聖人之性，不可以名性。斗筲之性，又不可以名性。名性者，中民之性」的方式，〔註5〕也反映出漢晉人對於凡聖有別的看法有其一脈相承的地方，〔註6〕但從「性」與「情」的彼消我長之跡，也可略見此時代核心課題的轉換。〔註7〕

再者，這種聖我之別的揭示，使聖人與常輩得以各定其位，更加劇了名士任此悲情的一往而不復，因爲既然忘情乃聖人之境域，而我輩自是鍾情於世之人，如何能遇喪子之事仍無深哀之至的情懷，而且不僅臨哀如是，遇樂亦然：

> 王黎爲黃門侍郎，軒軒然乃得志，煦煦然乃自樂，傅子難曰：「子以爲聖人無樂，子何樂之甚？」黎曰：「非我，乃聖人也！」〔註8〕

「聖人忘情」、「聖人無樂」竟成爲名士自我安頓於任情之域的辯解，如同孫放答庾亮以「仲尼生而知之，非希企所及」之言般，〔註9〕「忘情」之聖域難至，我輩自當順己性分之情，悲其所悲而樂其所樂，是以「人當道情，愛我者一何可愛，憎我者一何可憎」，〔註10〕非聖之常人自可任其好惡悲喜之情，無須掩飾，從名教以禮制情的束縛中解放而出，**轉趨自我情感的表現**。故才

---

陽」觀念來分論「情」、「性」，如許慎「情，人之陰氣有欲者。性，人之陽氣性善者也」、「性生於陽，情生於陰。……曰性善者，是見其陽也；謂情惡者，是見其陰也」（王充《論衡・本性》中載董仲舒的情性之說）。對此問題，可參牟宗三〈王充之性命論〉《才性與玄理》，頁1～41，及陳昌明《六朝「緣情」觀念研究》，頁33～59。

〔註4〕 荀悅《申鑒》中引劉向「性不獨善，情不獨惡」的說法，並加以引申之，陳昌明以爲「即令荀悅之說前有所承，此說亦絕非顯說」，故推論此「不以情爲惡的說法，實勃興於漢魏之際」，同前註，頁46。

〔註5〕 見董仲舒《春秋繁露・實性篇》。

〔註6〕 湯用彤以爲「謂聖人不可至不能學，蓋在漢代已爲頗流行之說……在魏晉之學『天』爲『人』之所追求憧憬，永不過爲一理想……謂聖人既不能學自不可至，固必爲頗風行之學說也」（〈謝靈運辨宗論書後〉，頁117～118），牟宗三亦云：「董子，甚至兩漢，下及魏晉，皆視聖人爲『天縱』，不可學而至」（同〔註3〕，頁14），據二者之見可知，兩漢與魏晉縱有不同的學術風貌，然分殊聖凡之別的態度自是無異。

〔註7〕 陳昌明考先秦至六朝的「情性」觀念云：「漢儒對『性』的討論，重於對『情』的關注……而到魏晉之後，則用『情』字似多於用『性』字」，同〔註3〕，頁44。

〔註8〕 見《北堂書鈔》五十八引《傅子》。

〔註9〕 見《世說・言語》50，劉注引〈孫放別傳〉。

〔註10〕《三國志・鍾繇傳》卷十三注引「魏略」，頁396，洪氏出版社。

德兼美如羊公者亦有登峴山而慨然歎逝，遂發「百歲後有知，魂魄猶應登此」的深情；〔註11〕縱如豪邁之武將桓溫也能感物而興懷，「木猶如此，人何以堪」，撫今追昔，英雄泣柳，更添增其名士之風情；〔註12〕任育長神志失常後，行經棺旅，仍然流涕悲哀，故王導稱以「情癡」之真；〔註13〕桓子野聞喪歌每有「奈何」之歎，而得謝安「一往有情深」的知賞。〔註14〕此於史料與《世說》中俯拾即是，處處零閃著周旋於「情」的身影，可見魏晉士人流連此「情」，亦能知賞此「情」，正是他們重視自然情性與個體生命使然，故人之情感得以解放並受到尊重，由之而形成鍾情之時尚，成為魏晉時代顯明的共相與特徵。

然「苟未免有情，亦復誰能遣此！」，〔註15〕「忘情」雖為聖人之境，卻仍是令人心存企慕嚮往的，此當與人生旨趣轉向道家以求解脫慰心有關。可見名士一則以「凡人任情」來安頓其不能自已的生命情懷，使人安於欣戚之常；一則又敏感地意識到人的欲念情感的拘執，故每會心於「忘情無累」的超越境界，並進一步以理遣情，尋求達節之境。陸機與袁宏有云：

> 夫死生是失得之大者，故樂莫甚焉，哀莫深焉，使死而有知乎，安知其不如生？如遂無知也，又何生之足戀？故極言其哀，而終之以達，庶以開夫近俗云。（陸機）〔註16〕

> 夫壽夭窮達，有生之分也。得失悲歡，萬物之情也。故推分而觀，帝王之與布衣，竹柏之與朝菌，焉足言哉，以情而談，一顧之與暫毀，傾蓋之與脫驂，尚可為歡戚，而況大斯哉！夫能與造化推移而不以哀樂為心者，達節之人也，自斯以還，屬于方域，得之不能不

---

〔註11〕《晉書・羊祜傳》卷三十四載「祜樂山水，每風景，必造峴山，置酒言詠，終日不倦。嘗慨然歎息，顧謂從事中郎鄒湛等曰：『自有宇宙，便有此山。由來賢達勝士，登此遠望，如我與卿者多矣！皆湮滅無聞，使人悲傷。如百歲後有知，魂魄猶應登此也。』」頁1020。

〔註12〕「桓公北征經金城，見前為琅邪時種柳，皆已十圍，慨然曰：『木猶如此，人何以堪！』攀枝執條，泫然流淚。」見〈言語〉55。

〔註13〕「任育長……嘗行從棺邸下度，流涕悲哀。王丞相聞之曰：『此是有情癡。』」見〈紕漏〉4。

〔註14〕「桓子野每聞清歌，輒喚『奈何！』謝公聞之曰：『子野可謂一往有深情。』」見〈任誕〉42。

〔註15〕「衛洗馬初欲渡江，形神慘顇，語左右云：『見此芒芒，不覺百端交集。苟未免有情，亦復誰能遣此！』」見〈言語〉32。

〔註16〕陸機〈大暮賦序〉，《全上古三代秦漢三國六朝文・全晉文》（北京：中華書局），頁2011～2012。

欣，喪之不能不戚。（袁宏）〔註17〕

陸機以爲哀死樂生自是人情所難免，但若能推之以理，死生雖爲失得之大，亦可遣悲釋哀而至無須掛懷的達境；袁宏也認爲雖知夭壽窮達乃人之性分命限，然死生之悲卻是常情之最，傷逝自是不可逃免，但達節之人，能識達性分之理，進而與造化推移，故亦可隨其所化而無繫於哀樂。是以雖「惟聖人與物冥而循大變，爲能無待而常通」，〔註18〕然常人若能「各安其性」、「各當其能」，仍可化累去悲，而得其適性之逍遙；〔註19〕唯「仲尼生而知之，非希企所及」，但「至於莊周，是其次者，故慕耳」，〔註20〕是以忘情之莊子便成名士流連於「情」域又以之自勉的對象：

> （魏舒之子）年二十七，先舒卒，朝野咸爲舒悲惜。舒每哀慟，退
> 而歎曰：「吾不及莊生遠矣，豈以無益自損乎！」於是終服不復哭。
> （《晉書》，卷四十一）

可見他們任情而發，但又不願爲情所限而亦嚮往忘情的理境，在凡聖之間，用凡情解慰，達節自勉，以契賢聖之境；但也不願無情於人世，是以雖常託於莊子之忘情，亦不免質疑莊子婦死不哭卻鼓缶而歌的行徑：

> 莊周婦死而歌。夫通性命者，以卑及尊，死生不悼，周不可論也，
> 夫象見死皮，無遠近必泣，周何忍哉？〔註21〕

> 妻亡不哭，亦何可歡？慢弔鼓缶，放此誕言；殆矯其情，近失自然。
> 〔註22〕

或詰問其何以忍心，或責難以有失自然之矯情，正是深體死生之悲情而無法解消此生命極底深處的同情共感使然，故「死生亦大矣」，王羲之於〈蘭亭集序〉中會斷然視「一死生」與「齊彭殤」爲「虛誕妄作」，又何嘗不是不能釋懷此生死大情而生的慨嘆。〔註23〕加以時局尤艱屯難測，益感世情的無常，

---

〔註17〕袁宏《後漢紀》卷七。

〔註18〕郭象〈逍遙遊〉注語。

〔註19〕郭象〈逍遙遊〉注語，此正爲郭象「逍遙」義的殊趣所在，其一則承認人先天存在個體差異性的事實，但又試圖於精神自由的理境處鼓勵人適性而逍遙，可謂莊學之改造。

〔註20〕同〔註9〕，認爲莊周的品次亞於孔子，乃魏晉時期通行的説法，詳參王葆玹《正始玄學》，頁8～12。

〔註21〕蔣濟〈蔣子萬機論〉，《太平御覽》卷890。

〔註22〕孫楚〈莊周贊〉，同〔註16〕，頁1803。

〔註23〕〈蘭亭集序〉云：「固知一死生爲虛誕，齊彭殤爲妄作」。張淑香先生揭示〈蘭〉

這種對「死」的悲懼深覺，更凝聚成對「生」的無限眷戀，是以當進一步化解此情，超越此情，免於淪為「惑溺」、「滅性」的失智之舉，〔註24〕而「情」的問題亦隨之深化而更形凸顯。

　　為了進一步體現魏晉人輾轉於「鍾情」與「忘情」的生命情境及其義涵，本文想以「鍾情──忘情」為理解的基本架構，此架構建立在「我──物」關係的觀察上，涉及他們如何忘情的方式。並從「周旋於情的生命層域」與「深契於情的人物品賞」兩個面向探入，此兩者之間雖是環環相扣，但為了有一較為清楚的論析脈絡，仍權分「士人心懷」與「人物品賞」來進行：

# 第一節　周旋於「鍾情」與「忘情」的士人心懷

　　從諸多鍾情事跡的記載可知，魏晉士人鍾情之對象，或人（包括愛己之情）或物或事，舉凡宇宙人生，無不涵攝，此可見其鍾情之廣度，而生死情境則為最能體現情感課題的面向，故試舉其奔喪弔亡之事以觀之：

> 王仲宣好驢鳴。既葬，文帝臨其喪，顧語同遊曰：「王好驢鳴，可各作一聲以送之。」赴客皆一作驢鳴。（〈傷逝〉）

> 顧彥先平生好琴，及喪，家人常以琴置靈床上。張季鷹往哭之，不勝其慟，遂徑上床，鼓琴，作數曲竟，撫琴曰：「顧彥先頗復賞此不？」因又大慟，遂不執孝子手而出。（〈傷逝〉）

不論君臣或知友，臨喪之際，以驢鳴、鼓琴來表達對亡者的眷戀，當是懷想知體對象「好驢鳴」、「好琴」之性情而來，不僅是一己哀情之宣洩而已，鳴作彈奏間有著對亡者深厚的尊重與體貼，專情於此，故能不以失禮或不雅為意，正是有通物（亡者）之美，遂能將此不離常情之悲，置於獨特的表露情感方式中而益顯其逸俗之情真。魏晉士人每好物成癖，不論是嵇康之於琴、王濟之於馬、阮孚之於屐、支遁之於鶴、王子猷之於竹……，〔註25〕所謂「人

　　　文為抒情傳統的自覺宣言，見〈抒情傳統的本體意識──從理論的「演出」解讀「蘭亭集序」〉，《抒情傳統的省思與探索》，頁41～62。

〔註24〕如《世說‧惑溺》2，云：「荀奉倩與婦至篤，冬月婦病熱，乃出中庭自取冷還，以身熨之，婦亡，奉倩後少時亦卒，以是獲譏於世」；〈德行〉20云：「王安豐遭艱，至性過人，裴令往弔之，曰：『若使一慟果能傷人，濬沖必不免滅性之譏』」。

〔註25〕嵇康之好琴，見《世說‧雅量》2。王子猷之好竹，見《世說》中〈任誕〉46及〈簡傲〉16。王濟之好馬，見〈術解〉4。

無癖不可與交，以其無深情也」，[註26] 可知好物成癖，乃為士人深情的表現，如王濟善解馬性，遂能體知馬不肯渡水乃是惜其障泥的心意，愛馬至此，故能洞察入神，被世人視為「術解」而傳為美談，[註27] 其對物能有深知，方可交感相契而生真正的疼惜。是以欲深察此意，亦當由其善體物情的角度來理解，「支公好鶴」一則尤道盡了魏晉士人好物之深進而輾轉周旋於「情」的心懷：

> 支公好鶴，住剡東岇山。有人遺其雙鶴，少時翅長欲飛。支意惜之，乃鎩其翮。鶴軒翥不復能飛，乃反顧翅，垂頭視之，如有懊喪意。
> 林曰：「既有凌霄之姿，何肯為人作耳目近玩？」養令翮成，置使飛去。（《世說‧言語》76）

觀支公先是因不捨之依戀故有鎩翮留鶴的執迷，後從觀物之姿，感通其不復能飛的懊喪及望遠凌霄之高志，進而隨順物情，成全鶴高舉遠飛的心願，而支公亦由此惜物──體物──成物的歷程中，從好鶴的深情之累解脫昇華至忘情逍遙的境界，唯能忘其我執之私情，以物觀物，深得物情，方可有推至忘情而後的鍾情。正如莊子觀魚之樂般，此非以己之樂遂附麗於魚樂，而是由觀魚游水從容之姿中，知享魚樂，由是而入渾然一體、物我兩忘的道境。支公亦當在鶴飛之際，染受此翩翩遨翔的自在生命，這是莊學浸潤下的生命情境，是以由「觀物」來理解，當比訴諸「推己及物」的角度更能貼近魏晉士人的心懷。[註28] 唯莊子觀魚之樂是「真人之境」的直接朗現，而「支公好鶴」則鋪寫出支公由鍾情之常轉趨忘情之境的歷程，莊子之理境的背後實得於一深厚修道工夫的證成，而「支公好鶴」則更偏於自然性情的發戀，其因惜愛而生癡念，又能體物進而與物俱同逍遙，初有常情之失而終能入至情之美，好鶴之情便在此轉進中見其不凡之深致，而這種深致之情卻又是那麼地輕靈自在，親切可解，故不僅讓人能產生感同身受的共鳴，潛移默化間更

---

[註26] 張岱云：「人無癖不可與交，以其無深情也，人無癖不可與交，以其無真氣也」（《瑯嬛文集》）。

[註27] 《世說‧術解》4「王武子善解馬性，嘗乘一馬，箸連錢障泥。前有水，終日不肯渡。王云：『此必是惜障泥。』使人解去，便徑渡。」

[註28] 宗白華視支公放鶴之舉為一種「推己及物」的表現，見〈論世說新語和晉人的美〉，《美從何處尋》，（臺北：元山書局，民國75年）頁195。筆者卻以為先秦儒家從不安提點仁心，「推己及物」、「將心比心」似較偏向內省的方式，而支公所行不在愧己摧落鶴羽之失的不安處發心，而是體物觀鶴而得，故若由道家觀物的角度入手，可能較為貼切。

散發出滌情淨心的力量。是以魏晉名士鍾情而能忘情，忘情而更顯其鍾情的生命型態，「支公好鶴」一則即是個很好的例證。

魏晉時局艱屯難測，生民又極其塗炭，士人面對當世徒有不能旋乾轉坤的無奈之感，故趨使人避開任重道遠、使命感極重的儒家，而轉向老莊，更企慕涵融道智、超逸忘俗的人生理境。但他們往往未契老莊智慧中主體層層續展的工夫深意，而轉向外物以為解憂忘情之援，故或愛玩奇物以託情、玄談以暢懷、飲酒以遣鬱、以文豁情、聆樂以忘憂，乃至寄暢山海也無不繫乎此世情的抒解：

> 支道林、許、謝盛德，共集王家。謝顧謂諸人：「今日可謂彥會，時既不可留，此集固難常。當共言詠，以寫其懷。」許便問主人有莊子不？正得漁父一篇。……（〈文學〉55）

> 王孝伯問王大：「阮籍何如司馬相如？」王大曰：「阮籍胸中壘塊，故須酒澆之。」（〈任誕〉51）

> （庾敱）見王室多難，終知嬰禍，乃著〈意賦〉以豁情，猶賈誼之〈鵩鳥〉也。〔註29〕

> （戴逵）往以艱毒交纏，聊寄之《釋疑》，以自抒散。〔註30〕

> 謝太傅語王右軍曰：「中年傷於哀樂，與親友別，輒作數日惡。」王曰：「年在桑榆，自然至此，正賴絲竹陶寫。恆恐兒輩覺，損欣樂之趣。」（〈言語〉62）

> （王羲之）遍遊東中諸郡，窮諸名山，泛滄海，歎曰：「我卒當以樂死。」（《晉書》，卷八十）

時光稍縱即逝，佳會勝致又豈能常有，論談莊子玄旨，亦只是託意厭心、疏通情懷，使彼此俱暢，在玄智的馳想下共享集體存在的欣悅；名士們醉心於飲酒，亦有其苦悶難遣的幽懷，遂藉酒來任達以忘累；所謂「一觴一詠，亦足以暢敘幽情」，〔註31〕著文寫書也常是藉以優游寄遇，使能縱心事外，抒散懼禍之嬰心；而桑榆之悲在益感生命的短暫與無常，更加深對親友的依戀之情，尤需聆樂寄懷來樂以忘憂；亦有浪莽名山滄海，縱情於自然懷抱之中，

---

〔註29〕見《晉書・庾敱傳》，頁1395。
〔註30〕見戴逵〈與遠法師書〉，同〔註16〕，頁2249。
〔註31〕王羲之〈蘭亭集序〉語。

遂生樂死無憾之歎。以上所引諸多材料,雖是個別具體之人物的記載,但魏晉士人寄情於玄談、飲酒、音樂、文學、自然等諸多面向的現象,也可由此略知其況。然而諸物之於人,亦不唯散鬱結、釋情懷而已,名士更於玄談中寫懷展才之際,達臻「蕭然自得」的化境,〔註32〕而飲酒之妙,亦在能使人形神相親、進入人人自遠的勝地,〔註33〕嵇康也是經由聆樂以體道而俯仰於藝術之和美,賞詩尤貴有「神超形越」的美感經驗,〔註34〕而面對山川秀景,「非唯使人情開滌,亦覺日月清朗」,〔註35〕不僅洗滌俗情,且更能覺察發現自然的美,人心與自然遂在相映共濟下互顯出自性的純粹。可見他們任情奔逸又能以物暢情,深體物性進而援物以契道境,其「我——物」之關係正如同嵇康〈聲〉文所揭示的「情——聲」關係般,遂能真正發顯心繫所鍾之物,故不論是玄談、文學、藝術,乃至人與自然,甚而如酒之真趣、藥的妙賞、生活的雅致與興會……舉凡其專注把玩、沉潛深會的對象,皆綻放出前所未有的存在魅力,而士人之深情也在諸「物」的映襯提引下,輾轉迴旋於「鍾情」與「忘情」之間,遂能交織出幽隱耐尋而動人心弦的生命情境。

　　魏晉士人這種周旋於「鍾情」與「忘情」的「我——物」關係,實值得我們深深致意,魏晉人有別於漢儒從名教倫常的「禮」序中建立並開展「我——物」之關係,而每訴諸「情」作爲環扣二者的方式,加以處道家思想盛行之際,所謂「道同自然」、「萬物以自然爲性」,〔註36〕「道」與「自然」即是萬物存在的根源與法則,亦爲時人普遍追求的人生理境,唯其非如老莊般藉由「損之又損」的遣忘工夫來識道體道,卻在一分「深情」的牽引下,經由鍾愛之「物」的援進,於「我——物」興會交契之際,共會道境之妙,並於「道」的照明下,對「物」形成一自體性的觀照,主體之「我」也在渾然忘我之際體現了忘情的理境。再者,莊子所展開的體道進路亦爲藝術精神主體

---

〔註32〕《世說・文學》55 記載謝安玄談至「意氣擬託,蕭然自得,四坐莫不厭心」之情境。

〔註33〕見《世說・任誕》52「王佛大歎言:『三日不飲酒,覺形神不復相親』」;同篇35「王光祿:『酒,正使人人自遠』」;同篇 48「王衛軍云:『酒正自引人箸勝地。』」

〔註34〕《世說・文學》76,阮孚稱郭璞玄言詩「泓崢蕭瑟,實不可言。每讀此文,輒覺神超形越。」

〔註35〕「王司州至吳興印渚中看。歎曰:『非唯使人情開滌,亦覺日月清朗。』」見〈言語〉81。

〔註36〕見王弼《論語釋疑》及《老子注》語。

的揭示，〔註37〕但其意在以深貫之工夫直探人的生命根源，以成就理想人格的主體生命，故並非措意於藝術客體的具體實現；而魏晉人則於主客相濟下契會藝術之道境，並寄情以展才，遂能有一具體之藝術表現。經此察照，莊學與魏晉文化之關係及異同，或可尋得一比較與理解的線索；而魏晉人於玄思、文學、藝術、美學等各領域的成就，除了「自盡其才」外，亦可於「美在深情」的生命特質中得其關涉。

## 第二節　交織著「鍾情」與「忘情」的人物品賞

觀魏晉史料，記載尤多年幼喪親而哀毀過禮的事跡，並有藉之彰顯此人至性過人、資稟早慧超群的意味，〔註38〕幼童之凤智，也正是以深細如成人的情態爲其徵兆與端緒，使人如見門第之將興，而爲時譽所推賞。故喪父之長和，以宛若成人之哀容舉止而爲羊祜所深祈寄重；〔註39〕五歲之桓玄，見亡父之故吏便嗚咽不已，使桓車騎識察其桓門後繼有人，〔註40〕可見觀其「情」以察其「智」亦爲當時識人的基準。此外，《世說・德行》羅列諸多如王子敬病篤「唯憶與郗家離婚」、〔註41〕簡文不能忘懷被害之鼠，也不願復以鼠損人〔註42〕……

〔註37〕 徐復觀認爲莊子「由工夫所達到的人生境界，本無心於藝術，卻不期然而然地會歸於今日之所謂藝術精神上」，見〈中國藝術精神主體之呈現 —— 莊子的再發現〉，《中國藝術精神》，頁50。

〔註38〕 此類現象於《晉書》記載尤多，如《晉書・王接傳》云：「幼喪父，哀毀過禮，鄉黨皆歎曰：『王氏有子哉！』」，頁1434，他如范汪（頁1982）、韋忠（頁2310）、喬智明（頁2337）、吳隱之（頁2341）、范隆（頁2352）、傅宣（頁1333）、何琦（頁2292）、顧和（頁2163）、桑虞（頁2290～2291）、劉殷（頁2287）……等。

〔註39〕 「羊長和父繇，與太傅祜同堂相善，仕至車騎掾。蚤卒。長和兄弟五人，幼孤。祜來哭，見長和哀容舉止，宛若成人，乃歎曰：『從兄不亡矣！』」見〈賞譽〉11。

〔註40〕 「桓宣武薨，桓南郡年五歲，服始除，桓車騎與送故文武別，因指與南郡：『此皆汝家故吏佐。』玄應聲慟哭，酸感傍人。車騎每自目己坐曰：『靈寶成人，當以此坐還之。』」〈凤惠〉7。《世說・任誕》50劉注引〈晉安帝紀〉曰：「玄哀樂過人，每歡戚之發，未嘗不至鳴咽。」

〔註41〕 「王子敬病篤，道家上章應首過，問子敬『由來有何異同得失？』子敬云：『不覺有餘事，惟憶與郗家離婚。』」見《世說・德行》39。

〔註42〕 「晉簡文爲撫軍時，所坐床上塵不聽拂，見鼠行跡，視以爲佳。有參軍見鼠白日行，以手板批殺之，撫軍意色不說，門下起彈。教曰：『鼠被害，尚不能忘懷，今復以鼠損人，無乃不可乎？』」見《世說・德行》37。

等由其「情」以顯其「德」的人物事蹟，而末篇載二吳遭母艱，哀絕過人，韓康伯母每聞其哭，輒爲悽惻，告知康伯「汝若爲選官，當好料理此人」，康伯後果舉之；〔註43〕至於謝朗母不忍其兒講論太過而傷身，流涕抱兒以歸，謝公卻以「家嫂辭情慷慨，致可傳述，但恨不使朝士見」稱之，〔註44〕是以不論舉才或揚親，也無不與「情」有關涉之處，魏晉品鑒人物尚情之時風可見一斑。唯不僅鍾情之人見賞於時流，若能通達忘情，也傳爲美談：

> 孔融被收，中外惶怖。時融兒大者九歲，小者八歲；二兒故琢釘戲，了無遽容。融謂使者曰：「冀罪止於身。二兒可得全不？」兒徐進曰：「大人豈見覆巢之下，復有完卵乎？」尋亦收至。（〈言語〉5）

臨父被執之際，二兒「了無遽容」，遊戲依舊，並從容答使者以覆巢之下豈有完卵之語，此看似不合常情的言行，劉注便責之以「傷理」；〔註45〕但筆者以爲此則事跡所以仍爲人傳寫見賞，當在驚異此二童慧達有過於成人，臨危而能以理化憂遂有忘情之舉，故不免令人稱奇歎美。如七歲之顧敷以「忘情」解說佛圓寂之像而傳爲佳話，亦可顯士人深契「忘情」的時尚：

> 張玄之、顧敷，是顧和中外孫，皆少而聰惠。和並知之，而常謂顧勝，親重偏至，張頗不厭。于時張年九歲，顧年七歲，和與俱至寺中。見佛般泥洹像，弟子有泣者，有不泣者，和以問二孫。玄謂「被親故泣，不被親故不泣」。敷曰：「不然，當由忘情故不泣，不能忘情故泣。」（〈言語〉51）

此則張玄之從被親與否的分判來應答，何嘗不是其未得「親重偏至」之不平心理的投影，故解來雖合乎常情，卻未能如顧敷以忘情分判，更貼切於所解

---

〔註43〕「吳道助、附子兄弟，居在丹陽郡。後遭母童夫人艱，朝夕哭臨。及思至，賓客弔省，號踊哀絕，路人爲之落淚。韓康伯時爲丹陽尹，母殷在郡，每聞二吳之哭，輒爲悽惻。語康伯曰：『汝若爲選官，當好料理此人。』康伯亦甚相知。韓後果爲吏部尚書。大吳不免哀制，小吳遂大貴達。」見《世說·德行》47。

〔註44〕「林道人詣謝公，東陽時始總角，新病起，體未堪勞。與林公講論，遂至相苦。母王夫人在壁後聽之，再遣信令還，而太傅留之。王夫人因自出云：『新婦少遭家難，一生所寄，唯在此兒。』因流涕抱兒以歸。謝公語同坐曰：『家嫂辭情慷慨，致可傳述，恨不使朝士見！』」見《世說·文學》39。

〔註45〕《世說·言語》5劉注引裴松之言「八歲小兒，能懸了禍患，聰明特達，卓然既遠；則其憂樂之情，固亦有過成人矣。安有見父被執，而無變容……蓋由好奇情多，而不知言之傷理也」，雖是針對《魏氏春秋》所記而言，但也可看出對此則記載的不滿。

對象的身分，相較於張玄之的不減俗情，益顯其別有道境的深會，故契知忘情亦為悟性超群、夙惠美智的表徵。因此可知魏晉觀人之時尚，能知察鍾情之異稟，亦能體識於忘情的超然，而此正相映於士人周旋於「鍾情」與「忘情」的生命型態。

魏晉之人物品賞所以洋溢著迴盪人心的動力，而屢為後人所稱道不已，也關涉著品賞者（主體）與被賞者（對象）之間，那種交織著「鍾情」與「忘情」的相契情境：

> 羊公還洛，郭奕為野王令。羊至界，遣人要之。郭便自往。既見，歎曰：「羊叔子何必減郭太業！」復往羊許，少悉還，又歎曰：「羊叔子去人遠矣！」羊既去，郭送之彌日，一舉數百里，遂以出境免官。復歎曰：「羊叔子何必減顏子！」（〈賞譽〉9）

> 許掾嘗詣簡文，爾夜風恬月朗，乃共曲室中語。襟懷之詠，偏是許之所常。辭寄清婉，有逾平日。簡文雖契素，此遇尤相咨嗟。不覺造膝，共叉手語，達于將旦。既而曰：「玄度才情，故未易多有許。」（〈賞譽〉144）

> 袁虎少貧，嘗為人傭載運租。謝鎮西經船行，其夜清風朗月，聞江渚間估客船上有詠詩聲，甚有情致。所誦五言，又其所未嘗聞，歎美不能已。即遣委曲訊問，乃是袁自詠其所作詠史詩。因此相要，大相賞得。（〈文學〉88）

根據史傳所載，郭奕乃少所推先，頗為自重之人，[註46] 但從其遇賞羊公「何必減郭太業」──「去人遠矣」──「何必減顏子」三歎可知，隨著漸契羊公才德之深美，使他更虛己而生由衷的歎服，三見送祜，竟不覺間一舉數百里，送之彌日，早已忘懷出境當免官的現實律令了，唯有鍾情至此忘情的境地，方可釋其無以言喻的欽賞之情，遂成洋溢款款情意的賞譽美談；而簡文之於許詢、謝尚之於袁宏的契賞，皆有「風恬月朗」、「清風朗月」之美好情境的助緣，再加上談玄與詠詩的興會，故前者能入神忘疲至不覺時已將旦，後者則能渾忘貴賤而以藝交契於心，品賞者鍾情於美才如是，以至此忘情之境。是以魏晉人物品賞之美，亦美在此情之深摯，專情至此，而頓然無世情之想，隨順對象之感攝潤澤而渾然無我，以至超越了時間與身分的限制。可

---

〔註46〕可參見《晉書‧郭奕傳》卷45，〈阮咸傳〉亦云：「太原郭奕高爽有識量，知名於時，少所推先」卷49。

見鑑識之事雖多，往往是能「鍾情」而達臻「忘情」者，方可真得賞譽的神髓與深致。

若進一步從「我──物」之關係來檢視，可知魏晉人一則重視個體之獨特，故每高自標持，唯我任獨，然臨「物」之真美，卻又能隨時忘己之矜，隨「物」宛轉流連。如王羲之向來一往雋氣，風流自賞，本輕支公，然於支公論〈逍遙遊〉「標揭新理，才藻驚絕」之際，王遂披襟解帶，流連不能已。〔註47〕是以名士每能於「我──物」交會之際化我之私而任物奔逸，故能一往情深於求真探美的領域，魏晉人強調個人之風格與特質，又能知賞他人之妙，展現出對真與美不能自已的情懷，由之而形成風流之美，「忘情」自是不可或缺的理解之鑰。

此外，人物品賞既為一種「美」的鑑識，故特重風貌的欣賞與傳寫，而甚少涉及人物之行為動機與內在質性的探求，因此《世說》記載人物言行與事跡，也每每是片斷局部的，捕捉人物美的風采，點化瞬間情境成為令人詠嘆的永恆篇章，故其鑑賞的意義往往是重於評價的，試舉《世說》中王導的事跡以觀：

> 有往來者，云庾公有東下意。或謂王公：「可潛稍嚴，以備不虞。」王公曰：「我與元規雖俱王臣，本懷布衣之好，若其欲來，吾角巾徑還烏衣。何所稍嚴？」（〈雅量〉13）

> 庾公權重，足傾王公。庾在石頭，王在冶城坐。大風揚塵，王以扇拂塵曰：「元規塵污人！」（〈輕詆〉4）

兩則同寫王導與庾亮政治勢力緊張對峙之際，前者依王導「角巾徑還烏衣」一語展現何等的灑脫與從容，遂入〈雅量〉之林；後者記適逢風塵揚起，王導語出「元規塵污人」，故以輕詆視之。兩者俱為王語，鋪寫相同背景下的不同情境，但一寫其風雅，一顯其詆語，若援彼以判此，首條未嘗不是一種權力爭奪時以退為進的手腕、政治周旋的假態，〔註48〕然人之心懷情態每變化難測，也難說王導語出之際，無真懷棄官返鄉之想？筆者以為此則所以足為佳話美談，而留予後人玩味不盡的興味，即在王導風聞政治對手──庾亮有

---

〔註47〕《世說・文學》36 載有此事，余嘉錫箋疏此條轉引《高僧傳》云：「……遁乃作數千字，標揭新理，才藻驚絕。王遂披襟解帶，留連不能已。」

〔註48〕如廖師蔚卿便將王導之雅量視為政治周旋的詐偽，見〈論魏晉名士的雅量〉，《臺大中文學報》第二期，（民國77年11月），頁46～47。

舉兵東下之意時，卻能出此寬緩明哲之語，時人賞其既可熱衷於政權，追求功名而叱吒風雲一時，也能夠有隨時抽身世局、隱退家園的逸想，何其瀟灑自在！也就是透過王導之語，展現出一種「鍾情」於政治又能「忘情」於政治的魅力，而人即在順隨自己的「鍾情」與「忘情」之間，釋放出無限的自由與適意。謝安優遊山林而風浪不驚的從容，〔註49〕王子猷「乘興而行，興盡而返」的意趣……〔註50〕《世說》中諸多一往情深而又能自得無累的傳寫，何嘗不能由此解讀領會呢？

## 第三節　餘　論

本文所以綰合「鍾情」與「忘情」來理解尚情之士風，實是有感於近人每從「寧作我」的路數指稱魏晉為一個人主義的時代，強調其具有超脫兩漢名教束縛之情感解放的意義，〔註51〕置於群己關係的歷史發展脈絡來看，此自是不容置疑的事實，但若僅言及此，則不易契入魏晉士人更為深刻的生命情懷與人格特質，故援引「忘情」之義蘊來體現其「鍾情」之深致，以豁顯魏晉士人的情感所以幽隱耐尋的妙處。本文從「我——物」關係來進行觀察，正是要指出魏晉深情之美，往往不僅是個人情感自然的流露與宣洩而已，尤在能善體物情，於任彼之情中而渾然忘我之私，由之而物我兩忘，共契道境之自然與逍遙；反而不在自我意識的高漲與唯我之情的面向。

再者，筆者認為魏晉人偏向從「境界」的層面來理解「忘情」，故與其稱此為「工夫」，倒不如視為資稟與性情的展現，方更貼近魏晉人長於智悟而弱於修道踐仁的的生命趨向。是以對於「忘情」之生命理境，他們或以此為聖人之事來解慰自己的任情之舉，或視為深智達識的表徵，也每因觀物、體物之深會，而寄其鍾情，並由此契入轉進「忘情」的境界，實有別於先秦儒、

---

〔註49〕見《世說·雅量》28。

〔註50〕見《世說·任誕》47。

〔註51〕「我與我周旋久，寧作我」一語，見《世說·品藻》35。近人每以個人主義及情感解放的角度來指稱魏晉士風的特質：如余英時云：「名教危機下的魏晉士風是最近於個人主義的一種類型」，〈名教危機與魏晉士風的演變〉《中國知識階層史論·古代篇》，頁370；賴麗蓉更進一步指出：「晉人發現自己可以深情……敢於理直氣壯、毫不保留的流露真情，應是魏晉風流的最大特色」《魏晉人物品鑒研究——創造性審美活動的完成》，師大民國85年博士論文，頁170。

道向主體生命的內層擴充滋養的修養方式，〔註52〕然正由於「我——物」之
興會交契，故舉凡品賞人物、玄談、文學、藝術、自然、酒、藥，乃至所癖
諸物，皆能有一自體性的發現與觀照，並於寄情展才下，使上列各個領域皆
綻放出前所未有的殊趣與地位，魏晉士風便在「我——物」交映共濟中展現
出無比美燦的光輝，所謂「魏晉風流」，亦可由此尋索體會。可見，透過「鍾
情與忘情」，不僅能發顯魏晉「人」的特質，其在「文化」上的表現，也能尋
索到一察照的重要線索。

綜而觀之，若能綜合「鍾情」與「忘情」探入，當可免以偏概全的偏失，
使魏晉尚情之面向有更整體性的掌握，並得以契入魏晉士人周旋交錯、細膩
幽隱的心懷與情識，較之於平面性地從鍾情對象來進行歸納分類的方式，自
可顯深度上的優勢；〔註53〕此外，也有學者援用卡西勒有關於「瞬間現在」
的時間意識來作進一步的解讀探索，在詮釋方法上實有其深遠的拓展，也有
細密解說的效用，的確有助於人類情感深度的思考。〔註54〕但筆者以爲若能
從孕育於魏晉文化母土的「鍾情與忘情」立論，並結合滋養此「鍾情與忘情」
的思想背景因素——莊學之浸潤與改造——以作爲考察之支援，也許有回歸
自身來彰顯其殊趣而產生更爲直接的詮釋意義。

在討論的形式上，本文權分「士人心懷」與「人物品賞」兩路進行，實
則兩者之間相互關涉參錯，而可並顯士風的內涵。所以如此分殊，除了欲將
此論題的詮釋更加脈絡化之外，也是有感於士人心懷雖可直探其深，然若欲

---

〔註52〕徐復觀曾對「工夫」之意義作過解釋：「以自身爲對象，尤其是以自身内在的
精神爲對象，爲了達到某種目的——在人性論，則是爲了達到潛伏著的生命
根源、道德根源的呈現——而將内在的精神以處理、操運的，這才可謂之工
夫。人性論的工夫，可以說是人首先對自己生理作用加以批評、澄汰、擺脱；
因而向生命的内層迫進，以發現、把握、擴充自己的生命根源、道德根源……」
《中國人性論史》（臺北：商務印書館，民國 76 年），頁 460。

〔註53〕如陳順智將魏晉之尚情分爲家庭人倫關係、社會生活領域、山水自然三個面
向而言之，見《魏晉玄學與六朝美學》，頁 226～228；亦有分爲男女之情、兄
弟之情、朋友之情、家鄉故國之情、自然之情……等者，此種過於平面性的
歸納模式，縱或有增補材料及進一步細分的意義，但如此進路不易有深層的
論析。

〔註54〕如鄭毓瑜援用卡西勒對「時間意識」的觀察，建構出「推移中的瞬間」之理
解模式，使對抒情主體之存在情境的討論更爲細膩精緻，見〈推移中的瞬間—
—六朝士人於「歡逝」、「思舊」中的「現在」體驗〉，《六朝情境美學綜論》，
（臺北：學生書局，民國 85 年），頁 61～119。

將人物之特質予以評價定位，在已片斷零散的材料中，有時更有眞僞難判的問題，但若訴諸「人物品賞」的視角，則有較爲普遍性的理解效應，而且似能更接近魏晉士人長於美的鑑賞而少措意於認知評價的特質。並且可以發現，諸多品賞之美談佳話，乃至爲人傳寫稱美的名士言行與事跡，若能從「鍾情與忘情」的角度重新咀嚼體味，釋下對人物心懷的揣摩與推敲，直入品賞之欣趣，往往更能得其雋永與深意。經此推究闡明，對本題述作之宗旨，理應更能瞭然理解，爲了進一步體現和落實筆者建構「鍾情與忘情」的詮釋效應，最後擬舉「阮孚好屐」一則來加以解讀證成之，以作爲本文理解架構的眞實演出：

> 祖士少好財，阮遙集好屐，並恆自經，同是一累，而未判其得失。人有詣祖，見料視財。客至，屛當未盡，餘兩小簏著背後，傾身障之，意未能平。或有詣阮，見自吹火蠟屐，因歎曰：「未知一生當箸幾量屐？」神色閑暢。於是勝負始分。（〈雅量〉15）

祖約與阮孚各有所好，愛物成癖，自是有累於心，起先所以未判其得失，當在時人認同人人皆可有其偏材之質性，由之而有不同之性好，也是自然稟受所致，故並不以他們所好之物來論斷高下。〔註55〕但在往觀二者癖物的眞實情態後，發現祖約扭泥作態，極不自然，而阮孚卻能自得其樂，不以他人爲意，在其坦然閑暢的神色中展現一種自然眞率的性情；並且能玩物有得，在對屐癡迷鍾情之際，油然心生「未知一生當箸幾量屐？」的深歎，此深歎似有著眷戀的憾意，也閃爍著契悟人生短暫的通達，何須累心於屐？而此「我——物」興會交契之際，遂生理的智悟，藉此悟達，人得以暫釋心累而有忘情之適，雖僅是靈光一瞬、慧心乍現，並非如莊子般經由層層內證工夫實踐而得逍遙忘情的至境，但魏晉士人卻在「鍾情」與「忘情」周旋輾轉間，頓契此理境，而且益顯其情之眞率與癡深。

　　「於是勝負始分」，時人由祖約與阮孚處理事物的基本態度來定其高下，一尙存矯作之情，一則顯任情之眞，可見情之眞矯，亦爲時人品賞人物的重要基準，故本文將進一步從「眞情與矯情」的角度來加以探詢。

〔註55〕如余嘉錫先生對此則之案語：「好財之爲鄙俗，三尺童子知之。即好屐亦屬嗜好之倫，何足令人介意，本可置之不談。而晉人以此品量人物，甚至不能判其得失，無識甚矣」；乃至箋疏所引之前人評述，無不充斥著「一生幾量屐，婦人所知」之類的批判，雖自有其立場，但不免有失客觀，也在鄙陋無識的責難中，未能知賞其興味之所在。

# 第二章　眞情與矯情

　　相對於阮孚「神色閑暢」的眞率，祖約「傾身障之，意未能平」，何其矯作而不自在，時人依此定二者高下，恐非以所癖對象──「屐」、「財」有雅俗之別而判之，端在眞情與矯情使然。而此眞矯之判，也是透過「神色」、「意氣」外顯的風貌來徵鑒的，這正是魏晉時品鑒觀人的特色，劉邵《人物志》以「神、精、筋、骨、氣、色、儀、容、言」之「九徵」作爲觀人徵驗之所在，〔註1〕即是由外貌而察知才性，此乃魏晉以來頗爲流行之人倫品鑒的依據。而前引之鍾情事跡與言行，其情深亦皆是至性眞情的發露，但如何展現其深情，卻往往是因人而異的。如顧雍知聞子喪，於眾人中仍「神色不變」，矜之以禮，但「以爪掐掌，血流沾襟」即知此哀情之深，又強忍其內心之悲痛，獨處內省繼而以理化情，遂展現出「豁情散哀，顏色自若」的從容；〔註2〕阮籍母終，卻「與人圍棋」、「留與決賭」，且飲酒食肉，有背常禮，雖出此怪態，然臨訣歔窮，吐血數升，亦可見其悲哀之深。〔註3〕兩者同臨人生之大痛，探其「內心」則皆有深哀，但觀其「外跡」卻是大相逕庭。可見欲由形色的發顯以知察其心、睹見其眞，辨知於心跡之眞矯，往往也是深微而難判的。

　　「眞矯之辨」雖非易事，時人仍是探「眞」不已的，故「風儀偉長」的庾亮，每令人疑其乃僞飾而來，溫嶠竟探測其數歲大兒，由其「神色恬然」的從

---

〔註1〕　見劉邵《人物志》九徵第一。

〔註2〕　「豫章太守顧劭，是雍之子；劭在郡卒。雍盛集僚屬自圍棋，外啓信至，而無兒書，雖神色不變，而心了其故；以爪掐掌，血流沾襟。賓客既散，方歎曰：『已無延陵之高，豈可有喪明之責？』於是豁情散哀，顏色自若」，見《世說・雅量》1。

〔註3〕　見《晉書・阮籍傳》卷四十九。

容，論者才推知「不輕舉止」的庾亮，亦爲眞性本質使然。〔註4〕再如羊固宴客，竟日皆美供，可謂周到之至；而羊曼則不問貴賤，任隨早晚而有豐薄之別，其禮雖不備，時論卻覺得羊曼的眞率高於羊固的豐華。〔註5〕故「東床坦腹」的王羲之，遂能於王家諸郎的矜持中脫穎出眾而被郗鑒選爲女婿，〔註6〕此無不是以「眞」爲貴的風尚使然。本章以「眞情與矯情」爲題，也是側重在探此「貴眞」時尚的思潮與特色，並期能進一步尋其發展的軌跡以理解箇中的承轉變化。

魏晉「貴眞」之時尚，可否有其思想之淵源及推演成風的因由呢？似可由道家思想中得其理解的線索，觀《莊子·漁父》有云：

> 孔子愀然曰：「請問何謂眞？」客曰：「眞者，精誠之至也。不精不誠，不能動人。故強哭者雖悲不哀，強怒者雖嚴不威，強親者雖笑不和。眞悲無聲而哀，眞怒未發而威，眞親未笑而和，眞在內者，神動於外，是所以貴眞也。其用於人理也……飲酒則歡樂，處喪則悲哀……處喪以哀，無問其禮矣，禮者，世俗之所爲也；眞者，所以受於天也。自然不可易也。故聖人法天貴眞，不拘於俗。

莊學以爲所謂的「眞」，乃是受之於天而自然不可改易的，勉強造作者雖有形貌之似，然唯「至眞」方可動人以神，故法天貴眞者，順隨其情而不爲禮限，純任所受而不拘於俗，在此可以看出道家以眞俗來分判情禮，「禮」乃施之於外而「情」卻是發之於內的；而魏晉時人品觀人物所以特重其「眞」，自與莊學「貴眞」的思想不無關涉。所謂「眞在內者，神動於外」，善鑒者尤當由外而內，不拘常俗而洞察此神以探求其內心之實。因爲既重稟受於天的自然之眞，人爲世俗之禮便無須措意，故道家向來視「禮」爲「道」、「德」墮落後的人爲產物，每足以匡形攖心而爲人復返本然自性的桎梏，因此尤須加以擯退遺忘之，以回復素樸無爲的生命，〔註7〕可見魏晉貴眞之思想亦當是深受道

---

〔註4〕 「庾太尉風儀偉長，不輕舉止，時人皆以爲假。亮有大兒數歲，雅重之質，便自如此，人知是天性。溫太眞嘗隱慢怛之，此兒神色恬然，乃徐跪曰：『君侯何以爲此？』論者謂不減亮。蘇峻時遇害。或云：『見阿恭，知元規非假。』」見《世說·雅量》17。

〔註5〕 「過江初，拜官，輿飾供饌。羊曼拜丹陽尹，客來早者，並得佳設，日晏漸罄，不復及精，隨客早晚，不問貴賤。羊固拜臨海，竟日皆美供；雖晚至者，亦獲盛饌。時論以固之豐華，不如曼之眞率。」見《世說·雅量》20。

〔註6〕 見《世說·雅量》19。

〔註7〕 老莊對「禮」始終持質疑批判反省檢討的態度，並認爲其有礙自然之生命，

家思想的浸潤而來。

從尋索道家「貴眞」的思想可知，此「眞」即是由不拘俗禮並歸返眞情而來，是以「貴眞」之風尙於情禮對峙中最可豁顯而出，如《世說・德行》17 有載：

> 王戎、和嶠同時遭大喪，俱以孝稱。王雞骨支床，和哭泣備禮。武帝謂劉仲雄曰：「卿數省王和不？聞和哀苦過禮，使人憂之！」仲雄曰：「和嶠雖備禮，神氣不損；王戎雖不備禮，而哀毀骨立。臣以和嶠生孝，王戎死孝；陛下不應憂嶠，而應憂戎。」

此則並列俱以孝稱的王、和二臣，同臨大喪而王戎盡哀死之情、和嶠盡生人之禮，經由劉臣的揭示，備禮之和嶠反不若情眞的王戎爲時所重，〔註8〕時論重「情」甚於「禮」並能以「眞」爲貴的風尙由此可見一斑。

然而考察王戎「雞骨支床」哀毀之情狀，實有別於道家反樸貴眞的生命，其間自當有歷史發展與思潮演變之因可尋。蓋自漢代以來，儒學獨尊，並形成德目規範而施之於政教風俗，然行之既久，遂逐漸僵化失實；時至魏晉之際，兩漢之禮教不僅流弊已深，甚至已成爲當權者政治鬥爭的工具，〔註9〕加以漢末以來個體意識的省覺，情禮的對峙衝突尤劇，〔註 10〕迎合名教者往往矯僞喪眞，而高志有識之士，除於老莊尙樸歸眞的思想中重尋內在的價值根源外，亦承漢末清流之風，不屑不潔以分判清濁，疾矯以任眞，或訴諸狂態異行，激矯以揚眞。嵇康「越名教而任自然」、「非湯武而薄周孔」即是承此反抗精神而來，以爲名教乃外在之規範，使人有所矜持崇尙，而不能表現人自性之眞美，故力陳禮教之虛僞，以返自然之本眞；阮籍更橫決禮法，直斥

---

須加以擯退遺忘之，如《老子》「失道而後德，失德而後仁，失仁而後義，失義而後禮。夫禮者，忠信之薄，而亂之首」（38章）；《莊子》「及至聖人，屈折禮樂以匡天下之形，縣跂仁義以慰天下之心，而民乃始踶跂好知，爭歸於利，不可止也」、「道德不廢，安取仁義？性情不離，安用禮樂？」（〈馬蹄〉）、乃至〈大宗師〉所謂忘禮樂忘仁義以至坐忘」。

〔註 8〕 《世說・德行》17，劉注引《晉陽秋》曰：「世祖及時談，以此貴戎也。」

〔註 9〕 司馬氏藉以「孝」治天下之名，動輒以「不孝」罪名濫殺無辜，「名教」反成其誅殺異己、政治鬥爭的工具。

〔註 10〕漢末隱誕狂徒——戴良於居喪間飲酒食肉而言：「禮所以制情佚也，情苟不佚，何禮之論！」（詳見《後漢書》卷一百十三），可謂漢末士人情禮衝突的先聲，余英時曾以「君臣關係的危機」及「家庭倫理的危機」來探討漢末以來情禮衝突的士風演變，詳見〈名教危機與魏晉士風的演變〉，《中國知識階層史論》。

域中之君子如群蝨處褌中，〔註11〕傲然企求莊子獨與天地精神相往來的境界，並以任誕狂舉來激矯揚眞。可見嵇、阮一則深契道家貴眞之精神，一則承漢末清流之遺風，進而展現出脫俗以貴眞的生命情調，故本章將依此二人並承道家貴眞思想的背景而展開。透過這兩位影響魏晉士風深遠的典型人物，以其理論與生命的眞實演出作爲理解之基礎，進而再探入兩晉士人「逐跡仿眞」（矯情）與「任情忘禮」（眞情）的心態，期能對魏晉貴眞之時尚與士風有一歷程性的觀照。

傳統探此面向，每以「情禮」爲考察基點，本文以「眞矯」立論，除了顧及「情」目的考量之外，也在期能以「疾矯任眞」與「激矯揚眞」分殊嵇、阮，如此亦當有補於僅以「揚情抗禮」統觀嵇、阮的方式。然不論探源或察流，訴諸「情禮」的角度仍是十分適切的進路，故對於嵇、阮之後兩晉士風重探的課題，本文仍結合「眞矯」與「情禮」以探之。

## 第一節　嵇康疾「矯」以任「眞」的思想與人格論析

嵇康以其哲人之思致，在《釋私論》中提出「顯情與匿情」之分，進而以「顯情無措」爲賢人君子的人格特質，疾匿矯之小人，而大異於傳統對君子與小人的分殊，在魏晉尚眞的思潮中，實可謂汰舊展新的先聲，尤扮演著理論之高度演出的角色，故的確有細論其意的必要。其〈釋私論〉有云：

> 夫稱君子者，心無措乎是非，而行不違乎道者也，何以言之？夫氣靜神虛者心不存於矜尚；體亮心達者，情不繫於所欲，矜尚不存乎心，故能越名教而任自然，情不繫於所欲，故能審貴賤而通物情，物情順通，故大道無違，越名任心，故是非不無措也。是故言君子，則以無措爲主，以通物爲美。言小人，則以匿情爲非，以違道爲闕。
> 何者？匿情矜吝，小人之至惡。虛心無措，君子之篤行也。〔註12〕

此論首揭君子與小人之辨，以爲衡之其心，所謂君子當以「無措」爲主，而小人則以「匿情」爲非；訴諸其行，則視違道與否來加以定奪。而此「道」即是「自然」，君子要在能「越名任心」而是非無措，小人則反是。可見雖然

---

〔註11〕見阮籍〈大人先生傳〉《阮籍集校注》，陳伯君校注，（北京：中華書局，1985年）頁166。

〔註12〕本文所引〈釋私論〉資料，取自戴明揚《嵇康集校注》，頁233～243。並參斟牟宗三《才性與玄理》中對〈釋〉文的校案，頁337～345。

名爲儒目之分，但卻是以道家思想爲旨趣之依歸，此自大不同於從名教立義而以善惡爲分判的君子小人之辨。唯此君子與小人之分，只是此論的發端以爲立論之本，名爲「釋私」可知，亦當解「私」爲何意，故有「公私之辨」：

> 故論公私者，雖云志道存善，心無凶邪，無所懷而不匿者，不可謂無
> 私。雖欲之伐善，情之違道，無所抱而不顯者，不可謂不公。今執必
> 公之理，以繩不公之情，使夫雖爲善者，不離於有私；雖欲伐善，不
> 陷於不公，重其名而貴其心，則是非之情，不得不顯矣。是非必顯，
> 有善者無匿情之不是，有非者不加不公之大非，無不是則善莫不得，
> 無大非則莫過其非，乃所以救其非也。非徒盡善，亦所以屬不善也。

嵇康一反常論從群體與個人之別來定公私，而以顯情與匿情分判之。其分辨公私要在使善而不匿，非而自顯，如此則不僅可以盡善，也可以屬不善，而無矯善大非之病。可見「顯情」是一切的基礎，唯能顯而不匿，方可化私爲公，充分發揮盡善救非的效用，嵇康如此分判公私，實有破俗見而自立新說的用意，故云「世之所措者，乃非所措也；俗之所私者，乃非所私也」、〔註13〕「然事亦有似非而非非，類是而非是者，不可不察也」，〔註14〕仍是其一貫「師心獨見」的展現。〔註15〕而所以力陳匿情之失，也肇端於嵇康對於世情匿矯之風的深刻觀察：

> 不求所以不匿之理，而求所以爲措之道；故明於措，而闇於不措，是
> 以不措爲拙，以致措爲工。惟患匿之不密，故有矜忤之容，以觀常人，
> 矯飾之言，以要俗譽。謂永年良規，莫盛於茲；終日馳思，莫闚其外；
> 故能成其私之體，而喪其自然之質也……不知冒陰之可以無景，而患
> 景之不匿，不知無措之可以無患，而患措之不巧，豈不哀哉！

人心習於矯飾矜匿，甚至演爲以善措爲工、不措爲拙的判準，而且竟成世俗間恆常持守的價值依歸，如此使人陷溺於私心而喪其自然之本眞，這正是導致人競智逐欲的主因，是以欲回歸自然，彰顯自己的眞情成了十分必要的條件，而且更是「成敗之途、吉凶之門」，嵇氏云：

> 故善之與不善，物之至者也。若處二物之間，所往者必以公成而私
> 敗。同用一器，而有成有敗。夫公私者，成敗之途，而吉凶之門也。

---

〔註13〕同前註，頁237。
〔註14〕同前註，頁238。
〔註15〕劉勰《文心雕龍·才略》云：「嵇康師心以遣論」。

故物至而不移者寡,不至而在用者眾……。

正因處於至善至惡之兩極者甚少,中人之質往往是時善時不善的,故若能顯情以公,便可盡善救非,而得吉有成;如匿情以私,則於矯揉造作、虛僞掩飾中迷惑日深,最後必敗而致凶。可見「顯情」雖未至君子至人「無措」的理境,卻是常人得吉而有成的關鍵,嵇康並曾以第五倫的故事爲例來加以說明:

> 或問曰:第五倫有私乎哉?曰:昔吾兄子有疾,吾一夕十往省,而反寐自安。吾子有疾,終朝不往視,而通夜不得眠。若是可謂私乎?非私也?答曰:是非也,非私也。夫私以不言爲名,公以盡言爲稱,善以無吝爲體,非以有措爲質,今第五倫顯情,是無私也;矜往不眠,是有非也,無私而有非者,非無措之志也……抱一而無措,則無私無非,兼有二義,乃爲絕美耳。若非而能言者,是賢於不言之私,私非無情,乃非之大者也。

在此嵇康充分發揮其辨析名理的才智,先對「私」、「公」、「善」、「非」分別作一界說,進而從第五倫的行爲中——兒子有疾,卻矜吝而不往探視,又心存焦慮,以致通夜不能入眠——認爲此乃「有措」之「非」,但第五倫能坦誠告白,沒有「不言」之「私」,而有「顯情」之「公」,此自賢於既非又私者,所謂「唯病病,是以不病;病而能療,亦賢於病矣」。〔註16〕若能無私無非,則可至「抱一而無措」的兼美理境,此乃是君子賢人之流,嵇氏云:

> 君子既有其質,又睹其鑒;貴乎亮達,布而存之,惡夫矜吝,棄而遠之。所措一非,而內愧乎神;所隱一闕,而外慚其形,言無苟諱,而行無苟隱。不以愛之而苟善,不以惡之而苟非。心無所矜,而情無所繫,體清神正,而是非允當。忠感明天子,而信篤乎萬民。寄胸懷於八荒,垂坦蕩以永日,斯非賢人君子,高行之美異者乎?

> 君子之行賢也,不察於有度而行也,任心無邪,不議於善而後正也,顯情無措,不論於是而後爲也。是故傲然忘賢,而賢與度會。忽然任心,而心與善遇。儻然無措,而事與是俱也。

君子以其「體亮心達」、「氣靜神虛」之美質,知察而能隨化有措之念,棄惡矜吝,故能言行無苟,進而心無所矜、情無所繫,至此則無措任心,卻能「賢與度會」、「心與善遇」、「事與是俱」,胸懷坦蕩以成仁德之美,而達臻感通天

---

〔註16〕同〔註12〕,頁238。

下、映照宇宙的境界。

　　由上述的探析可知，嵇康的〈釋私論〉，一則以「顯情」之「公」提點人去「匿情」之「私」，使之能盡善救非，化凶成吉，免滋僞矯矜吝之病；一則以「無措」指出君子賢人美異高行之所在。前者特重名理的辨析，力撥常俗之見以自成理統，建構「公」、「私」、「非」、「善」的分殊，進而以無私無非兼有「公」「善」二美拈出君子賢人的位階，並由此體現「無措」而能「全有」的玄理，遙契老莊且回應了玄學「遮有顯無」、「以無統有」的思脈。可見其所謂「越名教而任自然」，乃是以老莊之自然對治僵化失實的名教，從老莊尚樸歸眞的思想中資取顯情無措的內涵，進而重新建立新的道德判準與價值根源，以救時弊之失。在此論中處處展現出嵇康犀利而善於名理的才識，及體悟道家深旨又能通透有得的玄智，更有其體察時弊以提出針砭之道的深刻關懷。

　　如此看來，嵇康的〈釋私論〉絕非僅是好辯的空言而已，史傳稱其「高亮任性，不修名譽，寬簡有大量」，〔註17〕在形貌儀態上，則有「土木形骸，不自藻飾」的自然風儀之美，〔註18〕且妙善草書，能「得之自然，意不在乎筆墨」，〔註19〕無不展現出豪放不拘、崇尚自然的生命情調，不正是其「越名教而任自然」的朗現；自述云「剛腸疾惡，輕肆直言，遇事便發」，〔註20〕故慷慨任氣，不屑不潔的風骨，乃至不與陽君子陰小人之流的鍾會爲伍而致禍，又何嘗不是力辨顯匿眞矯而「惡夫矜吝，棄而遠之」的生命實踐；「嵇叔夜之爲人也，巖巖若孤松之獨立」，〔註21〕其胸懷磊落，遠邁不群，如蕭蕭之孤松般，故能有臨死不屈、方正不阿的高節，而得以感憺當時豪俊學子，乃至震耀古今，可謂其「寄胸懷於八荒，垂坦蕩以永日」的寫照。〔註22〕這種疾矯任眞的人格形象，也無不以〈釋私論〉所謂顯情無措的君子交互輝映，而成爲魏晉風度的理想表徵。

　　嵇康「越名教而任自然」的主張，結合其一生才情美儀的影響，遂成一時風尚，時人每力求解脫禮教之拘執以返自然之本眞，湊泊此顯情無措的生

〔註17〕見《晉書・嵇康傳》卷四十九。
〔註18〕同前註。亦見於《世說・容止》9劉注引，文字略異。
〔註19〕唐代書家張懷瓘書斷云：「叔夜善書，妙於草製，觀其體勢，得之自然，意不在乎筆墨」。
〔註20〕見嵇康〈與山巨源絕交書〉。
〔註21〕見《世說・容止》5。
〔註22〕《世說・雅量》2載：「嵇中散臨刑東市，神色不變，索琴彈之，奏廣陵散……太學生三千人上書請以爲師。」

命情境，但一則無嵇康之高識美才，也缺乏其戳破世俗虛僞禮教的深刻用意，故未必能眞得嵇氏「保性全眞」的旨趣，而轉成揮灑自身的材質性情，展現個人的英華與姿態，雖不無眞率動人之美，卻已漸失嵇康批判現實、疾矯惡匿、而求一己之眞性獨能與天地自然相往來的風骨與精神。

## 第二節　阮籍激「矯」以揚「眞」的心跡探微

相對於嵇康的爽朗剔透、鮮明又高邁的人格形象，阮籍顯得複雜糾纏多了，不論其人其詩，皆閃爍著曖昧矛盾的色彩，故不免引起諸多揣測與爭議，此自是阮籍難解又耐人尋味之處。史傳載有阮籍諸多怪態異行，咀嚼其心跡之間不僅具有眞矯之情的爭議，使眞情與矯情之辨形成尖銳矛盾、依違難定的課題，而且其深受禮法之士何曾者流的痛惡仇疾，所造成的情禮衝突亦可想而知。〔註 23〕對於阮籍其人，前輩已多有措意，筆者在此僅從其性情之獨特與身處時代所形成的存在情境探入，以彰顯阮籍一代任誕之宗的典範地位及其激矯以揚眞的歷史意義。

史傳稱阮籍「容貌瑰傑，志氣宏放，傲然獨得，任性不羈」，生來便一身傲骨，獨得天地之逸氣，又「或閉戶視書，累月不出；或登臨山水，經年忘歸」，不論面對文化或自然，皆能專情至渾然忘我，正可見其性情之純美，「博覽群籍，尤好老莊。能酒，能嘯，能彈琴。當其得意，忽忘形骸。時人多謂之癡」，每能游心典籍，雖出身於世業儒學的家族，濡染濟世之深志，〔註 24〕卻更醉心契合於老莊之道，每飲酒、長嘯、彈琴，得意忘形而寄情暢懷於世俗之外，遂得「癡」名，此癡正是一往不復的專注，如嬰兒之未孩，豈是世情俗見所能拘礙。然身處魏晉興替之際，世態動亂，天下多故，以阮籍之深智高識自能洞察於先，卻無法脫身於此混濁不安的困局，又不願同流如俗輩般獻媚求榮於司馬氏，遂游移其間，虛與委蛇以保身而不失己志，每酣飲沈醉以釋譖免禍，〔註25〕存在之情境何其苦澀。

---

〔註23〕《世說・任誕》2 載何曾云：「明公方以孝治天下，而阮籍以重喪，顯於公坐飲酒食肉，宜之海外，以正風教。」

〔註24〕〈竹林七賢論〉曰：「諸阮前世皆儒學」（《世說・任誕》10 劉注引）；本傳說他「本有濟世志，屬魏晉之際，天下多故，名士少有全者，籍由是不與世事，遂酣飲爲常。」

〔註25〕本傳載「鍾會數以時事問之，欲因其可否而致之罪，皆以酣醉獲免。」

然而阮籍之苦悶也不僅是政治黑暗的背景因素使然，尤在其對生命有一孤明之醒覺，故不願依循世俗之軌跡，「率意獨駕，不由徑路」，此中正是一任清醒之靈魂反撥常規常矩的制約，以聆聽自我內在之聲音，直接面對世界之本然，卻每「車跡所窮，輒痛哭而反」，在車跡所窮無處可依之際，觸覺到自身的有限孤獨及存在的虛無蒼茫，不論是「率意獨駕」或「痛哭而反」，皆顯一自性之奔逸與頓挫，由之而來的悲喜也愈真愈深。是以與嫂臨別相見，醉臥鄰婦之側，徑哭少女之哀，〔註26〕其不與世同的行徑展現，正是力撥俗禮的拘制而求生命之自然情感的解放使然，自不屑於「服有常色，貌有常則，言有常度，行有常式」、「唯法是修，唯禮是克」的君子，〔註27〕而視之為「群蝨處褌中」、「大小固不相及」；〔註28〕遂亦為常俗所譏嘲不解，故「自好者非之，無識者輕之」、「莫識其真，弗達其情」。〔註29〕由此可知，阮籍行為之奇特，正是以其性情之純深觸此時代之濁與世情之矯而來，正因無法釋此性情之純，不願苟全於俗世之矯濁，故只得任此性情之純在此俗世之矯濁中衝突交戰，是以愈奇則愈顯其性情之真純而不能自已。常人自可凡事依禮隨俗而行，識時務者也必配合外境之轉換來調整自我以求安頓，免受掙扎矛盾之苦，唯是一往情深又深智過人者，置身於此詭譎多變、價值混淆的時代，方顯如此格格不入，既無法釋懷一己內在之真誠生命的吶喊，也不願為俗情濁流所吞噬，只得逆行而上，任真純之生命在逆流中激盪出變形的水花，而滴滴變形的水花仍是真純之生命的揮灑。

在阮籍諸多任獨越俗之行中，又以母喪之際的形跡最為人所爭議，而喪母之慟，關涉個人情感尤深尤切，故特由此契入以探其心跡及微意。

（阮籍）性至孝。母終，正與人圍棋。對者求止，籍留與決賭。既而飲酒二斗，舉聲一號，吐血數升。及將喪，食一蒸肫，飲二斗酒，然後臨訣，直言窮矣。舉聲一號，因又吐血數升。毀瘠骨立，殆致滅性。

裴楷往弔之，籍醉而直視。楷弔畢，便去。或問楷：「凡弔者，主哭，客乃為禮。籍既不哭，君何為哭？」楷曰：「阮籍既方外之士，故不崇禮典。我俗中之士，故以軌儀自居。」時人歎為兩得。

〔註26〕本傳載「籍嫂嘗歸寧，籍相見與別。或譏之。籍曰：禮豈為我設耶？鄰家少婦，有美色。當壚沽酒，籍嘗詣飲，醉便臥其側。既不自嫌，其夫察之，亦不疑也。兵家女有才色，未嫁而死。籍不識其父兄，徑往哭之，盡哀而還。」
〔註27〕見〈大人先生傳〉，同〔註11〕，頁163。
〔註28〕見〈大人先生傳〉，同〔註11〕，頁166。
〔註29〕見〈大人先生傳〉，同〔註11〕，頁162。

籍又能爲青白眼，見禮俗之士，以白眼對之。及嵇喜來弔，籍作白
眼。喜不懌而退。喜弟康聞之，乃齎酒挾琴造焉，大悅，乃見青眼。
由是禮法之士疾之若仇，而帝每保護之。〔註30〕

阮籍喪母之際，出此狂態怪行，自有其身處之時代與個人性格上的局限，〔註
31〕筆者在此則試圖予以同情的理解，期能體現其所以如此的原委。魏晉間
正處儒教衰頹失實、積弊難返之際，有識之士每從道家思想中尋求自我生命
的安頓，〔註32〕阮籍著有〈達莊論〉、〈大人先生傳〉，尤能知其契會嚮往莊
老之道的心態，所謂「豈希情乎世，繫累於一時」的解脫與「飄飄於天地之
外，與造化爲友」的逍遙，不正是興託莊子之理想的展現？〔註33〕是以面對
此人生至慟的情境，似可由此得其精神之歸趨。莊子〈齊物論〉以齊死生之
道，〔註34〕〈知北遊〉中「人之生，氣之聚也；聚則爲生，散則爲死」的氣
化論及〈養生主〉「安時而處順，哀樂不能入也」的安化觀，乃至〈大宗師〉
諸多面對死亡情事之寓言的寄意，〔註35〕無不是以死生一如來透破生命之有
限，使人得以化悲忘情，達臻逍遙的超越境界。面對母喪之慟而又專注情深
如阮籍者，自得冀求莊子忘情之途以排遣此悲情之苦，卻仍無法擺脫自身任
氣肆情的生命特質，「圍棋」、「飲酒」、「食肉」，〔註36〕正欲如莊子鼓盆而歌
般安化超然，而「臨訣號窮」、「吐血數升」，卻是悲情無以化解安頓下益顯
的哀慟，其生命遂在「鍾情」與「忘情」間依違難定、迴盪糾纏，此乃是阮
籍面對人生至慟之情境下自我生命的矛盾。而身處虛僞禮教之外境，更加深
其無以安頓的情懷，又不屑依此世規尋求其情之所歸，遂於內外交困下激越

〔註30〕此三段攸關母喪的資料，皆引自本傳。
〔註31〕牟宗三先生特從阮籍臨母喪之怪態加以批評反省，以見其未能融一情禮，只
　　　　是一浪漫文人的限制，雖有過苛之評，但亦自有理據，見《才性與玄理》，頁
　　　　286～297。也能由此知阮籍無以超越其時代的局限。
〔註32〕余英時於此論之甚詳，參見〈漢晉之際士之新自覺與新思潮〉頁253～258，《中
　　　　國知識階層史論》。
〔註33〕見〈大人先生傳〉，頁166、170，同〔註11〕。
〔註34〕〈齊物論〉云「方生方死，方死方生」、「予惡乎知說生之非惑邪。予惡乎知
　　　　惡死之非弱喪而不知歸者邪……予惡乎知夫死者，不悔其始之蘄生乎」。
〔註35〕〈大宗師〉中記載子祀、子輿、子犁、子來四人及子桑戶孟子反子琴張三人
　　　　相與爲友的寓言，即是在說明生死存亡一體的道理。
〔註36〕《世說‧任誕》1載晉文王替阮籍辯解云「且有疾而飲酒食肉，固喪禮也！」，
　　　　楊勇校箋「有疾」，認爲阮籍飲酒食肉與服食之疾有關，亦值得參考，見《世
　　　　說新語校箋》，頁549。

出如此眞而似矯，矯中帶眞的特殊樣態，也是誠有其因的。

至於守喪期間，阮籍面對嵇喜白眼兒遂作，嵇康齎酒挾琴而來卻現青眼的行徑，皆爲阮籍對待禮俗之士與相契對象的一貫態度，而友人之「契」與「不契」，往往在此生命際遇的關節眼處最能知曉而得所分判，「醉而直視」的傳寫，看似無禮而隱約中不正是散發著阮籍等待理解的目光，裴楷自行其是，哭弔便去，以「儀軌自居」，卻仍能從「方外之士，不崇禮典」的角度，體知阮籍散髮箕踞又飮酒不哭的舉態，故有兩得之歡而傳爲美談，「裴楷淸通」之評，其來有自。〔註37〕嵇康從其兄行中知會籍意，遂一反常俗齎酒挾琴來弔，亦當是善體其情故能有深契彼心的展現。如此揭示也許不免有主觀之嫌，但或能有助於領略阮籍激矯以揚眞的生命型態於歷史長流中所散發出來的典範意義，及魏晉士人（裴楷、嵇喜、嵇康）在這場情禮眞俗對峙的守喪舞台上所扮演的典型角色，而此自與爾後仿此任誕之跡以要時譽以會時流者大有分別。

阮籍首開任誕之風，若無一深邃之思想與過人的稟賦才情，何能標異立新，在禮俗的常流中逆揚以解放出情性生命的浪花，是以其看似矯跡之行，實則是揚眞之舉，有其生命幽隱曲折之處。此一則是得之於莊老思想的浸潤，一則是發軔於殊異絕俗的才情，故雖訴諸越俗放達的行跡，卻始終有返其自性之純及思想之沃土的努力，以作爲其奔肆生命的能動與再生之源。爾後的任誕之行，則不無僅求自適或摹仿自炫而來，雖跡似卻未必能有此眞切的悲情與反抗禮敎之精神的灌注。故阮籍之情眞，可謂在「眞情與矯情」的辯證激蕩下，益顯豐富而耐尋，正因有此複雜幽隱的生命情境，故能揮灑出〈詠懷詩〉般晦澀多義又曖昧難忘的藝術神品，所謂「言在耳目之內，情寄八荒之表」、「百世而下，難以情測」。〔註38〕阮籍以一身文藝情懷，在魏晉尚眞的樂章中譜上了引人入勝的序曲。

## 第三節　兩晉之士風重探──以「情禮眞矯」爲察照基點

嵇康力辨顯匿之情，越名敎而任自然，體現出疾矯以任眞的人格形象；阮籍橫決禮法，違俗逆常以展其自性之奔逸，故不僅激矯以揚眞，更以奇矯

---

〔註37〕見《世說・賞譽》5、6。
〔註38〕鍾嶸《詩品》評阮籍〈詠懷詩〉語。及顏延年注〈詠懷詩〉語。

顯情眞之不俗無滯,其行跡遂在眞矯之間輾轉出幽隱耐尋之深致。兩者皆得道家「貴眞」思想之滋潤,承繼其力撥禮俗以返自性之本眞的精神,唯所貴之「眞」,在魏晉尙情時風的浸染下,已有偏向「情」之面向發顯的趨勢,此正可見貴眞思想之承轉變化。而嵇、阮之後的名士,祈慕認可此二者創造性的情態,遂推演成風,卻未必能得嵇、阮之精髓神韻,故阮籍抑其子阮渾之不許作達,也是其來有自的,〔註39〕畢竟刻意模仿,故作放達以要時譽,不僅已頓失嵇、阮貴「眞」的精神,也淪爲虛矯僞飾之末流,至此則誠可謂「藉矜亢以顯虛妄之眞」、「直是放縱恣肆胡鬧之妖孽耳」。〔註40〕

　　嵇、阮竹林之流,誠不愧爲眞名士,具有確立名士之人格與風格的典範性意義;〔註41〕但筆者以爲五胡亂華之後的名士,雖有不同於嵇、阮之精神旨趣,也不盡然皆淪爲無宗旨的模仿行爲,亦有發軔於此一時代的名士特徵,自不必全然抹煞之,而理解其間的異同承轉,似更能彰明兩者個別之特色與價值。《世說・言語》,40 有載:

> 周僕射雍容好儀形,詣王公,初下車,隱數人,王公含笑看之。既坐,傲然嘯詠。王公曰:「卿欲希嵇、阮邪?」答曰:「何敢近捨明公,遠希嵇、阮!」

此則雖是在呈顯周僕射應答得體的語言表現,亦不無逢迎的意味,但卻無形中透露出「傲然嘯詠」的生命風采,也不必然是「遠希嵇、阮」而來,王謝諸人自有其殊獨的時代境遇下孕育而生的人格型態,縱是有承嵇、阮之遺風,也不盡然是出自於刻意的仿效,毫無性情之眞可言。近人於竹林名士每推崇有加,然而對中朝乃至江左名士則多所貶抑,筆者以爲縱然宇宙間事於創始之初,每最富新意而生機盎然,流風所及,行之既久,則往往逐跡失實,難顯本然之深意,此乃剋就事物發展的必然趨勢而言,但若不預設此立場,考察其承啓變革之因,省思中朝以後特殊的存在情境,如此回觀中朝以後的名

---

〔註39〕《世說・任誕》13 云「阮渾長成,風氣韻度似父,亦欲作達。步兵曰:『仲容已預之,卿不得復爾!』」

〔註40〕牟先生對漢末以來之名士乃至中朝八達者流的評語,同〔註31〕,頁 290。筆者以爲諸語可指稱純出摹仿之末流,與牟之用法有別。

〔註41〕廖師蔚卿云「種種狂狷行爲所展示的進取或不取、有所爲或有所不爲的旨趣,就構成了魏晉名士的人格與風格的特徵」、「在精神上以老莊思想爲主體,或在生活型態上具現有所爲及有所不爲的狂狷特徵的,是眞名士;反之,在精神方面無思想主體,而在生活上具現無宗旨或純出摹仿的狂誕行爲者,是假名士」,見〈論魏晉名士的狂與癡〉,頁 41~42。

士型態，實亦自成殊趣，有其眞性眞情的風流之美。本文在此將進一步從嵇、阮生命型態所形成的影響及情禮關係的反思，來重探中朝以後士風的特質。

　　嵇、阮草創一有別於傳統的人格典型，不論是疾矯以任眞或激矯以揚眞，皆是以越名教而任自然、力撥俗禮以高揚情性爲其宗旨與依歸，是以情禮之間存在著一種不容兩立的對峙關係，對禮俗乃至傳統有一強烈的反抗精神，進而顛覆質疑，來彰顯情性之不容束縛，剝落名教的拘滯以還自然之本眞。嵇、阮以其生命之自證，揚情抑禮，重新釋放並尊重「情」的獨立生命，然而這種情禮的衝突，在八達者流的競相標榜推演成風下，愈演愈烈，進而荒誕敗俗、恣肆胡鬧，遂造成士風惡化，乃至天下危亂。有識之士有所警察，或持論以維護名教，〔註42〕亦有重新反思情禮之關係，以尋求其生命之安頓，故不僅檢討「情」的逸蕩之失，也反省「禮」可有偏頗失當之處，重新調整「禮」，使之合乎於「情」，通過禮制的革新以消彌情禮之間的衝突，故有「緣情制禮」、「緣情立禮」的主張與呼聲。〔註43〕

　　在此情禮漸趨雙修合流之際，士人任眞之生命情懷，也不再從反抗禮俗而入，漸轉成純粹之適性任情的生活情調，故其放浪率眞之舉，意不在仿效自炫，也非有所宗旨的反抗，遂成任率門風浸潤下自我性情之發露，其格局雖小，有時亦不免略顯輕淺，其任達曠誕之行止卻漸形自足純粹，也就是從早期名士「有所爲與有所不爲」具有積極意義的狂狷精神，〔註44〕變成了「無所爲而爲」的「無心」之任，尤能展現自我性情與姿才之美，雖漸失嵇、阮蘊蓄於反抗精神的韌性與張力，卻自成一格，而更形精粹雅致，轉趨才情之

---

〔註42〕如《世說・德行》23 云：「王平子、胡母彥國諸人，皆以任放爲達，或有裸體者。樂廣笑曰：『名教中自有樂地，何爲乃爾也』」；裴頠「深患時俗放蕩，不尊儒術……乃著崇有之論以釋其蔽」（《晉書》卷三十五）；江惇「以爲君子立行，應依禮而動，雖隱顯殊途，未有不傍禮教者也。若乃放達不羈，以肆縱爲貴者，非但動違禮法，亦道之所棄也。乃著〈通道崇檢論〉」（《晉書》卷五十六）；王坦之「非時俗放蕩，不敦儒教，頗尚刑名學，著〈廢莊論〉」（《晉書》卷七十五）；戴逵則因「常以禮度自處，深以放達爲非道」，而著論批評元康之士風。他認爲儒家「壞情喪眞……其弊必至於末僞。」而道家則「情禮俱虧……其弊必至於本薄。」（《晉書》卷九十四）……等。

〔註43〕「緣情制禮」語出曹羲之〈申蔣濟叔嫂服議〉（見《三國文》卷二十）；「緣情立禮」語出晉人徐廣〈答劉鎮之問〉（《晉書》卷一三六）及晉書卷二十〈禮志中〉引朱膺之語。詳參余英時〈名教危機與魏晉士風的轉變〉所引及其論述，見《中國知識階層史論》，頁 358～366。

〔註44〕見〔註41〕。

秀發與風儀姿態的呈露。加上門第家世觀念的相尚成風，於強調個人質性的彰顯外，也甚重家風的陶染與門面氣派的裝點。〔註45〕是以在此訴諸和諧理性的情禮關係下，眞矯之辨已不再傾向於情禮的分殊與輕重上，至眞之深情故爲時論所尚；但能以理化情、以道暢情者，並由之展現一種通脫自得而無所羈絆的胸懷與雅致，則更爲時人所激賞。再者即使「動由禮節」、「言行以禮」、「造次必以禮度」者，只要是性分與教養所致，非出乎矜假造作而能自成風姿餘韻，亦爲時流所稱美欽重。〔註46〕而縱有超然物外、瀟灑從容的風姿，也不免有「矯情鎭物」與「假而不眞」的質疑與譏斥，〔註47〕可見在如此重視優雅從容之外觀風貌的時尚下，亦有頗多僞假造作以招名夸人的現象，所以簡文稱道王述云：

> 才既不長，於榮利又不淡；直以眞率少許，便足對人多多許。（〈賞譽〉91）

王述既無長才，又不淡名利，卻能以「直率」之性情，得簡文勝人多多之推崇，簡文之言或不免是發端於當時名士頗多矜假不實而生的慨歎，但從王導稱其「眞獨簡貴，不減祖父」、〔註48〕謝安評其「掇皮皆眞」可知，〔註49〕王述確有眞率的性情之美，故爲時流所賞；然檢視其「眞」，實僅得「顯情」的層次，而未至「無措」之境，故「於榮利不淡」，更有性急忿狷之事而爲人所譏，〔註50〕時人卻也能賞其「性急而能有容」的氣度，〔註51〕可見當時之品鑒風尚，特重人質性本然的彰顯，使人任隨其情性之特質而有多元化的展露

---

〔註45〕 對魏晉士風與門第的關係，錢穆論之甚詳，見其〈略論魏晉南北朝學術文化與當時門第之關係〉，《中國學術思想史論叢（三）》。

〔註46〕 如庾亮「風格峻整，動由禮節」（《晉書》卷七十三）、張華「少自修謹，造次必以禮度」（卷三十六）、陸機「伏膺儒術，非禮不動」（卷五十四），仍爲時論所稱。

〔註47〕 如《世說・雅量》35，雖載謝安臨破賊喜訊傳來之際，仍了無喜容，神色自若而下棋如故；但晉書本傳卻載其「既罷還內，過戶限，心甚喜，不覺屐齒之折」而有「矯情鎭物如此」的批評。（見《晉書》卷七十九）

〔註48〕 見《世說・品藻》23。

〔註49〕 見《世說・賞譽》78。

〔註50〕 《世說・忿狷》載「王藍田性急，嘗食雞子，以筯刺之，不得，便大怒，舉以擲地；雞子於地圓轉未止，仍下地以屐齒蹍之，又不得，瞋甚；復於地取內口中，嚙破即吐之……」

〔註51〕 《世說・忿狷》載「謝無奕性麤彊，以事不相得，自往數王藍田，肆言極罵。王正色面壁不敢動，半日。謝去良久，轉頭問左右小吏曰：『去未？』答云：『已去。』然後復坐。時人歎其性急而能有所容。」

與發現，才情深者縱是美事，才情淺者自然地揮灑，亦顯生命之眞純可賞，品鑒人物至此自成為雅賞之情趣與興致了。

最後筆者想藉由東晉名士——謝尚之生命形象的揭露，作為本節以「眞矯情禮」為觀照點來重探兩晉士風的具體演出，此種選擇並非以典型意義為考量（若以此為判準，自非謝安莫屬），〔註52〕除了名流代表人物前輩論析已多無須再重覆措意外，也想經由此看似非核心角色的身上，來凸顯本文的詮釋進路對兩晉士人特質之理解的普遍性效應。謝尚乃八達者流——謝鯤之子，出身於此任達家風之中，目濡耳聞，自是有助於其性情材質之發揚，史傳載其幼有至性，七歲喪兄，即哀慟過禮，十餘歲復遭父喪，溫嶠弔之，其號咷極哀，既而收涕告訴，〔註53〕可見其不僅有情深之眞，小小年紀便能隨即以理化情，臨哀遇事皆頗得體，融攝情禮的生命特質已見端倪。雖出身於放達之家，「不為流俗之事」，卻曾於朝廷議論「禮」，所謂「典禮之興，皆因循情理」，〔註54〕正顯江左名士會通情禮的趨勢。〔註55〕此外謝尚也承其父任達之風，開率穎秀，脫略細行，每有超逸高曠之舉及佳致雅興、慧語巧言的發露，而活躍於《世說》的〈任誕〉、〈容止〉、〈言語〉、〈文學〉之林，試舉兩例以略觀其生命之風貌：

> 謝尚……始到府通謁，導以其有勝會，謂曰：「聞君能作鴝鵒舞，一坐傾想，寧有此理不？」尚曰：「佳！」便著衣幘而舞。導令坐者撫掌擊節，尚俯仰在中，傍若無人，其率詣如此。（《晉書・謝尚傳》）

> 王、劉共在杭南，酣宴於桓子野家。謝鎮西往尚書墓還，葬後三日反哭。諸人欲要之，初遣一信，猶未許，然已停車。重要，便回駕。諸人門外迎之，把臂便下，裁得脫幘著帽。酣宴半坐，乃覺未脫衰。（《世說・任誕》33）

謝尚臨勝會而起清興，衣冠架勢剎時擺落，直沈浸於舞蹈之美與怡眾之樂中，而超然於個人身分的矜持與世俗禮教之上，顯一傍若無人的神采，何其灑落

---

〔註52〕如廖師蔚卿便以「謝安」之風神作為一代名士的形象。見〈論魏晉名士的雅量〉，頁62〜67。

〔註53〕見謝尚本傳，《晉書》卷七十九。

〔註54〕同前註。

〔註55〕余英時以為謝尚所議即是「緣情制禮」之說，認為此乃玄禮合流的現象，故通過禮制的革新以消彌情禮之間的衝突，使名教與自然合而為一，詳見同〔註43〕，362〜363。

超逸！《語林》又載謝尚酣暢興濃時，即在榤案之間起舞，其韻會高遠、姿神曼妙之情狀可想，〔註56〕此乃純爲性情美才雅興之發華，何曾心存抗禮違俗之想，但卻在此高韻別俗之生命情調的展現中，遙契莊子貴賤一等、悠遊物我之理境的況味。再者於守喪期間，適逢知友王濛與劉尹的邀約，從「猶未許」知其原本礙於守喪之身分而有所顧忌猶豫，「然已停車」正顯興起而已無歸意，遂在友人重招之下，迴軒赴約，諸人把臂迎之，相得甚歡，直至酣宴半坐，乃覺未脫衰。可見謝尚初有世禮之衿，但情興起處，又有契友佳酒推引助興，遂渾然忘世禮的存在，此任情忘禮之舉，非藉駭俗之異以守眞，卻在情禮周旋之際，暫釋矜矯而從容優遊於自然意趣中，任率忘俗的當下方頓察喪服之於身。由此可知晉人疏放任誕的行止，雖非如嵇、阮之流於力破俗見對治世禮中一展性情與傲骨，但卻在無心隨興中流露出不拘俗軌而適性怡情的美，而自得於談玄、酣酒、弄樂、暢舞的風雅韻事中。中朝乃至江左名士若能由此知賞，當可免於人云亦云的褒貶，也不至於以嵇、阮之流爲判準，而忽略其自成一格的特質。

　　經此分殊，筆者以爲牟宗三先生視「清逸之氣」、「無所掛搭」爲名士的生命特質，〔註57〕雖是剋就名士一格自身之獨特性及完成的境界爲其著眼，但特能顯中朝以後自在適性的名士況味。而廖師蔚卿有所爲而有所不爲之狂狷精神的揭示，〔註58〕則頗能掌握嵇、阮諸人於情禮對峙衝突之際，揚情以抗禮之創造性的呈露，如此這看似對立的意見，便能在各定其位並觀其妙下，展現對名士人格較爲整體性的理解。

## 第四節　餘　論

　　本文以「疾矯以任眞」及「激矯以揚眞」的名目來定位嵇、阮的風格與特質，以建構二者在名士一格的發展過程中典範性的角色與意義。處理嵇康的部分特從〈釋私論〉入手，以知其揚顯情與惡匿情的思致與人格，並由此

---

〔註56〕「謝鎮西酒後，於榤案間，爲洛市肆工鴝鵒舞，甚佳」，見《世說·任誕》32 劉注引。

〔註57〕牟先生對名士一格有極爲精闢的詮釋，廣爲學界所引用，可參見《才性與玄理》，頁 67～71。

〔註58〕廖師質疑牟先生「無所掛搭」的詮解，故標舉「狂與狷」並結合「癡」以凸顯名士一身傲骨的反抗精神，同〔註41〕。

一反常見揭示「顯情無措」方爲君子賢人之本，更能以過人之高識才情將此具顯於生命之流中。阮籍外狂誕而內淳至的生命，尤賴深入玩味以探其幽隱，筆者嘗試尋索其奇特形跡所涵藏的微意，以回應並映襯出阮籍任誕宗主的歷史圖像。嵇、阮同契會於莊老貴眞的思想，皆洋溢著抗禮揚情、破俗立眞以反動傳統的存在活力，但因性情材質有異，而形成不同的生命形象，然皆爲後人所樂尙推崇。中朝以後的兩晉名士，雖不乏仿效末流及無格之徒，但亦有在其特殊存在情境下自成天地的名士型態，實不容輕易貶抑之。本文特由關涉「情禮眞矯」的角度切入，以掌握是時情禮合流的風潮下，士人任情忘禮、怡然自得的性情之美，情禮關係從嵇、阮之對峙衝突轉成並容冥合，時人之眞也由反撥俗見的風力傲骨之美傾向於純粹自性的揮灑，如此當更能分殊先後名士的形成因由與存在意義，而得以各得其人格之妙境與殊趣。

　　最後，筆者想進一步藉王澄脫衣上樹、裸體探雛一則文本，作爲剝落傳統理解型態，直探「貴眞」理趣的演出：

> 王平子出爲荊州，王太尉及時賢送者傾路。時庭中有大樹，上有鵲巢。平子脫衣巾，徑上樹取鵲子。涼衣拘閡樹枝，便復脫去。得鵲子還，下弄，神色自若，傍若無人。(《世說・簡傲》6)

王澄此人，以「情無所繫」、「風韻邁達，志氣不群」、「通朗」而爲人所稱，〔註59〕但亦不乏有「輕薄無行」、「終日妄語」的批評，〔註60〕可知若針對此人乃並見褒貶而難定於一。如剋就此事跡以觀：王澄將遠赴荊州，鎮扼上流，此行乃委以重任，「外可以建霸業，內足以匡帝室」自是關涉尤大，〔註61〕故太尉時賢送者傾路，盛大氣派之排場自不可免，在此之際，若依常禮則當格外莊重愼持，豈能「舍方伯之威儀，作驅鳥之兒戲」？〔註62〕史評家「隨違矯正，以懲其妄」的批判也是在所難免的，〔註63〕故王澄此舉甚至被指責成「無賴妄人，風狂乞相」，〔註64〕若如所言，則不僅無足觀焉，尤當鄙薄痛斥，以正視聽，免於沾染此狂妄習氣。唯筆者在此則有意轉化以往的理解

〔註59〕「澄通朗好人倫，情無所繫」(《世說・賞譽》27 劉注引)、「澄風韻邁達，志氣不群」(〈賞譽〉31 劉注引)

〔註60〕「王澄有通朗稱，而輕薄無行」(〈品藻〉11 劉注引)、「王太尉問眉子：『汝叔名士，何以不相推重？』眉子曰：『何有名士終日妄語？』」(〈輕詆1〉)。

〔註61〕語出《世說・簡傲》6 劉注引〈晉陽秋〉。

〔註62〕出自《世說・簡傲》6 余嘉錫箋疏引李慈銘語。

〔註63〕語出裴松之〈上三國志注表〉。

〔註64〕同〔註62〕。

格局，期能重新釋放此文本的興味：經由「軍事重鎮——荊州」及送者傾路之外觀情勢的對比映襯下，尤能凸顯爾後出場的主角傍若無人的性格張力，而鋪展出內外主客針鋒對峙的存在情境。王澄情無所繫於朝廷委以重任的身分，卻一心專注於大樹上的鵲巢，「鵲子」如同未經世事俗染之自然生命的象徵般，而「脫衣巾」、「上樹取之」即在卸下社會外衣以釋放自性之本真，繼而「涼衣拘閡樹枝，便復脫去」，逐漸解脫有礙返真的外在拘限，以還生命之純粹本然，遂得以如孩之一派天真般無視受制於人的禮度規範，充分任獨地盡享弄鵲之樂，此中傳達出任真無累、隨興放曠的生命情調。於人生角色的扮演上，此則在外境與自我的強烈對立下，傳達出「社會人」與「自然人」的矛盾，主角遂在角色轉換間，得之於自然而有失於社會，我們立足於「社會批判」之餘，何不曾在內心深處，隱約寄藏著此越俗以任真的企想。是以釋下傳統的理解與批評的立場，此則何嘗不是「越名教而任自然」具體而又生動的傳寫。

　　王澄弄鵲自得而傍若無人的神情即是肆情無礙的展露，若相對於此任性恣意的行止，則為內斂收攝而不輕易發顯的表達型態。阮籍時有肆情狂態之舉，卻「口不臧否人物」，而有「至慎」之稱；〔註65〕嵇康「剛腸惡疾…遇事便發」，然王戎竟云「與嵇康居二十年，未嘗見其喜慍之色」，〔註66〕何其矛盾，也不禁引起筆者一探究竟的興趣。是以為了深入理解這種關涉情之收放顯隱的生命現象與士人特質，本文將進一步從「約情與肆情」的角度來探索。

〔註65〕見《世說・德行》15。
〔註66〕見《世說・德行》16。

# 第三章　約情與肆情

　　前云嵇康、阮籍皆有情感上收放顯隱的不同展現，在「肆情」的面向上，可謂同得莊學之浸潤滋養，進而在行為思想上展現輕世傲俗、越禮任真之放達。而論及「約情」，〈康別傳〉稱「康性含垢藏瑕，愛惡不爭於懷，喜怒不寄於顏」，〔註1〕可見嵇康能「喜怒不寄於顏」，實與其「含垢藏瑕」之質性有關；至於「口不論人過」的阮籍，嵇康自言「每師之，而未能及」，故推其乃「至性過人」，遂能「與物無傷」，〔註2〕是以嵇、阮之「約情」亦當有得力於其質性過人之處。陸機〈演連珠〉有云：

　　　臣聞煙出於火，非火之和，情生於性，非性之適；故火壯則煙微，

　　　性充則情約。〔註3〕

從陸機煙情火性之譬可知，「情約」端在「性充」，如火壯則煙微般，「約情」即為一種質美氣純的表徵。除此先天條件的優勢之外，兩者之約情仍各有其形成之因由，故宜進一步加以分探之。

　　就阮籍而言，本傳載其「喜怒不形於色」，並能言皆玄遠，未嘗評論時事、臧否人物，每能縱心事外，使人無跡可間，可見阮籍「約情」的表現實為一種佯愚晦智以免患保身之術，故得晉文王「至慎」的美稱，其能深體天下多故的危困世局，故優游寄遇、玄默無為進而在情感上表現一種不顯憂喜的情態來保身於亂世之險惡，是以其「喜怒不形於色」的「約情」風貌，不僅非「不及情」的鈍昧，反而是深智的表徵。

　　〔註1〕見《世說・德行》16 劉注引《康別傳》。
　　〔註2〕見〈與山巨源絕交書〉，《嵇康集校注》，頁 118。
　　〔註3〕見《全上古三代秦漢三國六朝文・全晉文》卷九十九，頁 2027～2028。

　　王戎稱「與嵇康居二十年，未嘗見其喜慍之色」，恐不能僅以「溢美」之辭視之。推究嵇康所以能長年未顯喜慍之色而得王戎如此的稱賞，筆者以爲除了先天的性情之外，實與其養生哲學攸契相關。如同阮籍以「約情」之型態免禍保身於此險惡世局般，嵇康則是以「約情」作爲其養生哲學的生命實踐。阮籍這種約情之深智的生命型態是魏晉詭譎政治下的產物，自有其形成的歷史境域，是以在魏晉史料中頗爲常見而易察。〔註4〕而〈養生論〉曾爲引領清談風潮的王導所特別標舉，成爲清談的要題之一，唯其不僅是談辯要題，養生之學對魏晉士人潛移默化的影響更不在話下，但近人論及〈養生論〉者，並未特別注意「情」與養生問題的密切關係，實則「情」與養生問題中的「養神」攸契相關，不容輕忽，故在此筆者擬以「約情與養生」來進一步察照之。

　　在嵇康「約情以養生」的路數之外，於中朝之際曾流行「肆情以樂生」的風潮，顯然與嵇氏之養生路數截然相對，筆者以爲可藉由向秀〈難養生論〉所謂的「稱情以樂生」及向郭的適性任獨之說來知察其異，故以「任獨與稱情」爲目，作爲從「約情以養生」至「肆情以樂生」的理解中介。

　　至於「肆情與樂生」的部分，學界向來多持批判立場，筆者有意溯「肆情」發展之脈絡與「樂生」的思想背景來體察其形成之因由與特色，以進一步理解這種瀰漫一時的士人心態，及此放浪形骸與肆情縱慾之風的背後所蘊涵的特殊意義與價值。

# 第一節　約情與養生

　　由於嵇康之〈養生論〉論及不少修煉工夫的問題，因此不免被視爲已落入養生第二義的層次，〔註5〕然筆者以爲嵇氏於此雖兼攝道教的導養之術，但

---

〔註4〕　這類如阮籍般晦智默言以藏其情來保身於亂世之險因者，可謂魏晉混局下極爲普遍的特殊生命型態：如孫登「魏晉去就，易生嫌疑，貴賤並沒，故登或默也」（《世說·棲逸》2劉注引）、庾敳「是時天下多故，機事屢起，有爲者拔奇吐異，而禍福繼之。敳常默然，故憂喜不至也」（《世說·賞譽》44劉注引）、王雅「以朝廷方亂……但慎默而已」（《晉書》，頁2180）、裴秀「在朝玄默」（頁1051）、衛瓘「時權臣專政，瓘優游其間，無所親疏，甚爲傅嘏所重，謂之甯武子」（頁1055）、山濤「爲人常簡默……居魏晉之間，無所標明……晻晻與道合，深不可測」（《世說·識鑒》4劉注引）……等。

〔註5〕　牟宗三云：「至於落在自然生命上，通過修煉之工夫，而至長生、成仙，則是

仍是以道家養生之精神爲其立論之歸趨，故嘗試重探此理，並進一步依「約情與養生」的角度來證成之。觀嵇康〈養生論〉首破俗見之失：

> 世或有謂：神仙可以學得，不死可以力致者；或云：上壽百二十，古今所同，過此以往，莫非妖妄者，此皆兩失其情。請試粗論之：夫神仙雖不目見，然記籍所載，前史所傳，較而論之，其有必矣；似特受異氣，稟之自然，非積學所能致也。至於導養得理，以盡性命，上獲千餘歲，下可數百年，可有之耳。（頁143～144）〔註6〕

嵇氏以爲俗見中或視長生不死之神仙可力學而致，殊不知此乃稟自然之異氣而來，非人力可及，一則承認神仙之事並非妄說，一則要人務實養生而勿妄求不死成仙之事，而養生之本唯在「導養得理，以盡性命」。可見其立論之本，實大不同於道教長生不死之術的追求，反而有力撥道教迷信之執而回歸道家養生本義的正本清源之功。此外，俗見或以上壽百二十爲人生之正常極限，亦是「以多自證，以同自慰」，〔註7〕遂以苟且之壽爲自然，而未能正視養生乃可行之事，以致措身失理，積損生命而不自知。此中有嵇氏提撕豁醒世人以免自失於常見俗談之中，來凸顯養生問題之切要與不容輕忽，也就是「養生」非僅是「理」上立說而已，亦有賴於自然生命中具體實踐以得所證成，故在此遂結合道教長生之術的方法，使之更爲落實可行。筆者以爲〈養生論〉發論之要旨若由此知察，也許較能凸顯嵇氏之獨見及其在養生課題的發展上承轉道家與道教之處。〔註8〕

至於如何養生，嵇康主張兼養形神，而「養神」尤居主導統御的地位，嵇氏有云：

> 夫服藥求汗，或有弗獲，而愧情一集，渙然流離；終朝未餐，則嚻

---

順道家而來之『道教』，已落於第二義。當然此第二義亦必通於第一義。然原始道家卻並不自此第二義上著眼。嵇康之〈養生論〉卻正是自此第二義上著眼。而向、郭之注莊，卻是自第一義上著眼。」《才性與玄理》，頁208。

〔註6〕 以下所引〈養生論〉及〈難養生論〉，皆引自《嵇康集校注》。

〔註7〕 同〔註6〕，頁153。

〔註8〕 牟宗三以爲首段乃養生論大旨，並由「神仙不可力致」一語，視之爲「定命論」，進而綰合成佛成聖之事以言嵇康所論乃「限制原則」，非宋明儒所謂人人皆可成聖的「理想主義」，秉其一貫之理解以會通之。牟論雖自有其立說之本，但筆者以爲此處不宜將成聖成佛問題滲入使之歧出本旨，細察其意，「神仙不可力致」反是嵇氏力撥道教導引之術的執迷，使之回返養生之本而倡言導養以延年養神。見《才性與玄理》，頁323～324。

> 然思食，而曾子銜哀，七日不飢；夜分而坐，則低迷思寢，內懷殷
> 憂，則達旦不瞑，勁刷理髮，僅乃得之，壯士之怒，赫然殊觀，植
> 髮衝冠；由此言之：精神之於形骸，猶國之有君也；神躁於中，而
> 形喪於外，猶君昏於上，國亂於下也。（頁144～145）

當「愧情」、「深哀」、「殷憂」、「至怒」諸多強烈情感發揮作用時，往往造成
不同於自然常態的生命現象。可見雖然於整體生命的存在中「形恃神以立，
神須形以存」，〔註9〕形神之間是相依互賴而成，但情感性質的精神活動，反
而居於左右形貌軀骸運作的主導角色；亦即神之於形，有如君之於國般，每
每產生決定性的影響，此種經由比對的觀察所建立之形神關係的理論甚爲重
要，嵇康養生論的方法便是以此爲基準而展開。是以其雖力主形神兼養，然
而養神與養形之間實具有先後本末主次的關係，並非並列等觀的：

> 故修性以保神，安心以全身，愛憎不棲於情，憂喜不留於意，泊然
> 無感，而體氣和平，又呼吸吐納，服食養身，使形神相親，表裡俱
> 濟也。（頁146）

> 曠然無憂患，寂然無思慮，又守之以一，養之以和，和理日濟，然
> 後蒸以靈芝，潤以醴泉，晞以朝陽，綏以五絃，無爲自得，體妙心
> 玄，忘歡而後樂足，遺身而後身存。（頁156～157）

「呼吸吐納，服食養身」之事、乃至輔之以「靈芝、醴泉、朝陽、五絃」諸
物，尤宜在主體「泊然無感，體氣和平」、「守之以一，養之以和」之際行之，
如此服食以養之、輔物以助之，方能眞正發揮其作用。可見「養神」尤在「養
形」之先，而論及「養神」自當力除「神躁」之因，此中則以「情」爲最，
故云「愛憎不棲於情，憂喜不留於意」、「曠然無憂患，寂然無思慮」，人唯能
化去情累，方可免於神躁形擾，進而追求「形神相親」的妙境。然世人卻總
是溺之而不察的，所謂「世常謂一怒不足以侵性，一哀不足以傷身，輕而肆
之」，〔註10〕不知「一過（喜怒過甚）之害生」、〔註11〕遂任「喜怒悖其正氣，
思慮銷其精神，哀樂殃其平粹」，〔註12〕而使生命在無形中受到莫大的傷害。
由此可知養生之要莫不以養神爲先，而養神自不可輕肆哀樂而任喜怒過甚，

---

〔註9〕 同〔註6〕，頁146。
〔註10〕 同〔註6〕，頁146。
〔註11〕 同〔註6〕，頁146。
〔註12〕 同〔註6〕，頁151。

故宜約情以修性保神。嵇康深體「情」之躁神擾形而有礙養生，是以落實於生活的實踐中遂有王戎言「與嵇康居二十年，未嘗見其喜慍之色」的說法，也是誠有其因的。

至於如何能無憂患思慮，不棲留愛憎憂喜呢？嵇康以爲「世之多累，由見之不明耳」，〔註13〕是以當識達自然之理，如此便能以理遣情，其中首須於人之生命活動中分判「性動」與「智用」之別：

> 夫不慮而欲，性之動也；識而後感，智之用也。性動者，遇物而當，足則無餘。智用者，從感而求，倦而不已。故世之所患，禍之所由，常在於智用，不在於性動。今使瞽者遇室，則西施與嫫母同情。瞶者忘味，則糟糠與精米等甘。豈識賢、愚、好、醜，以愛憎亂心哉？君子識智以無恆傷性，欲以逐物害性。故智用則收之以恬，性動則糾之以和。使智止於恬，性足於和，然後神以默醇，體以和成，去累除害，與彼更生。所謂不見可欲，使心不亂者也。（頁174～175）

「性動」乃不慮而欲，「智用」則是識而後感，世之禍患在啓智用之逐，人若能收智返性，使之內藏而勿外馳以亂心，則可免神馳心騖之累。在此脈絡下，最能體現嵇氏養生理論與道家養生觀念契會相映之處：

> 清虛靜泰，少私寡欲，知名位之傷德，故忽而不營，非欲而強禁也，識厚味之害性，故棄而弗顧，非貪而後抑也。（頁156）

> 內視反聽，愛氣嗇精；明白四達，而無執無爲；遺世坐忘，以寶性全眞。（頁179）

養生的要領不在「欲而強禁」、「貪而後抑」，若能深識外物之傷德害性，回到自體進行「內視反聽」、「清虛靜泰」的工夫，則便能達臻「遺世坐忘，寶性全眞」的生命理境。由此不難看出嵇氏養生的根本精神，即是承繼老子去智無欲與莊子心齋坐忘的思脈而來，順此理路則必主返內以遣外之說：

> 無主於內，借外物以樂之，外物雖豐，哀亦備矣；有主於中，以內樂外，雖無鍾鼓，樂已具矣。（頁190～191）

若無內而依外，則不免隨外物而生哀樂之累，唯能返其自體，則「性氣自和」、「情志自平」。〔註14〕然養生之難則在人每難以釋此嗜慾情識之執，故云：

---

〔註13〕同〔註6〕，頁176。

〔註14〕「性氣自和，則無所困於防閑；情志自平，則無鬱而不通」，同〔註6〕，頁176。

> 養生有五難：名利不滅，此一難也。喜怒不除，此二難也。聲色不去，此三難也。滋味不絕，此四難也。神慮消散，此五難也。五者必存，雖心希難老，口誦至言，咀嚼英華，呼吸太陽，不能不迴其操，不夭其年也。五者無於胸中，則信順日濟，玄德日全。不祈喜而有福，不求壽而自延。此養生大理之所效也。（頁191～192）

人若不能使「名利」、「喜怒」、「聲色」、「滋味」、「神慮」無存於胸中，縱使有「咀嚼英華、呼吸太陽」外物之助、也是於事無補的；但如能廓清五者，無累於心，則反而「不祈喜而有福，不求壽而自延」，在無措中體證「忘歡而後樂足，遺身而後身存」的玄理與妙境。〔註15〕可見嵇康之養生，其最終目的並不僅在於求自然生命之延長，而尤在於獲得內在之自足自樂，與舊日導引之徒實判然有別。〔註16〕

由以上對〈養生論〉〈答難養生論〉的分析可知，嵇康的養生哲學是立足於道家養生思想的基礎而發展出來的，故特重養神治心約情的工夫，並以之爲養生的首要關鍵、核心課題乃至終極的生命理境。道教長生之術的援用，在嵇康的養生理論與實踐中，雖仍是不可或缺的，但反而是居於次要與輔助的角色。而此論也不僅反映出嵇康論辯之高致玄妙與對道家生命之學的深會有得而已，更難能可貴之處在嵇康以其真實之生命自證此理，故竹林之流不免唯酒是耽，他卻能不預於此，〔註17〕不正是其所言「酒色乃身之仇也」而勿「耽欲而快意」不以身殉之的實踐；〔註18〕雖有「直性狹中，多所不堪」剛腸惡疾的自明，卻仍能在養生貴在養神、養神貴在約情的體認下，展現出「愛惡不爭於懷」、「喜怒不寄於顏」、「喜怒不形於色」的美範風儀，而爲時人所稱賞歡美。故隱退山林，「彈琴詠詩，自足於懷抱之中」，〔註19〕拒絕官位而遺俗獨往，何嘗不是秉「知名位之傷德」、「榮華不足顧」、「苟得意有地，俗之所樂，皆糞土耳，何足戀哉」的領會而來。〔註20〕嵇康以其高識才情，將養生之學體現於論辯之體與生命之流中，爾後名士在企慕其人歡賞其論

---

〔註15〕同〔註6〕，頁157。

〔註16〕此見可詳參余英時〈漢晉之際士之新自覺與新思潮〉，頁256～258。

〔註17〕嵇康〈家誡〉云：「見醉薰薰便止，慎不當至困醉不能自裁也」，同〔註6〕，頁323，可見嵇康雖亦飲酒，但非如阮劉輩般酣醉沉湎，故稱阮籍「至性過人，與物無傷，唯飲酒過差耳」（〈與山巨源絕交書〉），頁118。

〔註18〕同〔註6〕，頁176及177。

〔註19〕見《晉書‧嵇康傳》。

〔註20〕同〔註6〕，頁156及頁190。

下，使養生之學更形熱絡活躍，影響自是深遠可觀。

　　嵇康養生之學雖承繼老莊養生理境的基本精神而甚重精神之養，但他並未忽略養形的重要，尤能吸納道教的形體修鍊之術，使之「形神相親，表裡俱濟」，兼養形神而相濟以美，其中又以服藥之方術最值得注意，所謂「神農曰上藥養命，中藥養性者，誠知性命之理，因輔養以通也」，〔註21〕可見服藥不唯治病養形，誠可通性命之理而達神明開朗的妙境，何晏亦云：

　　　　服五石散，非唯治病，亦覺神明開朗。(《世說‧言語》14)

如此看來名士寬衣緩帶的瀟灑從容，〔註22〕動人的容止風姿，〔註23〕乃至閑情氣定、得失哀喜無累於心的神宇雅量，或亦有得力於服食妙效之處，試舉《世說》二例以觀：

　　　　初，桓南郡、楊廣共說殷荊州，宜奪殷覬南蠻以自樹。覬亦即曉其
　　　　旨，嘗因行散，率爾去下舍，便不復還。內外無預知者。意色蕭然，
　　　　遠同鬥生之無慍，時論以此多之。(〈德行〉41)

　　　　王恭始與王建武甚有情，後遇袁悦之間，遂致疑隙。然每至興會，
　　　　故有相思。時恭嘗行散至京口謝堂，于時清露晨流，新桐初引，恭
　　　　目之曰：「王大故自濯濯。」(〈賞譽〉153)

殷覬與殷仲堪原爲堂從兄弟，仲堪將興兵內伐，殷覬知其欲奪權爭地，便悄悄棄官離此是非之域，行散而去之際，〔註24〕神色磊落高遠，顯現一種恬和無爭的寬容，正如古之子文，三失其官卻了無慍色，〔註25〕服藥於此使殷覬恬和的自性與寬仁的存心發揮出更具約情遣累的行儀，而爲時論所稱賞。王恭與王忱本情好相得，後爲人離間而終成怨隙，〔註26〕王恭行散至謝堂佳景，服藥而益顯之清明趨散洗滌掉多少怨懟與積鬱，於鮮明有潤澤的晨光新桐間，相好的舊誼隨此興會而益生相思之情。兩者之服藥行散，與此番心益形

〔註21〕同〔註6〕，頁150。

〔註22〕魯迅於〈魏晉風度及文章與藥及酒之關係〉曾言及魏晉名士之衣制與服藥之
　　　　間的關係，認爲晉人崇尚寬衣緩帶與服藥後避免皮膚擦傷有關，見《魯迅全
　　　　集》；王瑤並據此說作進一步的論述，見《中文學史論‧中古文人生活》，〈文
　　　　人與藥〉，頁41。

〔註23〕王瑤於〈文人與藥〉中曾論及魏晉士人重視儀容與服藥之間的關係，同前註，
　　　　頁21～36。

〔註24〕「服後宜行走，謂之行藥，或曰行散」，詳見楊勇《世說‧言語》14校箋。

〔註25〕《論語》曰：「令尹子文，三仕爲令尹，無喜色；三已之，無慍色。」

〔註26〕袁悦間王忱與王恭事，可參《世說‧賞譽》153劉注引《晉安帝紀》。

自然清淨的情境，雖非必然關涉，但或亦可視爲輔說，以推知服藥往往能於潛移默化間皆扮演著約情調神的微妙作用。他如服藥而造成性格異常暴躁、狂傲，此乃是取用不當或調養失理所致，實已大失嵇康服藥養生之理趣與深旨，〔註27〕至於以服藥有助房中術之類，則爲道教風行下的產物，〔註28〕與嵇康約情以養生的旨意更是大相逕庭，自不可混爲一談。而名士越名任心、飄逸邁俗、無累自得乃至形神俱美的風情與姿采，進而在性情上流露一種恬和自適的約情之美，也正與嵇康這種約情以養神乃至形神兼養使之相濟爲美的養生精神相參，故亦可爲理解此種士人風貌時重要的參考理據。

## 第二節　任獨與稱情

嵇、阮深體莊學「獨以天地精神相往來」之超越境界的追求，進而剝落世俗禮教以高揚情性生命的價值，唯嵇、阮雖已展現出益形鮮明的個體特質，但其背後仍有一本體境界——「無」作爲其情性生命的本源依歸，是以雖有挺立個體生命與自然情性的創闢性意義，但可謂殊才異氣的發露、高調之逸響，尚未具普遍性與全面性的解放效應。隨即之向郭消「無」歸「有」，改造莊學爲適性逍遙的面目，其自生獨化、稱情無待之說，未嘗不是此任情士風高漲下的投影，進而有此理論之證成；再者，經由此理論的推演完成，對士風亦有推波助瀾之效，承認個體的「殊異性」與「自足性」，人人更能如百花之綻放，得以各展其性分與才情，而呈顯出豐富多樣的人物風貌，試舉《世說》二例以觀此任獨與多元的時尚：

> 桓公少與殷侯齊名，常有競心。桓問殷：「卿何如我？」殷云：「我與我周旋久，寧作我。」（〈品藻〉35）

> 桓玄問劉太常曰：「我何如謝太傅？」劉答曰：「公高，太傅深。」又曰：「何如賢舅子敬？」答曰：「樝、梨、橘、柚，各有其美。」（〈品藻〉87）

這種「我與我周旋久，寧作我」對自我生命與存在價值的認同肯定，正是魏晉

〔註27〕王瑤亦循魯迅之見以爲服藥造成一個人性格暴躁狂傲。參見〈文人與藥〉，同〔註22〕，頁42。筆者以爲若果如是，亦當是調養失理，引用不當所致。

〔註28〕王瑤於〈文人與藥〉中亦注意到服藥有助於房中術——性生活的享受，此術在當時雖也頗爲流行，但實爲道教之路數，與嵇康服食以養生之法無涉。同〔註22〕，頁37～40。

士人「任獨」的普遍心聲；至於「櫨、梨、橘、柚，各有其美」，也反映出時人十分尊重個體的不同風格，並皆能發顯其獨特之美，超越了一元價值觀的束縛，使人之材質性情得以有全面性而多元化的舒展。筆者以爲此「稱情任獨」的思潮對盛極一時的肆情樂生風尚實有進一步推演的效用，代表著個體意識的充分體現與完成，並由精神層面通貫至生命的整體，而從嵇康「約情以養神」至中朝「肆情以樂生」的轉變，正可由向秀〈難養生論〉見此遞演之端倪：

> 有生則有情，稱情而自然，若絕而外之，則與無生同。何貴於有生哉？且夫嗜欲，好榮惡辱，好逸惡勞，皆生於自然。（頁 162）

> 夫人含五行而生。口思五味，目思五色。感而思室，飢而求食。自然之理也，只當節之以禮耳。……苟心識可欲，而不得從，性氣困於防閑，情志鬱而不通，而言養之以和，未之聞也。（頁 164～165）

> 且生之爲樂，以恩愛相接。天理人倫，燕婉娛心，榮華悅志。服饗滋味，以宣五情。納御聲色，以達性氣。此天理自然，人之所宜，三王所不易也。（頁 166～167）

> 相如曰：必若長生而不死，雖濟萬世，猶不足以喜。言背情失性，而不本天理也。長生且猶無歡，況以短生守之耶？（頁 167）[註29]

向秀此難也許僅是故作俗論以發康之高致，其可否代表向秀本人之意見或容有爭議，[註30] 但此難反映出世論質疑嵇康約情以養生的路數則是無庸置疑的，以爲聲色滋味之好皆生於自然，宜從欲稱情以通達人之性氣情志，若未能順此天理自然之情以盡生之樂，則可謂「背情失性」，大失養生之本。此中已見稱情以樂生的思想，雖仍持「節之以禮」、「三王之教」的舊說，但順此稱情自然、嗜欲宜從以得生之爲樂的思路，肆情以樂生的主張已可謂呼之欲出了。

　　若欲進一步理解晉人肆情以樂生的人生態度與行爲風尚，被視爲晉人僞作的《列子》，[註31] 其中〈楊朱篇〉所反映的生命與思想型態，則頗能與中朝享

---

〔註29〕此向秀〈難養生論〉，同引自《嵇康集校注》。

〔註30〕《晉書·向秀傳》卷四十九「又與康論養生，辭難往復，蓋欲發康高致也」，牟宗三以爲向秀此論，乃在特殊之機緣與心理下所作，純是世間俗情，故不宜以其注莊牽合此文。見《才性與玄理》，頁 210～211 及 327～329。李豐楙以爲向秀〈難養生論〉的思想立場與莊注適性自然之旨若合符節，見〈嵇康養生思想之研究〉一文，《靜宜文理學院學報》第二期，1979 年六月。可見對於〈難養生論〉一文可否代表向秀之見，仍有爭議。

〔註31〕今人楊伯峻撰有《列子集釋》，其附錄三，薈萃諸家辨僞文字，頗爲詳備。在

樂主義流行的士人心態互爲呼應。唯近人有質疑〈楊朱篇〉所代表的縱欲思想與魏晉放曠名士皆重養生者絕不相類，〔註32〕實則如同其視此縱欲思想乃從楊朱全生養生之觀念而來般，〔註33〕中朝士人肆情縱欲之行，除了有政治劇變的歷史因素外，又何嘗不可說是從嵇康約情以養生的思想轉來，縱非如是，在魏晉多元化的品賞風向與人格型態之趨勢下，也不必然皆當循此養生之路數，而不能並容另一種相異於嵇康養生論的主張。向秀對嵇康「導養得理，以盡性命，上獲千餘歲，下可數百歲」的說法提出「此殆影響之論」，〔註34〕進而有「長生且猶無歡，況以短生守之耶？」的質疑，實已離〈楊朱篇〉「百年猶厭其多，況久生之苦也」的宣示不遠了。〔註35〕如此看來，支道林質疑向郭適性逍遙說而云「不然，夫桀跖以殘害爲性，若適性爲得者，彼亦逍遙矣！」也非空穴來風的批評。〔註36〕是以向秀〈難養生論〉正反映了當時士人一種心態的轉折，在「約情」與「肆情」之際，其「稱情以樂生」的說法可謂具有承轉的中介角色，未嘗不可視爲肆情說的先聲。筆者以爲早期清談之問難思辨並非僅是遊戲趣味之談，往往攸關其人生態度與理想旨趣，因此向秀之〈難養生論〉的意義若能由此知察定位，便可不至淪爲純粹陪襯的角色。

## 第三節　肆情與樂生

　　本文在此將以《列子·楊朱》與張湛注的思想陳述爲此「肆情以樂生」的理論基礎，並從《世說》與史料中所呈顯的生命圖式與人物群像爲其具體演出之場域，來展現晉人於「肆情」面向上的思想內涵與生命風貌。

　　《列子·楊朱》中曾假管夷吾之口，大談肆情恣欲以養生的道理，正與嵇康約情以養生的主張背道而馳：

　　　　其集釋例略四謂「列子之爲晉人所僞，殆無疑義也」，頁2，（臺北：華正書局，民國76年）以下所引列子資料，皆本此。

〔註32〕徐復觀以爲「按魏晉名士之放曠，主要乃就行爲上的不拘禮法而言，但他們有一共同之點，即是皆重視養生。而楊朱篇只有「樂生」的思想，決無以延長壽命爲目的的養生思想」，見《中國人性論史》，頁426。

〔註33〕徐復觀以爲〈楊朱篇〉的縱欲思想，乃由全生養生之觀念而來，故視其爲楊朱思想之墮落而來，同前註，頁428～429。

〔註34〕向秀難曰：「若信可然，當有得者。此人何在，目未之見，此殆影響之論，可言而不可得。」同〔註6〕，頁165。

〔註35〕見《列子集釋》，頁229，同〔註31〕。

〔註36〕見《世說·文學》32注引。

> 晏平仲問養生於管夷吾。管夷吾曰：「肆之而已，勿壅勿閼。」晏平
> 仲曰：「其目奈何？」夷吾曰：「恣耳之所欲聽，恣目之所欲視，恣
> 鼻之所欲向，恣口之所欲言，恣體之所欲安，恣意之所欲行。夫耳
> 之所欲聞者音聲，而不得聽，謂之閼聰；目之所欲見者美色，而不
> 得視，謂之閼明；鼻之所欲向者椒蘭，而不得嗅，謂之閼顫；口之
> 所欲道者是非，而不得言，謂之閼智；體之所欲安者美厚，而不得
> 從，謂之閼適；意之所欲爲者放逸，而不得行，謂之閼性。凡此諸
> 閼，廢虐之主。去廢虐之主，熙熙然以俟死，一日、一月、一年、
> 十年，吾所謂養。拘此廢虐之主，戚戚然以至久生，百年、千年、
> 萬年，非吾所謂養。」（頁222～223）

管夷吾所言，可以說代表了生命體「耳——目——鼻——口——體——意」
全面性的解放，由是「音聲——美色——椒蘭——是非——美厚——放逸」
皆成人養生之場域，若有所壅閼不行，反是廢虐之主，宜去之以還其肆情恣欲
之本然。故張湛於此注曰：「任情極性，窮歡盡娛，雖近期促年，且得盡當生之
樂也」。若能得盡當生之樂，熙熙然以俟死，生期雖短，亦是善養；反之縱獲長
生，不知如何肆情以樂生，亦是「百年猶厭其多，況久生之苦也乎」，可知其所
以十分強調逸身與樂生，實則是深體生之苦澀遂翻轉逐有生之樂而來：

> 百年，壽之大齊。得百年者千無一焉。設有一者，孩抱以逮昏老，
> 幾居其半矣。夜眠之所弭，晝覺之所遺，又幾居其半矣。痛疾哀苦，
> 亡失憂懼，又幾居其半矣。量十數年之中，逌然而自得無介焉之慮
> 者，亦無一時之中爾。則人之生也奚爲哉？奚樂哉？爲美厚爾，爲
> 聲色爾。而美厚復不可常厭足，聲色不可常翫聞。乃復爲刑賞之所
> 禁勸，名法之所進退；遑遑爾競一時之虛譽，規死後之餘榮；踽踽
> 爾順耳目之觀聽，惜身意之是非；徒失當年之至樂，不能自肆於一
> 時。重囚纍梏，何以異哉？太古之人知生之暫來，知死之暫往，故
> 從心而動，不違自然所好，當生之娛非所去也，故不爲名所勸。從
> 性而游，不逆萬物所好；死後之名非所取也，故不爲刑所及。名譽
> 先後，年命多少，非所量也。（頁219～220）

人生之中得以無憂自得之時已是甚少，若再爲虛譽餘榮而坐失爲歡盡樂之
機，豈非如「重囚纍梏」般，何其可悲。故當從心而動，從性而游，肆情以
樂生，在此自須無措年命與名譽，力破生死之分殊與虛名之執迷：

萬物齊生齊死，齊賢齊愚，齊貴齊賤。十年亦死，百年亦死。仁聖
亦死，凶愚亦死。生則堯舜，死則腐骨；生則桀紂，死者腐骨。腐
骨一矣，孰知其異？且趣當生，奚遑死後？（頁 221）

堯舜桀紂生時縱有美名惡名之別，然終歸腐骨，而虛名何足潤枯骨，「暫來暫往」
之人又何須矜累於虛名，「失當身之暫樂，懷長愁於一世」呢？〔註37〕是以由此
必死之悲而逼顯出且趣當生之樂的人生態度，甚至質難伯夷矜清之誤善而稱美
紂「肆情於傾宮，縱欲於長夜」之達智，〔註38〕皆是在「同歸於死」的命限下，
秉持「憂苦，犯性者也；逸樂，順性者也」而生的價值判定。〔註39〕張湛注《列
子・楊朱》也特別闡釋這種生死幻化觀念下的虛無之悲與當生之樂：

夫生者，一氣之暫聚，一物之暫靈。暫聚者終散，暫靈者歸虛。而
好逸惡勞，物之常性。故當生之所樂者，厚味、美服、好色、音聲
而已耳。而復不能肆性情之所安，耳目之所娛，以仁義爲關鍵，用
禮教爲矜帶，自枯槁於當年，求餘名於後世者，是不達乎生生之趣
也。（頁 216）

生死僅是氣之暫聚暫散，所謂「群有以至虛爲宗，萬品以終滅爲驗」，〔註40〕
故人當順其好逸惡勞之常性，且盡「厚味、美服、好色、音聲」之娛，若仍爲
仁義禮教聲名所矜，不知盡一生之歡，窮當年之樂，反是未能眞正識達生生之
趣者。可見今本《列子・楊朱》所載，充斥著對傳統禮教與價值的反動，將生
命的依歸跳脫出儒家仁義名教與道家超越境界的傳統視域，而返置於個體欲望
的當下實現之層次。嵇康以「越名教而任自然」剝落禮教以返人自性之本然，
在情禮的對峙中揚情抑禮，從群我消長中凸顯出個體意識的價值，唯其生命之
終極理想仍是歸本於道家超越精神的追求，是以尤當透過「約情」之長養以得
虛靜之理境。至《列子・楊朱》所示，則個體不僅在群體意識與傳統價值中解
放，生命自體更於精神之求中釋出，並於生死的對立逼顯之下，充分體現出時
間意識的刹那短暫，人遂在生死的夾縫間，直接轉入形軀的當下安頓與滿足的

---

〔註37〕張湛注語，同〔註31〕，頁 226。
〔註38〕楊朱曰：「伯夷非亡欲，矜清之郵，以放餓死……清貞之誤善之若此」，頁 221；
　　　　楊朱以舜禹周孔四聖美之所歸，然苦以至終，桀紂二凶雖惡之所歸，但能樂
　　　　以至終，二者同歸一死，苦樂卻異，褒貶之意不言自明，並以「肆情於傾宮，
　　　　縱欲於長夜」描摹紂之放縱，見頁 231～233，同〔註31〕。
〔註39〕同〔註31〕，頁 238。
〔註40〕見張湛列子序語，同〔註31〕，頁 279。

追逐之中，中朝之際肆情以樂生的士人心態，正是這般思潮之下的投影：

> （郭璞）性輕易，不修威儀，嗜酒好色，時或過度。著作郎干寶常
> 誡之曰：「此非適性之道也。」璞曰：「吾所受有本限，用之恆恐不
> 得盡，卿乃憂酒色之為患乎！」（《晉書》卷七十二）

郭璞尤恐無以在命限之際盡享酒色之歡，何患酒色之傷性，可見嗜酒好色以
樂生者每從生命苦短的覺察中解慰自證其行之有由，甚至以為唯當如此，方
是真正的適性達生，當時士人由命限之悲遂轉逐生之樂的心態可見一斑。

　　再者，向來討論中朝士人違禮肆情之舉，每上溯其源而推及阮籍或遠至
漢末之孔融、彌衡、戴良，〔註41〕而且對於中朝以來的肆情之風，每多貶辭
與批評，或以為純為模仿而逐跡失真、或指責其誤國敗俗，〔註42〕諸多意見
皆有其立論之由，但筆者以為若跳開傳統理解的視域，中朝名士的肆情面向
亦有其特殊的風貌與特質，體察其形成因由也並非全然無稽，是以在此將進
一步透過比較的方式，來探討從漢末至魏晉肆情之風的承轉因革及此演變之
因。試先從八達兩則事跡論起：

> 謙之字子光。才學不及父，而傲縱過之。至酣醉，常呼其父字，輔
> 之亦不以介意，談者以為狂。輔之正酣飲，謙之窺而厲聲曰：「彥國
> 年老，不得為爾！將令我尻背東壁。」輔之歡笑，呼之與共飲。（《晉
> 書》卷四十九）

> 初至，屬輔之與謝鯤、阮放、畢卓、羊曼、桓彝、阮孚散髮裸裎，
> 閉室酣飲已累日。逸將排戶入，守者不聽，逸便於戶外脫衣露頭於
> 狗竇中窺之而大叫。輔之驚曰：「他人決不能爾，必我孟祖也。」遽
> 呼入，遂與飲，不捨晝夜。時人謂之八達。（同上）

輔之子謙之的傲縱無禮，可由其直呼父字、厲聲責父中得其縮影，「尻背東壁」
雖意在關切之情，但出語何其鹵莽忤逆；然尤其值得注意的是輔之面對子輩
如此的輕狂言行，不僅不為介意，甚至深覺堪慰，頗能知賞，並彷彿由之而

---

〔註41〕王隱《晉書》曰：「貴游子弟，多祖述於阮籍，同禽獸為通」；干寶《晉紀》
　　　　曰：「故魏晉之間，有被髮夷傲之事，背死忘生之人，反謂行禮者，籍為之也」，
　　　　近人余英時論魏晉情禮衝突與名教危機則每溯至漢末之戴良、孔融與彌衡，
　　　　見《中國知識階層史論・古代篇》，頁249～252及338～341。
〔註42〕如戴逵云「若元康之人，可謂好遁跡而不求其本，故有捐本徇末之弊，舍實
　　　　逐聲之行……元康之為放，無德而折巾者也」（《晉書》卷九十四）。對此之批
　　　　判，余嘉錫《世說・任誕》篇首之案語有詳引及意見可參。

更加拉近了父子之間的距離，達到「親至」的妙用，〔註43〕父子遂在無所顧忌間彼此暢懷於共飲同歡之中。漢末孔融與禰衡跌蕩放言，所謂「父之於子，當有何親？論其本意，實爲情欲發耳」，〔註44〕阮籍亦曾發「殺父乃可，至殺母乎！」的肆言，〔註45〕但細察兩者言下之意，實皆有質疑對抗漸形僵化的孝道傳統與虛僞禮教的用意，阮籍拒抑其子之欲學作達，輔之對其子之輕狂卻激賞有加，八達者流實已將此早期反抗傳統的逆言狂語，訴諸於日常生活的言行之際，並消釋其抗俗以揚眞的深意而轉成眞實生活中的一種情調與氛圍。〔註46〕輔之等七人散髮裸裎，閉室酣飲，這般集體肆暢的樣態彷彿有傳言中七賢肆意酣暢於竹林之下的影子。〔註47〕但散髮裸裎之舉，於竹林七賢中仍屬個別性的，〔註48〕在此卻如同「散髮裸裎」之黨，透過集體共識性的契同與渲染，產生一種更形激烈毫無忌憚以達集體同歡完全解放的肆情張力；而竹林至少是離俗的方外之域，輔之者流則直接於居家閉室中進行，這種放浪肆情之行成爲生活中的常態光景。光逸先被不知趣的守者排之在外，進而以脫衣學狗叫同禽獸遂爲輔之所契知，主客之間竟以如此方式來知會溝通，可見葛洪於《抱朴子·疾謬》中言及「賓則入車而呼奴，主則望客而喚狗，其或不爾，不成親至，而棄之不與爲黨」也是其來有自的。〔註49〕

不僅父子與主客之關係縱逸放達如是，男女之間亦然。謝鯤挑逗美色而折齒，仍傲然嘯歌，無所知愧；〔註50〕周顗當眾露其醜穢，欲通人妾，而且面無慚色，〔註51〕這般訴諸形骸的放浪，實已有別於阮籍醉臥沽家少婦、往

〔註43〕 見《抱朴子·疾謬》「其或不爾，不成親至，而棄之不與爲黨」。

〔註44〕 見《後漢書·孔融傳》卷一百。

〔註45〕 見《晉書·阮籍傳》卷四十九。

〔註46〕 廖師蔚卿以爲「至於以謝鯤爲首的中興八達，如胡母輔之、阮放、畢卓、羊曼、桓彝、阮孚、光逸等，散髮裸裎、閉室酣飲，是全然以頹廢的縱飲爲目的，摹仿阮籍，而不了解他的精神，他們的生活形態也便是精神形態」，雖有較爲強烈的批評用意，然指出八達者流其生活形態便是精神形態的觀點，頗值得注意。見〈魏晉名士的狂與癡〉，頁37。

〔註47〕 《世說·任誕》1云七賢「常集于竹林之下，肆意酣暢，故世謂『竹林七賢』」，據近人考證，「竹林」蓋取意於内典，非眞有其地。

〔註48〕 如阮籍之被髮夷傲，劉伶之脫衣裸形，皆爲個別性的現象，並非集體行之。

〔註49〕 見《抱朴子·疾謬》。

〔註50〕 「鄰家高氏有美色，鯤嘗挑之，女投梭，折其兩齒。時人爲之語曰：『任達不已，幼輿折齒。』鯤聞之，傲然常嘯曰：『猶不廢我嘯歌。』」見《晉書》卷四十九。

〔註51〕 「王導與周顗及朝士詣尚書紀瞻觀伎。瞻有愛妾，能爲新聲。顗於眾中欲通

哭兵家女「外坦蕩而內淳至」之舉，其精神境界的豁達與奔逸已轉成放任於形骸之欲與美色之逐，並在此縱性肆情中渾然無視世禮之檢括。檢視這些看似荒唐無賴之舉，可知「肆情」之風已成時尚，故不僅爲之而無愧，所謂「貴游子弟相與爲散髮裸身之飲，對弄婢妾，逆之者傷好，非之者負譏」，〔註52〕而且反自謂其方是「行禮」、「體道」、「通達」之流。〔註53〕可見這些人物與行舉，不必然是無謂的模仿，也非僅是無意識的放達無禮，否則與莽夫粗漢何異？其行爲的背後實得力於一特殊的存在情境與思想背景：世局動盪不安、莊學的轉化、個體意識的擴張、形骸的自覺、質疑儒與道之人生理境而無所安頓，生死問題之益形凸顯，遂有此肆情以樂生之思潮的風行。

張季鷹所謂「使我有身後名，不如即時一杯酒！」，〔註54〕甚連賤如小卒輩者，也願飲酒以行樂，縱適一時而無名器之想，更得時人「達生」之稱賞，〔註55〕可知此無意於世名之逐而縱情酒樂的風尚，非僅行之於貴游之流，實可謂一時代之共相。畢卓「一手持蟹螯，一手持酒杯」的形象，正是浮沉酒池、肆情盡歡之名士最爲具體生動的傳寫，〔註56〕「痛飲酒」更成了名士風貌的重要表徵。〔註57〕可見晉代已洋溢在一片醉酒爲歡、痛飲爲樂的風潮之中，他們總是將生命孤擲灌注於飲酒之中，漸從阮籍以酒來保身解憂於亂世之險惡的用意轉向化矜暢情，〔註58〕乃至肆情以樂生的追求，「酒」遂成爲生

其妾，露其醜穢，顏無怍色。」見〈任誕〉25注。

〔註52〕見沈約《宋書‧五行志》。

〔註53〕「有被髮夷傲之事，背死忘生之人，反謂行禮者」（《世說‧任誕》2劉注引干寶《晉紀》）；「大行不顧細禮，至人不拘檢括。嘯傲縱逸，謂之體道」（《抱朴子‧疾謬》）；「甚者名之爲通，次者名之爲達」（《世說‧德行》23）。

〔註54〕「張季鷹縱任不拘，時人號爲江東步兵。或謂之曰：『卿乃可縱適一時，獨不爲身後名邪？』答曰：『使我有身後名，不如即時一杯酒！』」見〈任誕〉20。

〔註55〕「蘇峻亂，諸庾逃散。庾冰時爲吳郡，單身奔亡，民吏皆去。唯郡卒獨以小船載冰出錢塘口，蓬苫覆之……。後事平，冰欲報卒，適其所願。卒曰：『出自廝下，不願名器。少苦執鞭，恆患不得快飲酒。使其酒足餘年畢矣，無所復須。』放爲起大舍，市奴婢，使門內有百斛酒，終其身。時謂此卒非唯有智，且亦達生。」見〈任誕〉30。

〔註56〕「畢茂世云：『一手持蟹螯，一手持酒杯，拍浮酒池中，便足了一生。』」見〈任誕〉21。

〔註57〕「王孝伯言：『名士不必須奇才。但使常得無事，痛飲酒，熟讀〈離騷〉，便可稱名士。』」見〈任誕〉53。

〔註58〕「子敬與子猷書，道『兄伯蕭索寡會，遇酒則酣暢忘反，乃自可矜』」見〈賞譽〉151。

活中不可或缺的重要角色，而生命苦短，何能不以酒來盡歡享樂，尤爲瀰漫中朝、江左的士人心態，遂使名士之風貌，在清遠高曠之境的超拔中仍閃爍著向下放逐的頹廢與荒謬，在飄逸輕狂的表相下流露幾許沈重與無奈的色彩。而此肆情任性、放浪形骸的生命樣態，正是生死問題強烈凸顯下的生命體，對生之眷戀與孤擲而揚起的生之變奏與異調，繼而尋求解脫遂有佛教與佛學的益形昌盛，可見中朝肆情以樂生的生命型態，誠可謂莊學之墮落，相距於七賢之高情美才的展現自是甚遠，但若暫釋批判的理解路數，此何嘗不是玄佛興替間士人心態的反映。

## 第四節　餘　論

　　本文並立「約情」與「肆情」，兩者看似截然對立無涉，實則是特立兩極以顯其殊趣及理解之依歸。就《世說》之核心篇目以觀，〈雅量〉尤多名士約情風貌的展現，〈任誕〉則頗能傳寫其肆情的面向，並觀兩者之妙，最可顯魏晉名士風流之殊趣。本文以「約情與養生」及「肆情與樂生」來重探之，「養生」與「樂生」僅是某種察照的理據，實未足於釋盡「約情」與「肆情」這兩種生命風貌的複雜義涵，然或可增添一理解的線索，並使之由現象層面照應至理論層面。若回到魏晉士人普遍的存在實境來看，則往往是兼攝兩端或偏向其中一個面向，亦有隨其存在情境與生命之發展而有游移周旋其間的轉變現象。〔註 59〕名士尤多酒藥之兼攝，也如同服藥與飲酒皆貴在能「形神相親」般，「約情」與「肆情」其實亦是共會於生命之源的。

　　阮籍藉酒約情以避禍，即是一種深智的表現，嵇康約情服藥而兼養形神，則爲其養生思想的實踐，兩者又皆以肆情之面貌契接莊學的精神，可謂魏晉名士周旋於約情與肆情的理想典型；唯此「肆情」之理境並非人人可知契深體，嵇、阮以其高識才情方能有所湊泊。向郭將莊學改造轉化，遂有適性稱情之學的興起，中朝名士進而從真實生活存在中具現，卻一反莊學肆情之超越精神的企求，特於生死夾縫的自覺下浪擲形骸之逐，遂輾轉出肆情以樂生的生命情調，此雖已是肆情之變調，但反而更形普遍而廣爲流行，甚至已成

〔註59〕從〈古詩十九首〉所謂「服藥求神仙，多爲藥所誤；不如飲美酒，被服紈與素」即可略知時人周旋於酒藥之間的心態，王瑤特立「文人與酒」與「文人與藥」來反映魏晉文人之生活，同〔註 22〕，可見飲酒服藥風氣之普遍，從中亦可知時人或偏服藥或尚飲酒，也有兼攝兩者的現象。

晉人顯明之個性主義與集體享樂意識的重要線索，士人無以安頓於傳統儒與道的價值依歸，每置身於生死幻化的虛無之感中，在此氛圍下，佛教與佛學遂得以益形昌明興盛。故對於「肆情與樂生」的生命情境，若能跳開批判的傳統理解訴求，正視晉人心態轉折的原委，或可由此概見玄佛思想蛻變之幾兆。

不論是「養生」與「樂生」，皆是直接面對生死之難題而展現出來的人生態度，代表魏晉士人身處動盪世局與思想變遷下的自我抉擇與生命出路，在此思脈下，士人之心境與情態遂有隱顯收放內斂外揚乃至趨上或逐下的複雜面向。而名士們飲酒與服藥的行徑之中也無不洋溢著面對生死的解脫逃避與矛盾糾結，他們或縱酒為歡，以酒來寄託生死，〔註60〕也有行散之際，心有千結，萬種思緒情懷，無不以死生新故之悲感為最。〔註61〕而服藥養生、縱意酣飲，於生死之繫念外，何嘗不是藉以遺落世事、忘懷俗情。淵明所謂「汎此忘憂物，遠我遺世情」，〔註62〕王羲之「雅好服食養性，不樂在京師，初渡浙江，便有終焉之志」，〔註63〕可見魏晉士人常願能「釋域中之常態，暢超然之高情」，〔註64〕然於仕隱出處進退之間，卻每有周旋與游移，遂形成「高情」與「俗情」既分殊有別又交錯冥會的複雜關係，此可謂另一種理解魏晉士風的重要線索與進路，是以本文將進一步從「高情與俗情」的角度來加以探索之。

---

〔註60〕「（劉伶）常乘鹿車，攜一壺酒，使人荷鋤而隨之，謂曰：『死便埋我』」。見《晉書》卷四十九。

〔註61〕「王孝伯在京行散，至其弟王睹戶前，問：「古詩中何句為最？」睹思未答。孝伯詠『所遇無故物，焉得不速老？』此句為佳。」見〈文學〉101。

〔註62〕見陶淵明〈飲酒詩〉第七首。

〔註63〕《晉書・王羲之傳》卷八十。

〔註64〕見孫綽〈遊天台山賦〉，同〔註3〕，頁1806。

# 第四章　高情與俗情

　　論及高情與俗情，自與士人出處進退的問題相涉，但卻非訴諸仕隱所能涵盡。探此兩者之別，當在仕隱偏於行跡面向立說，而高情與俗情既標以「情」目，可知其一則側重於內隱之心態的探討，一則亦兼及外顯之情境的揭示，是以如此涵攝心跡的探討進路，或更能凸顯魏晉士人於仕隱問題上的反思，乃至諸多生命情境中所展現的複雜現象與豐富義涵。再者必須加以澄清的是，常言所謂高俗之分，不無存有脫俗之高與庸俗之低的價值判斷；筆者在此雖沿用其目，但偏於高遠之情與世俗之情的分殊及指稱，也就是著眼於取義上的方便，而較少作價值面向的衡定。

　　至於高情與俗情的論析，本文將以《莊子》作為高情理境之孕育及高俗關係的參考架構，進而從名士之典型——嵇、阮「達莊」的追求，豁顯其遺俗而獨往的思想向度與生命風貌，並以二者作為探索魏晉人物高俗課題的發軔；向郭於〈逍遙遊〉之理想人格的討論中揭示出「跡冥說」，在此理論的推演下，形成「以仕為隱」的心態與士風，而與傳統「以隱為高」的價值觀輾轉對應，正可作為探討晉代高俗之情的理論背景；而於晉人諸多言行事跡的記載中，則可以進一步了解其高情與俗情的關係頗為複雜糾纏，本文將以「以隱為高」及「以仕為隱」兩個觀念為參照點，繼而依輾轉剖析的方式對士人心態加以分殊比較，或具現典型，或體察常態，乃至多角度的分探與延伸，期能客觀辨析，使之昭然若揭。如此當可環扣理論層次及存在現象，而勾勒出其間的發展脈絡，使藉由「高情與俗情」來理解魏晉士風的任務得以有效地完成。

## 第一節　莊子高情理境之揭示及嵇、阮遺俗獨往的契會

　　《莊子》爲魏晉三玄之一，對魏晉人之處世態度與生命觀的影響尤爲深切，是以論及高情與俗情，似可從《莊子》中得其根源與線索。筆者以爲《莊子》所涉高俗之問題，可從「撥俗以立高」、「高不離俗」二個面向來加以察照。《莊子・逍遙遊》中首揭「由俗而高」層層轉進的生命境域：

> 故夫知效一官，行比一鄉，德合一君，而徵一國者，其自視也亦若此矣。而宋榮子猶然笑之。且舉世譽之而不加勸，舉世非之而不加沮，定乎內外之分，辨乎榮辱之境，斯已矣。彼其於世未數數然也。雖然，猶有未樹也。夫列子御風而行，泠然善也，旬有五日而後反。彼於致福者，未數數然也。此雖免乎行，猶有所待者也。若夫乘天地之正，而御六氣之變，以遊無窮者，彼且惡乎待哉！故曰，至人無己，神人無功，聖人無名。

「知效一官，行比一鄉，德合一君」者，可謂智能德行皆美之君子，故得以立功名於世而廣受稱譽；宋榮子則尤有進者，能不顧世之毀譽，即見侮不辱，也不與人爭，然猶未忘人我之分；繼而是御風而行的列子，能忘我而順風勢以行，卻仍是乘此風勢以有其功，故尙未至無待之境。經此三個層次的逐步揭示，終而有「無己」、「無功」、「無名」的逍遙無待之理境的展現，至此則能超越人世「己、功、名」的牽絆與束縛，以達「乘天地之正，御六氣之變」的至妙之境。可見莊子對其理想之生命型態的建構乃對顯世情之域進而逐步翻騰超越而來，「無己無功無名」之「無」，即是對「己、功、名」之俗情的遮撥，其背後實得力於一續進工夫的證成，遂而有逍遙之高情的展現。

　　「由俗而高」境界上的逐次遞升乃是經由體道工夫與實修歷程而來，唯至此境之至人神人聖人，並非即從世俗中抽離撤退，而是超越且又回到世俗中處。故雖言「不爲窮約趨俗」、「喪己於物，失性於俗」力主撥俗物以保性全眞，〔註1〕並用畸俗以侔天的寓言人物來藉俗觀以對顯高境；〔註2〕但終極之理境仍是所謂「獨以天地精神相往來，而不敖倪於萬物，不譴是非，以與世俗處」（天下）、「體性抱神，以遊世俗之間」（天地）。可見莊子處世之深意當在與世委蛇而不失其眞，並非以遺世忘俗爲最，〔註3〕畢竟若是自絕於世，

〔註1〕　見《莊子・繕性》。
〔註2〕　如《莊子・大宗師》中臨尸而歌，莫逆於禮俗生死之外的孟子反、子琴張等。
〔註3〕　《莊子・讓王》中雖有大抒遺世忘俗的隱居之樂，實未能契接內篇〈大宗師〉

則淪爲與天爲徒而不能與人爲徒的偏執，〔註4〕反而未達逍遙以遊世的至境。
故〈刻意〉中對「山谷之士」與「江海之士」皆有批評：

> 刻意尚行，離世異俗，高論怨誹，爲亢而已矣；此山谷之士，非世
> 之人，枯槁赴淵者之所好也。

> 就藪澤，處閒曠，釣魚閒處，無爲而已矣；此江海之士，避世之人，
> 閒暇者之所好也。

兩者皆是陷於一偏而有所不忘的隱者，實未至「無不忘也，無不有也」的無
待境界。〔註5〕由此可知莊子高情理境之聖人，並非自高異俗或流遁避世之
人，反是高不離俗，自體與外物之間無滯無對，故能勝物而不傷，遊乎世俗
卻不失其眞。綜以觀之，莊子以「撥俗以立高」對照世情遂而超越轉進高情
之聖境，此聖境的背後是一越俗返眞的工夫證成，進而能「高不離俗」，使「獨
與天地精神相往來」的高情及「與世俗處」的俗情之間兩不衝突，達臻高俗
不二、天人不相勝的至理與妙境。

　　魏晉之際的嵇、阮，兩者不論思想向度或生命風格，皆明顯地烙印著莊
子的影響。嵇康「又讀老莊，重增其放，故使榮進之心日頹，任意之情轉篤」，
〔註6〕「遺物棄鄙累，逍遙遊太和」，〔註7〕著〈高士傳〉，故其每遺落俗務而
優游世外，高情遠趣以率然玄遠；阮籍「宏達不羈，不拘禮俗，口不論事，
自然高邁」，〔註8〕著有〈達莊論〉，〈大人先生傳〉，意在發揚莊子思想，也是
自寫其胸懷本趣，因而展現出越俗高邁的風格。可見嵇、阮同得莊子思想之
浸潤，並能進一步融入其個體之性情才智與時代境遇，揮灑出自我的風格與
思致，而成爲備受推崇的七賢領袖。唯嵇阮之高識才情雖能體悟契會莊子高
情之理境，但對莊子通貫續承的工夫深意卻未能契接，亦缺乏內證實修，因
而加劇了自我理想與現實之間的矛盾與鴻溝，也添增了悲劇與苦悶的色彩，

---

所涵藏之與世委蛇而不失其眞的處世深意，故王先謙有云：「〈讓王〉下四篇，
古今學者多以爲僞作」，見《莊子校詮》，頁1117。
〔註4〕《莊子・大宗師》云：「其一與天爲徒，其不一與人爲徒。天與人不相勝，是
之謂眞人」
〔註5〕《莊子・刻意》云：「若夫不刻意而高，無仁義而修，無功名而治，無江海而
閒，不道引而壽，無不忘也，無不有也，澹然無極而眾美從之。夫天地之道，
聖人之德也。」
〔註6〕見〈與山巨源絕交書〉，《嵇康集校注》，頁117～118。
〔註7〕見嵇康〈答二郭〉詩，同〔註6〕，頁63。
〔註8〕見《晉書・阮籍傳》卷四十九。

遂形成契會莊子之思想向度與人生理境，卻展現出迥異於莊子理想人格的生命風貌。

如嵇康雖有「每非湯武而薄周孔，在人間不止，此事會顯，世教不容」的自明，〔註9〕卻仍不免「顯明臧否」、「貴在肆志，縱心無悔」；〔註10〕阮籍於〈大人先生傳〉中反對抗志顯高之隱者而瞭然於「不避物而處」、「不以物爲累」的至境，〔註11〕然除了「口不臧否人物」的保身之術外，其違禮憤俗之舉中仍是不脫「惡彼而好我，自是而非人」的偏頗，〔註12〕此豈是「與道周始」、「萬物一體」莊境的體現？可見在任氣又露才揚己之個體意識的高漲下，嵇阮偏於禮法之批判，反抗名教以彰高世之情志，故特能顯「超世而絕群，遺俗而獨往」的精神，〔註13〕契會莊子「撥俗以立高」之高情理境的生命向度，卻往而不返，未能達臻莊子「高不離俗」的圓融之境。尤偏於才情異氣之馳騁，而未透達莊子深厚之工夫義，以致居「高」遺「俗」，而爲俗所牽累。是以嵇阮雖深具反抗精神與追求超越的心靈祈嚮，但終與莊境失之交臂，故其生命特質中，未見莊子向內通貫的深邃，反洋溢著材質性情的發懣，唯特能顯一精神況味，使人忘其在物質機括中，而成爲魏晉開先的典型人物。從嵇阮契莊之取向可知，魏晉人遠儒近道，尤長於莊老境界之智悟，然每弱於工夫之深體與實踐；嵇阮雖頗能發揚莊子「撥俗以立高」的思想面向，於「高不離俗」處則向有待闡的空間，故亦可由此窺見莊學轉化的線索與幾兆。

嵇康隱居不仕，終以排俗獲罪而遭司馬氏殺戮；阮籍在朝遜言，仕不視事，〔註14〕遂得以在「名士少有全者」的險世中苟全保身，兩者的行跡與後果，對士人之出處觀自有深遠的影響。而嵇康被誅後，本同歸隱之向秀入洛應俗，也透露出值得觀察的訊息：

> 嵇中散被誅，向子期舉郡計入洛，文王引進，問曰：「聞君有箕山之志，何以在此？」對曰：「巢許狷介之士，不足多慕。」王大咨嗟。
> （〈言語〉18）

並觀〈向秀別傳〉載「秀曰：『常謂彼人不達堯意，本非所慕也』」可知，向

---

〔註9〕 同〔註6〕，頁122。
〔註10〕 見嵇康〈幽憤詩〉、〈兄秀才公穆入軍贈詩〉，同〔註6〕，頁29、20。
〔註11〕 見〈大人先生傳〉，《阮籍集校注》，頁173。
〔註12〕 同〔註11〕，頁173。
〔註13〕 同〔註11〕，頁185。
〔註14〕 同〔註8〕。

秀視箕山之志的巢許乃狷介之流，故尚未能達其所慕之理想典型——堯的出處深意，以作爲己出仕之辯護，而深得文王的稱賞。在此對答中已顯向郭注莊對許由與堯之出處的看法，也可概見士人於仕隱高俗間的轉折與變化。

## 第二節　郭象莊注「跡冥論」與傳統「以隱爲高」之價值觀的交涉

莊子〈逍遙遊〉藉由許由與堯及藐姑射之神人與堯的對舉，來揭示其「無己、無名、無功」的高情理境；郭象莊注卻以「寄言以出意」的詮釋策略，反客爲主，視堯爲眞正的理想典型，而大暢其跡冥圓融的玄理。在此，試先從許由與堯的比較說起：

> 夫能令天下治，不治天下者也。故堯以不治治之，非治之而治者也。
> 今許由方明既治，則無所代之。而治實由堯，故有子治之言，宜忘
> 言以尋其所況。而或者遂云：治之而治者，堯也；不治而堯得以治
> 者，許由也。斯失之遠矣。夫治之由乎不治，爲之出乎無爲也，取
> 於堯而足，豈借之許由哉！若謂拱默山林之中而後得稱無爲者，此
> 莊老之談所以見棄於當塗。當塗者自必於有爲之域而不反者，斯之
> 由也。

郭象本諸「爲之出乎無爲」的玄理，暢談「治之由乎不治」的政治理想，以爲堯正是以「不治治之」的方式行之，不可謂如許由般「拱默山林之中」方是「無爲」，否則將使莊老之談淪爲方外之說，而爲當塗所棄，遂使當塗者全然落於世俗有爲之域而無以得「無爲」、「不治」的精神，故謂「取於堯而足，豈借之許由哉」，許由反是「守一家之偏尙」而爲「堯之外臣」，[註15] 雖亦是各得其「逍遙」，[註16] 然堯許之高下可知。這種以「不治治之」高於「拱默山林」的說法，不僅與遺事之士風互爲映襯，更在此理論的援引助瀾下，益形盛行而蔚爲風潮。再如論及堯與藐姑射之神人所言：

> 夫聖人雖居廟堂之上，然其心無異於山林之中，世豈識之哉！徒見
> 其戴黃屋，佩玉璽。便謂足以纓紱其心矣；見其歷山川，同民事，
> 便謂足以憔悴其神矣；豈知至至者不虧哉！

[註15] 見《莊子・逍遙遊》郭注。
[註16] 《莊子・逍遙遊》郭注云：「故堯許之行雖異，其於逍遙一也。」

> 四子者蓋寄言，以明堯之不一於堯耳。夫堯實冥矣，其跡則堯也。
> 自跡觀冥，內外異域，未足怪也。世徒見堯之爲堯，豈識其冥哉！
> 故將求四子於海外而據堯於所見，因謂與物同波者，失其所以逍遙
> 也。然未知至遠之所順者更近，而至高者之所會者反下也。若乃屬
> 然以獨高爲至而不夷乎俗累，斯山谷之士，非無待者也，奚足以語
> 至極而遊無窮哉！

郭象本寄言以出意的解莊原則，力駁常論之偏失，以爲莊子乃藉藐姑射之神人以彰堯「冥」，因爲世人每徒見堯「戴黃屋，佩玉璽」、「歷山川，同民事」之跡，而未知堯跡冥圓融——雖身居廟堂卻能心處山林——的理境，實則至高反下、至遠更近，與物同波又能不爲俗累者方是眞正的逍遙，屬然以獨高爲至的山谷中人，反是陷於一偏而未能無待。郭象在此勾勒出「聖人雖居廟堂之上，然其心無異於山林之中」的人格理想，使莊子一書成爲「涉俗蓋世之談」，﹝註17﹞其「遊外者依內，離人者合俗」、「未有極遊外之致而不冥於內者也，未有能冥於內而不遊於外者也」的說法，也頗能湊泊莊子「高不離俗」的面向，﹝註18﹞使方外之高與方內之俗得以內外相冥，由之而建構出「終日見形而神氣無變，俯仰萬機而淡然自若」的應世風貌與理型，﹝註19﹞也就是身在朝應務而心卻能不離於高隱之情懷，方是無待逍遙的至境。此不唯聖人如是，亦可爲賢人君子立身之法：

> 然賢人君子雖居廟堂之上，無異於山林之中，斯窮理盡性之妙，豈
> 有識之者邪！是故不嬰於禍難者，非爲避之，但冥心至趣而與吉會
> 耳。（《晉書》卷九十四）

賢人君子者實不必隱居山林以避禍，只要能冥心至趣，也能居廟堂而無異於山林之中，可見郭注「聖人跡冥說」亦可推至賢人君子之流。如此解說大異於常論以出仕爲俗而退隱爲高之見，遂開展出以仕爲隱、轉高成俗的理脈，可見晉人於出處進退之際，已非默守出仕則爲俗累、退隱方可爲高的傳統心態，順此高不離俗的理據，便可在朝而不以王務嬰心、「常遣世務，以高尙爲情」，﹝註20﹞此在朝「遺事爲高」之風遂隨著向郭莊注之流行而更爲時尙所趨，

---

〔註17〕《莊子·大宗師》郭注語。
〔註18〕同〔註17〕
〔註19〕同〔註17〕
〔註20〕見《世說·賞譽》125 劉注。

也是其來有自的。

然從郭注對「以隱爲高」之常論再三致意可知，傳統隱逸之風仍頗爲盛行，「以隱爲高」的觀念依然極爲普遍，此除了歸諸於根深蒂固的仕隱觀念與道家傳統之外，時局動盪不安，遂使人心徬徨而每思退隱以求解脫亦爲要因，從〈隱逸傳〉、〈高士傳〉、〈逸民詩〉、〈許巢論〉、〈許由頌〉之類的風行可知，〔註21〕尊隱尚退之時尚仍熾。但仕隱高俗之間，經此思潮與士風之激盪衝擊，也益形複雜曖昧，而引起時人對於出處隱顯之優劣問題的論辯：

> （謝）萬集載其敍四隱四顯，爲八賢之論：謂漁父、屈原、季主、
> 賈誼、楚老、龔勝、孫登、嵇康也。其旨以處者爲優，出者爲劣。
> 孫綽難之，以謂體玄識遠者，出處同歸。（〈文學〉91注引《中興書》）

謝萬「以處者爲優，出者爲劣」，持傳統「以隱爲高」的觀點，而孫綽難之，認爲「體玄識遠者，出處同歸」，從「體玄識遠」的心境，冥會出處之跡，於思理上自是略勝一疇，也與葛洪「在朝者陳力以秉庶事，山林者修德以厲貪污，殊塗同歸」偏於儒家的立場有別，〔註22〕而以得玄遠之意境爲其旨趣的歸趨，故於「仕」遂有「朝隱」、「市隱」之說，於「隱」亦有所謂「通隱」之美稱：

> 「卿道廣學深，眾所推懷，忽然改節，誠失所望。」（鄧）粲笑答曰：
> 「足下可謂有志於隱而未知隱。夫隱之爲道，朝亦可隱，市亦可隱。
> 隱初在我，不在於物」尚公等無以難之，然粲亦於此名譽減半矣。（《晉書》卷八十二）
>
> 戴逵……好鼓琴，善屬文，尤樂遊燕，多與高門風流者遊。談者許其通隱。履辭徵命，遂箸高尚之稱。（〈雅量〉34注引）
>
> 「或問身爲處士，時踐王廷，何也？」（周續之）答曰：心馳魏闕者，以江湖爲枯槁；情致兩忘者，市朝亦巖穴耳，時號通隱先生。」
> 〔註23〕

鄧粲以「朝亦可隱，市亦可隱」來反駁尚公「改節」之難以爲自己辯解，主

---

〔註21〕如《晉書》有〈隱逸傳〉、嵇康有〈聖賢高士傳〉、皇甫謐有〈高士傳〉、陸雲有〈逸民賦〉、〈逸民箴〉、潘岳有〈許由頌〉、石巢有〈許巢傳〉……等，可知當時隱逸風氣之盛。

〔註22〕見《抱朴子‧逸民》外篇卷二。

〔註23〕見蓮社《高賢傳》。

張「隱初在我，不在於物」之理而使尚公無辭以對，由「名譽減半」可知「以隱爲高」之常論難遣，但「朝隱」之說已爲時人所用而可言之成「理」；戴逵與周續之則以處士之身，每出入於王廷高門，雖大異於離世山居之隱，卻能於「情致兩忘」下，使市朝亦如巖穴，而得「通隱」之美稱。可見仕隱之間，不再如以往般截然可判，貴在得玄遠之意，而不必拘泥於形跡，兩者間已形成互有周旋輾轉的現象。

　　郭注雖甚能暢論「高不離俗」的圓融理境，而且投合時流不願離俗以獨高，心尚玄遠卻又無以割捨世宦與俗情的心理，但反觀此流風所及之輩，與莊子理想之生命典型，相距何其遙遠。推究其因，當在莊子「高不離俗」之理境的實現，是從「俗情」的剝落與超越而來，唯有眞切於遣俗工夫的體證，方可朗現其「高情」之遠境，在此之際尤能「高不離俗」，不遣是非而與世俗處。可見莊境並非從安於俗情中便能唾手可得，是以名士們一則慕尚莊子高情之境，卻每流連於俗情世域之中，雖亦自有理據，改造莊境成爲適性可及而大快人心，實已失莊子高情之深旨。在郭注「跡冥說」之旨趣與傳統「以隱爲高」之價值觀的交映推演下，士人之高情與俗情亦隨之而轉化出辯證交錯的複雜關係，尤值得進一步探究體察之。

## 第三節　晉人交錯周旋於高情與俗情的時尚與士風

　　阮籍在朝遺落世務，發言玄遠，而得以保身苟全於魏晉詭譎的政爭之中，〔註24〕其以酒廢職，實有解憂的積極意義及避禍以保身的具體目的。但此權宜之深智，卻漸成蕭然無累、以仕爲隱之生命情調的追求，進而以此爲尚，成爲一種風流的表徵，如西晉之王衍：

> （王衍）聲名藉甚，傾動當世。妙善玄言，唯談老莊爲事……累居顯職，後進之士，莫不景慕放效。選舉登朝，皆以爲稱首。矜高浮誕，遂成風俗焉。（《晉書》，卷四十三）

> 夷甫雖居台司，不以事物自嬰，當世化之，羞言名教；自臺郎以下，皆雅崇拱默，以遺事爲高。四海尚寧，而識者知其將亂。（《世說·輕詆》11 注）

---

〔註24〕對於魏晉之際名士的政治危機，馮承基論之甚詳，可參其〈論魏晉名士之政治生涯〉一文，見《國立編譯館館刊》第二卷第二期。

王衍雅尚玄遠，口未嘗言「錢」，〔註25〕唯以老莊是談，其矜高尚虛的風格可知，且身居要職，卻浮誕遺事，加以後進仕輩每爭相慕效，流風所及，遺事爲高遂蔚爲一時之風潮。是以晉宋以來，高官達貴每以文義自逸，高浮游之業而薄綜世之務，若勤於世務，反而爲世所鄙，〔註26〕如卞壺：

> （卞）壺幹實當官，以褒貶爲己任，勤於吏事，欲軌正督世，不肯苟同時好。然性不弘裕，才不副意，故爲諸名士所少，而無卓爾優譽。……阮孚每謂之曰：「卿恆無閑泰，常如含瓦石，不亦勞乎？」壺曰：「諸君以道德恢弘，風流相尚，執鄙吝者，非壺而誰！」時貴游子弟多慕王澄、謝鯤爲達，壺厲色於朝曰：「悖禮傷教，罪莫斯甚！中朝傾覆，實由於此。」（《晉書》，卷七十）

卞壺不苟同時好，恆無閑泰的勞心勞力，反不能如名士般顯一雍容閑豫的神采風姿，故自知鄙吝，亦爲時論所輕，雖欲反其道——逸俗放達——而行，以正仕風之偏，也難挽此遺事爲高的風尚。有識之士亦時有上疏指陳此風之失：

> 選官用人，不料實德，稱職以違俗見譏，虛資以從容見貴。當官者以理事爲俗吏，奉法爲苛刻，盡禮爲諂諛，從容爲高妙，放蕩爲達士，驕蹇爲簡雅。〔註27〕

> 元康以來，望白署空，顯以台衡之量。尋文謹案，目以蘭薰之器。〔註28〕

> 加有莊老之俗傾惑朝廷，養望爲弘雅，政事者爲俗人，王職不恤，法物墜喪。〔註29〕

可見此「理事爲俗吏」、「從容爲高妙」的時尚影響何其深遠，甚至成爲選官用人的判準，崇尚玄虛則以爲高，務實理事則不免於俗，能預時流者自必矜高而鄙俗，卻又身居官位，眷戀權勢，周旋於高情與俗情之間。若從在朝者當陳力以秉庶事的角度言之，此自可謂仕風敗壞，更造成名教之危機，家國之傾覆，史評家尤常義正嚴詞以批評之，也是誠有其因的。唯筆者在此擬不再從批判的路數入手，而以觀照的方式重新檢視體察之，一則探此現象之流

---

〔註25〕見《世說・規箴》9。
〔註26〕《梁書・何敬榮傳》載「自晉宋以來，宰相皆文義自逸。敬容獨勤庶務，爲世所鄙。」
〔註27〕晉人熊遠上書語，見《晉書・熊遠傳》卷七十一。
〔註28〕應詹表文，轉引自《世說新語箋疏》〈政事〉15，余嘉錫箋疏（一）。
〔註29〕陳頵與王導書語，見《晉書》卷七十一。

演變化，並由此現象尋索士人的心態及生命情境。試從八達者流的謝鯤說起：

> 明帝問謝鯤：「君自謂何如庾亮？」答曰：「端委廟堂，使百僚準則，
> 臣不如亮；一丘一壑，自謂過之。」（〈品藻〉17）

謝鯤雖以各有高下應答明帝之問，然從其「一丘一壑，自謂過之」來看，謝鯤不無標榜其深有高情雅興並以能脫落俗務而自賞的意味，本傳稱其「動不累高」、「不屑政事」正是此「一丘一壑」高遠之心志的展現。〔註30〕實則庾亮雖以外戚權傾朝廷，集軍政要務於一身，卻也非鄙吝者流，孫綽於〈庾亮碑文〉云：

> 公雅好所託，常在塵垢之外。雖柔心應世，蟺屈其跡，而方寸湛然，
> 固以玄對山水。」（〈容止〉24 注引）

孫綽以爲庾亮雖有應世之跡，然其心卻能常託山水玄趣，而超出於世俗塵垢之外，王羲之亦以「唯丘壑獨存」知賞其風流。〔註31〕由此可知，時流稱揚標顯庾亮的人格之美，正與郭注以跡冥圓融來揭示聖人之理境有相類之角度，也就是應世之俗情與忘俗之高情兩不衝突，並且能將之巧妙地結合：

> 范榮期見郗超俗情不淡，戲之曰：「夷、齊、巢、許，一詣垂名；必
> 勞神苦形，支策據梧邪？」郗未答。韓康伯曰：「何不使遊刃皆虛？」
> （〈排調〉53）

康伯之答，在指出「夷、齊、巢、許」者流雖退隱獨高，卻不如入世應俗尤能「遊刃皆虛」者高明。可見其以爲理想人物之典型，當在應世而能不爲俗所傷累，仍可應物從容，優游以處世。范榮期所以如此戲問，郗超所以一時無以應之，也反映出以隱爲高的觀念仍深植於士人的心懷，康伯深體玄理，〔註32〕故能代之答辯而妙得理據。可見「以隱爲高」、「以仕爲隱」之觀念交錯並顯，而「以仕爲隱」經由郭注理論層次的推演與證成，似更能投時流之所好，甚至有後來居上的趨勢。孫綽於仕隱出處間所展現的心態轉折，即是「以隱爲高」轉向「以仕爲隱」的顯例：

> （孫綽）少與高陽許詢俱有高尚之志。居于會稽，游放山水，十有
> 餘年，乃作遂初賦以致其意。嘗鄙山濤，而謂人曰：「山濤吾所不解，

---

〔註30〕見《晉書‧謝鯤傳》卷四十九。

〔註31〕見《世說‧容止》24。

〔註32〕本傳稱韓康伯「清和有思理」，又曾注〈繫辭傳〉，可見其頗善玄理，見《晉書》卷七十五。

吏非吏，隱非隱，若以元禮門為龍津，則當點額暴鱗矣。」（《晉書》，卷五十六）

孫綽本志在歸隱，故對於「吏非吏，隱非隱」的山濤有所不解而頗有微辭，起初所以鄙山濤位居顯職卻心企隱逸，當是認為隱當全身而退，何能又仕又隱，此正是「以隱為高」之心態的展現。繼而嬰綸世務，出事為官，故一則服膺於許詢始終不為所動的「高情遠致」，〔註33〕卻自許己能「託懷玄勝，遠詠老莊，蕭條高寄，不與時務經懷」；〔註34〕對於位居顯職而丘壑猶存的庾亮，也能以「柔心應世」、「玄對山水」來揭示之；並以「體玄識遠，出處同歸」難謝萬〈八賢論〉「處者為優，出者為劣」的論旨。此無不是其初隱而後仕之歷程的投影，故對於仕隱出處，不再執守「以隱為高」之見，而以「體玄識遠」為要，並親自體現「以仕為隱」的作風，標榜「不以時務經懷」的心境。縱使如未仕之許詢，也非離群索居，仍不免與四方諸侯有所來往而眷戀俗情之享：〔註35〕

許玄度隱在永興南幽穴中，每致四方諸侯之遺。或謂許曰：「嘗聞箕山人，似不爾耳。」許曰：「筐篚苞苴，故當輕天下之寶耳。」（〈棲逸〉13）

劉真長為丹陽尹，許玄度出都就劉宿；床帷新麗，飲食豐甘。許曰：「若保全此處，殊勝東山！」劉曰：「卿若知吉凶由人，吾安得不保此！」王逸少在坐曰：「令巢許遇稷契，當無此言。」二人並有愧色。（〈言語〉69）

許詢每受四方諸侯之遺，故遇隱不當如此的質難，雖巧答以物輕而位重來顯己志之未屈不改，但已可見其隱而不離世捨物的心態，尤以處劉尹之美舍佳餚而思眷俗之情，可見其雖有不仕之高情，仍是俗情未盡，大失許巢之風，也難怪為王羲之所譏。由此看來，不僅仕非仕，隱亦非隱也。高俗之間有著明顯地互動轉化的曖昧關係：

郗超每聞欲高尚隱退者，輒為辦百萬資，并為造立居宇。起剡為戴公起宅，甚精整；戴始往居，與所親書曰：「近在剡，如入官舍。」

〔註33〕《世說·品藻》54 載：「支道林問孫興公：『君何如許掾？』孫曰：『高情遠致，弟子蚤已服膺；一吟一詠，許將北面。』」
〔註34〕《世說·品藻》36 載：「撫軍問孫興公……『卿自謂何如？』曰：『下官才能所經，悉不如諸賢；至於斟酌時宜，籠罩當世，亦多所不及。然以不才，時復託懷玄勝，遠詠老、莊，蕭條高寄，不與時務經懷，自謂此心無所與讓也。』」
〔註35〕見前引孫綽〈庾亮碑文〉。

郗爲傅約亦辦百萬資，傳隱事差互，故不果遺。(〈棲逸〉15)

時弘農王粹以貴公子尚主，館宇甚盛，圖莊周於室，廣集朝士，使含爲之讚，含援筆爲弔文……其序曰：「帝婿王弘遠華池豐屋，廣延賢彥，圖莊生垂綸之象，記先達辭聘之事，畫眞人於刻桷之室，載退士於進趣之堂，可謂託非其所，可弔不可讚也。」(《晉書》，卷八十九)

郗超自己不能脫離俗情，卻欲成全人隱退之高情，本亦可謂美事，然以重金造隱室來優厚退隱者，使入隱室如入官舍，不免有過於彰揚標榜之嫌；而王粹本貴家俗輩、沈淪名利之流，竟圖莊生以點綴豐屋，也難怪嵇含以弔文代讚，力斥此舉之不當。可見時人不乏趨競之士，卻又心企隱逸或想附會風雅，故遂有這種隱者如出入官舍、仕者載退士於進趣之堂的現象，造成高雅與庸俗的湊泊。尤有甚者，隱者竟成爲當權者用來裝點門面的工具：

（桓）玄以歷代咸有肥遁之士，而己世獨無，乃徵皇甫謐六世孫希之爲著作，并給其資用，皆令讓而不受，號曰高士，時人名爲「充隱」。(《晉書》，卷九十九)

桓玄以政治手段造成的高士，已無關避世之高情，反成用以作爲政治昇平的點綴，故有「充隱」之稱，即使未見眞隱，也當裝點作樣，以免失了體面，其以隱爲高之心態可想。

在前引諸例的討論中，已見仕隱之間的輾轉周旋，不論是「以隱爲高」或「以仕爲隱」兩個面向，皆可略知其風貌。在此將進一步透過兩個人物的傳寫，來作爲此時尙士風之典型的具現。就「以隱爲高」而言，似可舉阮裕爲例：

阮光祿在東山，蕭然無事，常內足於懷。有人問王右軍。右軍曰：「此君近不驚寵辱，雖古之沈冥，何以過此？」(〈棲逸〉6)

阮裕初爲王敦命爲主薄，知敦有不臣之心，故藉酒廢職以免禍；〔註36〕後隱東山，能內足於懷，不驚寵辱，而務遠時流，〔註37〕故深得王羲之的稱賞，可謂遺俗獨高，使劉尹亦不免發「不敢復近思曠（阮裕）傍」之歎，〔註38〕

---

〔註36〕《晉書》卷四十九載「（阮）裕以敦有不臣之心，乃終日酣觴，以酒廢職。敦謂裕非當世實才，徒有虛譽而已，出爲溧陽令，復以公事免官。由是得違敦難，論者以此貴之。」

〔註37〕本傳載阮裕「成帝崩，裕赴山陵，事畢便還。諸人相與追之，裕亦審時流必當逐己，而疾去，至方山不相及。」《世說新語箋疏》〈方正〉53 箋疏余嘉錫案語「思曠則務遠時流，沈冥獨往故也」。

〔註38〕見本傳，《世說·方正》53 亦載此事言「劉尹時爲會稽，乃歎曰：『我入當泊

可見阮裕以高情自持，無所修綜而物自宗焉，〔註39〕正是「以隱爲高」之典型。至於一代名士——謝安，有著先隱後仕的生命歷程，及出仕後仍不失隱逸之高情遠志，其「以仕爲隱」的風流於東晉名士中尤具有典範性的意義。試從時人對其仕隱之際的看法說起：

> 謝公在東山，朝命屢降而不動，後出爲桓宣武司馬，將發新亭，朝士咸出瞻送。高靈時爲中丞，亦往相祖；先時，多少飲酒，因倚如醉，戲曰：「卿屢違朝旨，高臥東山，諸人每相與言，『安石不肯出，將如蒼生何？』今亦蒼生將如卿何？」謝笑而不答。（〈排調〉26）

> 太傅始有東山之志，後嚴命屢臻，勢不獲已，始就桓公司馬。于時人有餉桓公藥草，中有「遠志」，公取以問謝：「此藥又名『小草』，何以一物而有二稱？」謝未即答。時郝隆在坐，應聲答曰：「此甚易解：處則爲遠志，出則爲小草。」謝甚有愧色。桓公目謝而笑曰：「郝參軍此通乃不惡，亦極有會。」（〈排調〉32）

謝安早年寓居會稽，與王羲之及許詢、支遁遊處，「出則漁弋山水，入則言詠屬文，無處世意」，〔註40〕故屢違朝旨，當此之際，時人每期待他能出仕以安定蒼生。〔註41〕如今即將出仕，反而有失初志高節，故不免爲高靈所諷，郝隆亦以此藥「處爲遠志，出爲小草」譏之，可謂取譬甚妙，卻意在挖苦，使謝安感愧有加，此仍是「以隱爲高」的風氣所致。後謝安雖受朝寄，然悠遠高世的東山之志卻始末不渝，是以行止之間仍洋溢著山林逸趣的瀟灑風神：

> 謝車騎道謝公：「遊肆復無乃高唱，但恭坐捻鼻顧睞，便自有寢處山澤間儀。」（〈容止〉36）

可見謝安雖身居仕途俗域之中，舉手投足間卻始終揮灑著高遠的風儀神采，此不僅是一種性情風度之美，更可貴的是此越俗忘世之高情，每使他能從容於個人與家國或政治危機之中，進而扭轉乾坤、化險爲夷，〔註42〕充分展現

---

安石渚下耳。不敢復近思曠傍，伊便能捉杖打人，不易。」

〔註39〕本傳載「裕嘗以人不須廣學，正應以禮讓爲先，故終日靜默，無所修綜，而物自宗焉。」

〔註40〕見《晉書·謝安傳》卷七十九。

〔註41〕《世說·賞譽》79「王右軍語劉尹：『故當共推安石。』劉尹曰：『若安石東山志立，當與天下共推之。』」

〔註42〕《世說·雅量》27、29記載謝安臨桓溫之亂時的鎮靜與從容，使桓溫憚其曠遠而化險爲夷的事跡，亦見本傳。

出名士風流的積極意義。是以高情之於仕流，並非僅是使其遺事而不以世務經懷，或隱於高官厚祿之中而已；若能妙結兩者，置身俗世卻時有高情之潤（此自非附庸風雅），面對變化無端之仕海，依能胸懷坦然，從容於波濤之間而無所陷溺，當可「遊刃皆虛」而得相濟爲美之功。謝安無繫於仕隱爲用的必然，尤貴在能成就仕「跡」又不失隱「意」，故其「以仕爲隱」自高於他輩，而爲後世稱譽歎賞有加，雖非聖王之身，然亦可謂深得郭注跡冥圓融之旨趣。

　　若未能達到跡冥圓融的理境，則自當以得意會冥爲妙，故孫綽自稱「不才」，卻標榜己「不以時務經懷」的風雅，〔註43〕「常使無事」成了名士的表徵，〔註44〕「在官無官官之事，處事無事事之心」即爲名士「以仕爲隱」所展現出來的風格與特色。〔註45〕即使棲逸之處士，亦以得「無累」之意爲要：

　　　　郗尚書與謝居士善，常稱：「謝慶緒識見雖不絕人，可以累心處都盡。」

　　　　（〈棲逸〉17）

謝敷（慶緒）的識見雖無過人之處，但於可以累心處卻能盡了而無繫，便已值得推賞有加，如同才無所長卻能以眞率多人的王述般，〔註46〕皆是貴其「眞率」與尚其「無累」之時風而來。再者，晉人這般冥會高俗仕隱，一切以得意爲要的特質，不僅體現於士人的出處進退之際，對其他面向也造成潛移默化的影響，試舉山林之逸趣與受杖之俗制以觀：

　　　　簡文入華林園，顧謂左右曰：「會心處，不必在遠。翳然林水，便自有濠、濮間想也。覺鳥獸禽魚，自來親人。」（〈言語〉61）

　　　　桓公在荊州，全欲以德被江漢，恥以威刑肅物。令史受杖，正從其朱衣上過。桓式年少，從外來，云：「向從閤下過，見令史受杖，上捎雲根，下拂地足。」意譏不著。桓公云：「我猶患其重。」（〈政事〉19）

簡文進入華林園，於翳然林水間，不覺地與天地自然交契冥會，而領略到莊子高遠忘世之理境，流露出與萬物自然感通無礙的情意，「會心處，不必在遠」，若能心會意得，自不必遁隱於塵世之外，即使處近市之園林，亦可於當下體現山林的高情與逸趣。桓公以「上捎雲端，下拂地足」不著之杖法爲重，

〔註43〕同〔註34〕。
〔註44〕見《世說・任誕》53 王恭語。
〔註45〕此爲孫綽爲劉尹所作之誄語，見《晉書》卷七十五。
〔註46〕見《世說・賞譽》91。

其實當有標榜德政以號召人心的權謀之意；但換個角度觀之，在施刑之際，尤尙「意至」而不以著跡與否爲要，如此便連受杖之俗刑皆帶有風雅的意味了。可見隱逸之趣不必假方外之域求得，而政制之俗規也可尙虛背實，此皆是以得意爲貴之思潮的展現，〔註 47〕也反映出時人輾轉於高情與俗情之間的微妙。

此外，兩晉時期佛教極爲流行，名士與僧侶之間的交往尤爲熱絡，〔註 48〕而僧侶乃出家之身，自當是方外之人，卻每周旋於俗世的名士時流間，不僅於思想上形成玄佛融合的現象，僧侶之言談行儀，也漸染名士之習性與風情，然以化外之民的身分，行之於方內俗域，尤更凸顯了高俗之間的矛盾與曖昧：

> 竺法深在簡文坐，劉尹問：「道人何以游朱門？」答曰：「君自見其
> 朱門，貧道如游蓬戶。」或云卞令。（〈言語〉48）

> 支道林常養數匹馬，或言道人畜馬不韻。支曰：「貧道重其神駿。」
> （〈言語〉63）

竺法深以道人之身，出入於達官貴府，故引劉尹之質難，卻巧答以「君自見其朱門，貧道如遊蓬戶」，以爲劉僅見跡，遂有朱門與蓬戶之別，而其無措於跡，故雖入朱門猶能如遊蓬戶般，本是被譏，竟由此巧答解嘲而顯豁其高明之妙；另一道人——支道林行養馬之俗務而遭人質疑，支則以其意在賞馬之神駿，也就是非如常人養馬貴在其用，來自我辯解一番。可見這二位名僧皆以爲他們雖涉俗跡仍是不離高情，能得其意故可無繫於跡，沙門道人可謂善辯，亦有玄思之妙智。實則名士也不甘示弱，如王舒即曾著〈論沙門不得爲高士論〉而云：「高士必在於縱心調暢，沙門雖云俗外，反更束於教，非情性自得之謂也。」（〈輕詆〉25），指出高士要在「縱心調暢」「情性自得」，而沙門雖是俗外之身，卻每爲教（義、規）所束，故不得爲高士，是以高士不僅當無累於俗，也不宜爲方外之教所束，如此方可謂眞正的縱心自得。由此可知，在佛僧與名士的互動之下，高俗之關係益形複雜。時至晉宋之際的謝靈運，猶在此類清談的流風餘韻中：

> 謝靈運好戴曲柄笠，孔隱士謂曰：「卿欲希心高遠，何不能遺曲蓋之

---

〔註47〕魏晉時代，不論解經注書、文藝理論乃至人生態度，可謂深受得意忘言之思潮的影響。

〔註48〕兩晉之名僧與名士往來熱絡，而僧人立身行事也每與清談者契合，可謂名人釋子共入一流，此可詳參湯用彤《漢魏兩晉南北朝佛教史》第七章〈兩晉際之名僧與名士〉。

貌？」謝答曰：「將不畏影者未能忘懷？」（〈言語〉108）

謝靈運有戴笠之好，孔隱士藉此質問其若希心高遠，何不能釋此曲蓋之貌，謝靈運遂藉莊子「畏影惡跡」的寓旨來加以辯解，以爲畏影者乃始惡跡，心苟漠然不以爲意，何跡（曲柄笠）之足畏，〔註49〕與前引竺法深之答有異曲同功之妙。可見名士乃至佛僧的高俗之辯，已無關仕隱出處之義，也不在入世與出世、進與退之間的衝突與徘徊，漸成自解的口辯之巧，或僅是往來間的談興與話題而已。雖每有得意之會、忘跡之妙，卻漸失莊子反思於高俗之間所激盪而出的生命力，反造就一些標榜高情卻又入世甚深之流，可見高俗之間每僅是表相的統合，也難怪東坡責以「意以謂心跡不相關，此謂晉人之病也。」。〔註50〕

反之，淵明於出處進退中屢經掙扎矛盾的粹練，「落入塵網中，一去十三年」，浮沈多年，幡然自悟，由之而有「復得返自然」的喜悅，去留之間，喚回了他的眞性與眞情，依志歸家，不以隱之爲高，對自然、對生命遂有著更爲深遠的體會：

　　結廬在人境，而無車馬喧，問君何能爾，心遠地自偏，採菊東籬下，

　　悠然見南山，山氣日夕佳，飛鳥相與還，此中有眞意，欲辨已忘言。

　　（〈飲酒〉，第五首）

此宇宙天地和諧的大美，正是淵明物我一體、渾然忘機的朗現，其間所反映出來的詩境與人格，不僅是「高不離俗」而已，更是高情與俗情的和諧融會，高俗之間不再衝突對立，遂有了眞正深切的冥合，而創造出平淡悠遠的意境，此「眞意」雖得之於當下的體現，卻是迷而復得的歷程後所展現的自悟與清明。而中國的讀書人，始終存在著面對仕隱進退之抉擇的矛盾，也無不有徘徊於高情與俗情的迷思，淵明則以返歸自我生命的方式及境界來回應之，故深爲士人所樂尚欣慕。正可爲晉人周旋交錯於高情與俗情的生命樂章，劃下了動人的句點。

---

〔註49〕參《世說新語箋疏》〈言語〉3 余嘉錫語，頁 161。

〔註50〕見《蘇東坡全集》。

# 綜　論

　　魏晉玄論與魏晉士風這兩大思想學術課題，由於它特涵豐富旨趣，因此向來甚受學界關注，本文則以「情」作爲重探二者的進路，並爲之尋索一適切的關係定位，是以「情」不唯是本文探討的核心課題，更是一種方法的運用，此方法非源之於外，乃豁醒於探討對象——玄論與士風的形成母體：魏晉士人玄智與鍾情的特質——而來，由之而形成一種詮釋的策略，以照明兩者個別之殊趣與其間的關涉，如此則可並觀「智」、「情」來彰顯魏晉人妙會善體的玄智及幽隱耐尋的情思，並透過對照映襯的方式，使玄論與士風之關係得以有所釐清。爲清楚展現本文研究之成果，先依個別課題分論陳述，進而再加以綜論統觀之。

　　何晏「聖人無情說」可謂魏晉論「情」玄論之先聲，惜內容俱已不存，故學界每從思想續承與學術淵源的角度以推尋其意，但爲凸顯王弼「聖人有情說」的創發性角色，往往視何說爲漢代思維的舊曲重唱，無形中便解消了何說的獨立地位。是以本文嘗試從「法天」或「先秦道家」的理解方式走出，轉向何晏玄學之內在理路——賤有以貴無——來掌握，以證成其「無情說」並非孤立於何晏玄理之外的漢儒舊說，使傳統視「何：無情說——王：有情說」爲「舊——新」的分判，轉成「新——越出轉精」的關係，而重新回到玄學的發展脈絡以定其得失，使何王之「聖人有情無情之辯」不至於淪爲王弼的獨唱，而真正成爲何、王競智騁才、輾轉精進的精彩論戰。何說經此定位，便能正視王弼對聖人確有「無情」而「有情」的發展，但此轉變並非舊說註《老》——「道」而註《易》——「儒」之故，乃是玄學建構的過程中「賤有以貴無」轉進「貴無以全有」所形成，如此才不至於因爲牽就儒道傳

統而支離王說整體一貫的玄理,本文何說新解之詮釋效應亦能得所證成。

學界論及王弼「聖人有情說」,每據何邵〈王弼傳〉而言,故偏於聖人「無累」的主體境界面立說,本文則回到王弼整體的玄學內涵以觀之,使王說之意義延伸至主體(聖人)與客體(群庶)之間如何會通的問題,以盡涵攝名教深旨之「應物」的妙意,如此對王說的詮釋得以免於一偏,而與何說有了更明確的分殊。再者王弼之言「聖人有情」,乃是他渾化有無之玄思下依「有」之面向以救何說偏「無」之失而來,實有其玄理自身必然形成的理論格局,恐非尚情時風所造成。故「聖人有情」之「情」,宜從通貫「無」——「有」的「自然」義來理解,其雖涵攝「同於人者五情」的層面,但卻有廣大而不可窮極的深意,故與尚情士風未必存在著互爲牽動的關係,僅從「同於人者五情」闚之,則易偏有遺無,滑落了王說的玄旨微意,進而高估了兩者的關係。此外,王說之「情」雖使聖庶之間得所會通,但此會通之道是建立於聖人導俗化庶的角度,至於由凡而聖的路數,並非其關注的面向,故學界依其「神明」所延展的論述——「聖人之境可依其身的努力而達成」及「聖人不可學不可致」,皆有商榷檢討的必要。學界對王說的界定,偏於從王說與儒道之關涉的角度言之,本文則進一步從玄學自身的體系與發展切入,考察王說於何晏與郭象之間的承轉角色,勾勒出「賤有以貴無」——「有無並觀而以有顯無」——「消無歸有而以有冥無」的發展脈絡,進而預示了郭象兼攝聖凡二境的理路。

對於郭象論「情」,本文先從其注解莊惠有情無情之論的檢討切入,發現郭象藉莊子「無情」一詞來證成其自生獨化的玄理,實已轉化莊旨而自成理趣,對於理解莊郭之異、道玄殊趣,可謂另闢了探討的進路。進而以「互爲依存」、「內外對立」、「玄同冥合」三種情理關係來彰顯郭象辯證輾轉而發明奇趣的玄思,在「互爲依存」的關係中,本其自生獨化之「理」,遂有「殊異性」與「自足性」之「性分之情」的展現,魏晉任情自得、率性自爾的士風即可由此探其密切之關涉;至於「內外對立」中則主張以「性分之理」遣「益生之情」,進而用「玄同冥合」的方式,一則冥化情理,一則玄同遣與無遣,而以無心任化盛闡莊子自然無爲的妙意。本文將郭象所論之「情」分爲「性分之情」與「益生之情」來理解,並配合「理」形成三種關係;對於郭象「聖人無情說」,則從其「冥」義轉進,勾勒出聖人的內聖之境與外王之業,以闡釋其涵攝冥己冥物乃至外內相冥與無往不冥的豐富義涵,也言及「有情」以

應跡的面向。如此可使郭注限於注書體式的格局於行文上所易造成的支離紛雜，得以有所釐清而各展其妙；免於游移在注文「有情」與「無情」之間，進而有視之爲矛盾與衝突的理解，而忽略其自成體系的內涵與思理。

　　嵇康之〈聲無哀樂論〉，依其名目常被簡化爲聲情分立觀的玄論，而視之爲純以辨析名理、客觀主義的方式來論「聲」的傑作，遂造成與尙情士風之間的鴻溝，尤以藝術向來被視爲情感的範疇，而鍾情於音樂的嵇康，何以會斷然分截聲情之關係？故本文重探〈聲〉文之聲情關係，以文本解文本的方式，將之分爲（一）破：聲情異軌，不相經緯——和聲無象，哀心有主、（二）立：無主哀樂，總發眾情——至和之聲，發滯導情、（三）合：隨曲之情，盡於和域——樂之爲體，以心爲主。三種不同的層次，以掘發〈聲〉文聲情關係的豐富義涵。經此三層聲情關係的闡析，筆者發現〈聲〉文雖以論「聲」爲行文焦點，但其內在核心卻是環扣於「情」的，存在著立足於關懷主體生命的文化基調。因此〈聲〉文不僅反應了嵇康對藝術審美形象認識的深化，也在在顯露出他對審美主體之心靈活動與生命層域的關注。音樂審美之理境，即在於任彼（音樂）之情中渾然忘我之私，由之而物我兩忘，共契道境之妙。可見嵇康一則揭示「以藝忘情」之聆樂體道的審美進路，一則剝落傳統習見與私情之附麗，而對音樂有一自體性的發現與觀照。是以唯當並觀聲情及其幽隱複雜的關係，方能適切地掌握〈聲〉文的旨趣，免於簡化成聲情分立之說，而造成〈聲〉文與尙情士風之間的分歧，進而得以回應魏晉以「情」爲核心課題的時代面向。

　　玄論部分即以何、王、郭、嵇四家爲論析之焦點，此四家於玄論中具有核心角色的地位，故雖僅是環扣其有關論「情」的問題切入，但卻有以小觀大的妙用，並爲玄論之研究提供另一種觀照與進路。何、王、郭之聖人有情無情論，經此分殊辨析，不僅得以各彰其旨，其間承轉之玄學體系與理路，也昭然若揭，免於顧此失彼而有陷於一偏之憾。此外郭象玄學的情理關係、嵇康〈聲無哀樂論〉的聲情關係，本文將之涵融收攝成層次分明的理論結構，當有助於有效地解讀，以澄清部分失之於表象與片斷的理解，而契會其獨發智悟又能整體通貫的玄思。經由諸多論「情」問題的考察，對於玄論與士風之關涉，亦能有一比較合理的關係定位。而此論題之母源——《莊子》，向來重在工夫之內證與開展，自與偏於思辨之智悟、精微之理境的玄論有別，這正是道、玄迴異之處，而玄論家可謂肇端於莊文卻又能自成理趣。

　　本文擇取此四家，雖已具代表性，但對魏晉論「情」之問題，若有意加以延展開拓，東晉慧遠於〈形盡神滅論〉中對「神」、「情」、「物」三者關係的論述也值得注意，〔註1〕或能有助於玄佛問題之探。至於比較性的研究，弘忍授惠能偈曰：「有情來下種，因地果還生。無情亦無種，無性亦無生」，惠能亦曰：「無情無佛種」，〔註2〕正因眾生有情，乃知佛亦有情，「情」遂成佛法種子，〔註3〕佛說與王弼「聖人有情」之持論，兩者意趣不同，其間有否關涉，也尚難判定，但一言佛亦有情，一言聖亦有情，轉折之妙又是何等類似，也許仍值得有心者進一步探索玩味之。

　　在士風部分，本文統攝出四組相對觀點：「鍾情與忘情」、「眞情與矯情」、「約情與肆情」、「高情與俗情」，期能掌握士人游移周旋於兩端的心態與情境，爲魏晉士風之探建立一較具理論性與辨析性的格局。實則，此四組相對觀點，皆是共會於生命之源的，四組之間，亦存在著輾轉互動的關係，權分爲四，只是一種詮釋的策略，期能有效地探入士風的不同面向而已。是以嵇、阮屢現於四組之中，每以先鋒或典型的角色，作爲探討的發軔與依歸。而魏晉以情性生命爲主體的時代精神，更是通貫此四組相對觀念的核心特質。

　　就「鍾情與忘情」而言，時論較傾向從脫落名教以解放情感的角度來理解魏晉人尚情的特質，本文則以爲必當綰合「忘情」之義蘊方可體現其「鍾情」之深致，不論士人心懷或人物品賞，皆有交錯周旋於「鍾情」與「忘情」的現象，可見魏晉深情之美，不唯在個人情感的自然流露，尤在能善體物情，進而以物暢情，援物忘情以契道境，正由於「我——物」之興會交契，兩者遂能交映共濟出無比美燦的光輝，故舉凡品賞人物、玄談、文學、藝術、酒、藥乃至所癖之物，皆能有一自體性的發現與觀照，是以名士言行與事跡若能從「鍾情與忘情」的角度重新咀嚼之，當更能得其雋永與深意，而所謂「魏晉風流」亦可由此尋索體會。

　　就「眞情與矯情」而言，本文以「眞矯情禮」爲察照基點，先揭示嵇康「疾矯以任眞」及阮籍「激矯以揚眞」的生命風格，嵇康力辨顯匿之情，越名教而任自然，阮籍橫決禮法，違俗逆常以展現自性之奔逸，激越出眞而似

---

〔註1〕　如慧遠〈形盡神不滅論〉云：「化以情感，神以化傳。情爲化之母，神爲情之根。情有會物之道，神有冥移之功」。李澤厚便注意到此問題，但未及深論，見《中國美學史》，頁410～413。

〔註2〕　見《六祖壇經》。

〔註3〕　參見錢穆《雙溪獨語》（臺北：學生書局，民國74年版），頁175。

矯、矯中帶眞的特殊樣態，而兩者同契莊老貴眞之思想，尤洋溢著抗禮以揚情的狂狷精神，與爾後逐跡仿眞（矯情）自是有別。然中朝以後，情禮漸趨並兼合流，士人任眞之生命情懷不再從反抗禮俗而入，乃是逐漸轉成純粹揮灑自性的生活情調，遂在無心隨興中流露出不拘俗軌而怡情適性的美。分殊「抗禮揚情」與「任情忘禮」之別，或更能各判其位而皆有所會，並知此發展的軌跡而理解其間的承轉變化。

就「約情與肆情」而言，阮籍藉酒約情以避禍，嵇康約情服藥以養身，卻皆有肆情於莊學生命理境的探求，可謂魏晉名士周旋於「約情」與「肆情」的典型。而嵇康養生之學是立足於道家養生思想的基礎發展而來，故以養神治心約情爲主，繼而輔之以道教長生之術，以達約情以養神乃至形神兼養的理境，名士們形神俱美的風情與姿采，進而在性情上流露一種恬和自適的約情之美，每與嵇康養生之理相參。而向秀〈難養生論〉正反映時人相異於養生路數的生命觀，其「稱情以樂生」的說法於「約情」與「肆情」之際，可謂具有承轉的中介角色。中朝名士則一反莊學精神超越的追求，在「任獨稱情」說的推演下，特於生死夾縫的自覺中浪擲形骸之逐，遂輾轉成肆情以樂生的生命情調，已成晉人顯明之個性主義與集體享樂主義的重要線索，故對肆情以樂生的生命型態，本文跳開批判的理解訴求，以體知晉人心態轉折之原委，並得以概見玄佛思想蛻變之幾兆。

就「高情與俗情」而言，本文以《莊子》作爲高情理境之源，並依其「撥俗以立高」及「高不離俗」兩個面向爲探索魏晉高俗關係的參考架構。嵇、阮頗能契會莊子「撥俗以立高」之高情理境的生命向度，卻往而不返，未能達臻莊子高不離俗的圓融之境。向郭注莊則特能於高不離俗處發揮，大暢其跡冥論的玄理，故開展出以仕爲隱、轉高成俗的觀念，而與傳統以隱爲高之見輾轉交映，遂推演出周旋於高情與俗情的心態與情境，不論仕者或隱者乃至俗制或高趣皆在此游移搖擺間益顯新異與微妙。而兩晉佛教漸盛，名士與方外僧侶交往熱絡，更凸顯了高情與俗情之間的曖昧與矛盾，但已逐漸轉成談興與話題的點綴，高俗之間僅是表相的統合，而頓失出處仕隱激盪下的生命力，直至淵明自證於出處進退的掙扎與探尋，進而以返歸自我生命的方式體現了高情與俗情的和諧融會。

綜而觀之，本文對魏晉士風的重探，莊學之浸潤與改造，可以說是論述過程中的參考基點與重要支援，魏晉人長於境界之智悟與辨析，側重人資稟

與性情的展現，實有別於莊子向內層層通貫的工夫進路，故莊子之貴眞乃在返自性之本然，魏晉貴眞則美在性情的揮灑；莊子忘情之理境，皆本內證工夫的實踐而來，魏晉人則每因觀物體物之深會，而寄其鍾情，並由此契入轉進忘情的境界，進而有發顯物性與物情之妙；莊子「高不離俗」的圓融是從俗情的剝落與超越而來，並非安於俗情中便能唾手而得，魏晉人卻每心企高情卻不能割捨俗情，遂造成高情與俗情的湊泊。在莊子的映襯下，當更能凸顯魏晉人物的特質與殊趣，魏晉人欣慕道家之理境，卻自成一獨特的生命情調，亦可由此知其因由與關鍵。

本文以四個參照點，來透視魏晉人交錯周旋、輾轉游移於「情」之有無、眞矯、約肆、高俗的生命層域，或體現典型、或考察常態，並結合理論與現象，探多角度的觀照，使士風之探，藉由「情」的引入，從風貌的傳寫伸展至心態的揭示，而成爲研究魏晉士人心態之演變的考察進路。除此之外，也嘗試暫釋史家批判與考證的理解路數，而以直觀文本潛在之結構與情境的方式，來重新釋放出文本的興味，發揮解讀的效應，以期能體現潛藏於魏晉士人心靈深處幽隱待詮的情懷。

從玄論到士風，本文以「情」通貫其間，除了分探其妙外，亦在檢討與釐清兩者的關係：玄論中何、王論「情」乃以聖人爲核心對象，不論無情或有情，皆是一種聖境的表詮，當本其玄學體系的內涵來掌握，不宜僅依名目之指稱而簡化成常情之有無來理解，即是不必著眼於「情」之有無，而當注意「有情」與「無情」所以爲玄論之要題，乃因「有」、「無」兩核心觀念而來，故本文不從分殊「情」入手，而著力於「有」、「無」觀念援引後之「有情」與「無情」的義涵，如此或較能回應玄理自身的特質，免於訴諸「有情感」或「無情感」，而淺化了玄論之深旨，並高估了玄論與士風的關係。本文以爲若欲探尋士風與何王之無情有情的關涉，宜從聖人之境界面向入手，何說無情之聖境，了卻人世情感之糾纏，故爲鍾情寄寓於世的名士，其企慕解脫之心態嚮往的理想化境；而王說聖人有情卻能有應物而無累之妙，亦爲周旋於世務卻慕尚玄遠的名士所心契。唯何、王偏於聖人立說，至郭象注《莊》，消「無」歸「有」，轉化爲適性逍遙之學，並顯聖境與常輩之境，使之兼美而無礙，名士們各展其自具的才情與風姿，遂有了理論上的證成，而此任獨稱情之說對中朝肆情以樂生的風潮也有進一步的推引作用；此外，其「遊外以冥內，無心以順有」，身在廟堂而心卻遠在山林之外的跡冥說，更成了士人周

旋於仕隱之心跡的理據，名士們以無累之高情安頓於俗情之中，形成輾轉於高情與俗情的微妙。可見郭象玄學與魏晉士風的關係尤為密切。

　　至於本文對〈聲無哀樂論〉「情——聲」關係的揭示，意在凸顯嵇康由鍾情達臻忘情的生命向度及其體物以契道境的忘情方式，一則用以會通「聲無哀樂」之玄論名目與尚情士風之間的鴻溝，一則藉嵇康對音樂自體性的察照，展現名士於「我——物」興會交契下，以物化情進而體現物物之本然的深智，使〈聲〉文成為名士「我——物」關係之理型的演出，免依名目將〈聲〉文視為純粹客觀主義而與尚情士風互為矛盾的玄談，忽略了〈聲〉文即是魏晉以「情」為時代之核心課題的深刻展現。

　　由此可知，本文所以綰合玄論與士風兩大課題，乃是希望透過並置對觀的方式，來釐清兩者之關係：如玄論的「有情與無情」之辯，宜置於「有」、「無」觀念來理解，尚情之士風則由「鍾情與忘情」契會，並可從〈聲無哀樂論〉中得此理據，而援之以解尚情士風更深的旨趣，使士風之探得以從外顯之風貌轉入內隱之心態來掌握。可見本文分論並觀二者，並非一無目的的湊合，一則能使之各定其位，一則又尋求會通互證之處，如此論其關係可免過與不及之病，並發揮相濟映襯之功，而魏晉人之所以能融攝深情之美趣與契物之玄智，亦可由此知曉。至於筆者輾轉於魏晉玄論與士風的探索，何嘗不是一趟洋溢著玄智與情思的學習之旅！

# 參考資料舉要

1. 《周易注疏》，王弼注，孔穎達疏，藝文十三經注疏本。
2. 《禮記注疏》，鄭玄注，孔穎達疏，藝文十三經注疏本。
3. 《禮記集解》，孫希旦，文史哲。
4. 《論語集解義疏》，皇侃疏，廣文。
5. 《四書章句集注》，朱熹，長安。
6. 《後漢書》，范曄，洪氏。
7. 《三國志》，陳壽，裴松之注，洪氏。
8. 《晉書》，房玄齡等，洪氏。
9. 《宋書》，沈約，洪氏。
10. 《老子周易王弼注校釋》，樓宇烈校釋，華正。
11. 《莊子集釋》，郭慶藩編，木鐸。
12. 《莊子纂箋》，錢穆，東大。
13. 《莊子校詮》，王叔岷，中央研究院歷史語言研究所。
14. 《人物志》，劉邵，中華。
15. 《列子集釋》，楊伯峻集釋，華正。
16. 《抱朴子校箋》，葛洪，楊明照撰，北京：中華。
17. 《顏氏家訓集解》，顏之推，王利器撰，北京：中華。
18. 《世說新語箋疏》，余嘉錫，華正。
19. 《世說新語校箋》，楊勇，明倫。
20. 《全上古三代秦漢三國六朝文》，嚴可均輯，北京：中華。
21. 《先秦漢魏晉南北朝詩》，逯欽立輯校，北京：中華。
22. 《阮籍集校注》，陳伯君校注，北京：中華。

23. 《嵇康集校注》，戴明揚校注，河洛。

24. 《陶淵明集》，遼欽立校注，里仁。

25. 《詩品注》，鍾嶸，陳延傑注，開明。

26. 《中國思想史》，錢穆，學生。

27. 《中國哲學史》，勞思光，三民。

28. 《中國思想通史》，侯外廬，中國史學社。

29. 《中國人性論史》，徐復觀，商務。

30. 《中國哲學原論》‧原道篇，唐君毅，學生。

31. 《新原道，馮友蘭》，貞元六書之五。

32. 《中國哲學十九講》，牟宗三，學生。

33. 《中國學術思想史論叢（三）》錢穆，東大。

34. 《漢晉學術編年》，劉汝霖，長安。

35. 《東晉南北朝學術編年》，劉汝霖，長安。

36. 《中國知識階層史論，》余英時，聯經。

37. 《錢賓四先生全集》‧莊老通辨，錢穆，學生。

38. 《陳寅恪先生文集》，陳寅恪，里仁。

39. 《管錐編》，錢鍾書，香港：太平。

40. 《中古學術論略》，張蓓蓓，大安。

41. 《東漢士風及其轉變》，張蓓蓓，臺大文史叢刊。

42. 《先秦兩漢的隱逸》，王仁祥，臺大文史叢刊。

43. 《才性與玄理》，牟宗三，學生。

44. 《魏晉思想甲編五種》，湯用彤等，里仁。

45. 《魏晉玄學史》，許杭生等，陝西：師大。

46. 《魏晉清談》，唐翼明，東大。

47. 《魏晉思想與談風》，何啓民，學生。

48. 《魏晉玄學與六朝文學》，陳順智，武昌：武漢大學。

49. 《漢魏兩晉南北朝佛教史》，湯用彤，駱駝。

50. 《正始玄學》，王葆玹，齊魯。

51. 《王弼》，林麗眞，東大。

52. 《何晏王弼玄學新探》，余敦康，齊魯。

53. 《郭象與魏晉玄學》，湯一介，谷風。

54. 《向郭莊學之研究》，林聰舜，文史哲。

55. 《竹林玄學的典範——嵇康》，曾春海，輔仁大學。

56. 《中國藝術精神》，徐復觀，學生。

57. 《中國美學史大綱》，葉朗，滄浪。

58. 《中國美學史》，第二卷，李澤厚‧劉綱紀，谷風。

59. 《中國美學思想史》，敏澤，齊魯。

60. 《美從何處尋》，宗白華，元山。

61. 《六朝情境美學綜論》，鄭毓瑜，學生。

62. 《華夏美學》，李澤厚，三民。

63. 《抒情傳統的省思與檢討》，張淑香，大安。

64. 《中國文學史論》，王瑤，長安。

65. 《情感現象學》，馬克斯‧謝勒著，陳仁華譯，遠流。

66. 《心的概念》，吉爾伯特‧萊爾著，劉建華譯，桂冠。

67. 《美學》，黑格爾，朱孟實譯，里仁。

68. 《情感與形式》，蘇珊‧朗格，劉大基等譯，商鼎。

69. 〈魏晉清談主題之研究〉，林麗眞，臺大中文所，民國66年，博士論文。

70. 〈魏晉玄理與玄風之研究〉，江建俊，文化中文所，民國76年，博士論文。

71. 〈魏晉儒道會通之研究〉，顏國明，師大國文研究所集刊32。

72. 〈王弼與郭象聖人論〉，盧桂珍，臺大中文所，民國81年，碩士論文。

73. 〈王弼玄學〉，莊耀郎，師大國文所，民國80年，博士論文。

74. 〈王弼的言意理論與玄學方法〉，蔡振豐，臺大中文所，民國82年，碩士論文。

75. 〈魏晉玄學的自然觀與自然美學研究〉，林朝成，臺大哲研所，民國81年，博士論文。

76. 〈嵇康聲無哀樂論之音樂美學研究〉，徐麗眞，師大國文所，民國80年，碩士論文。

77. 〈世說新語的語言藝術，梅家玲〉，臺大中文所，民國80年，博士論文。

78. 〈六朝藝術理論中之審美觀研究〉，鄭毓瑜，臺大中文所，民國78年，博士論文。

79. 〈六朝「緣情」觀念研究〉，陳昌明，臺大中文所，民國76年，碩士論文。

80. 〈漢晉人物品鑒研究〉，張蓓蓓，臺大中文所，民國76年，博士論文。

81. 〈魏晉人物品鑒研究——創造性審美活動的完成〉，賴麗蓉，師大國文所，民國85年，博土論文。

82. 〈言意之辨與魏晉玄理〉，吳甿，《鵝湖月刊》，11：4。

83. 〈王弼易學中的玄思〉，戴璉璋，《中研院中國文哲研究集刊》（創刊號）。

84. 〈王弼聖人有情無情論初探〉，曾春海，《哲學與文化》，16：9。

85. 〈王弼之聖人論〉，莊耀郎，《中國學術年刊》，第 13 期。

86. 〈嵇康思想中的玄理與名理〉，戴璉璋，《中研院中國文哲研究集刊》，第四集。

87. 〈郭象的自生說與玄冥論〉，戴璉璋，《中研院中國文哲研究集刊》，第七期。

88. 〈向郭莊子注的適性說與向郭支道林對於逍遙遊的爭辯〉，楊儒賓，《史學評論》，第九期。

89. 〈老莊、郭象與禪宗——禪道哲理聯貫性的詮釋學試探〉，傅偉勳，《哲學與文化》，12：12。

90. 〈嵇康的《聲無哀樂論》及其在中國文藝思想上的意義〉，張少康，《中外文學》，12：1。

91. 〈嵇康《聲無哀樂論》的美學意義〉，曾守正，《周氏獎學金第二十屆紀念論文集》，民國 83 年。

92. 〈魏晉名士之政治生涯〉，馮承基，《國立編譯館館刊》，2：2。

93. 〈論魏晉名士的狂與癡〉，廖蔚卿，《現代文學》，第 33 期。

94. 〈論魏晉名士的雅量〉，廖蔚卿，《臺大中文學報》，第二期。

95. 〈魏晉人論「情」的幾個面向〉，林麗眞，《語文‧情性‧義理——中國文學的多層面探討國際學術會議論文》，民國 85 年。